RESEARCH AND APPLICATION
OF REGIONAL COMPREHENSIVE TRANSPORTATION CORRIDOR
PLANNING AND SYSTEM CONFIGURATION

区域综合运输通道规划与系统配置研究及应用

朱颖 廖勇 等 编著

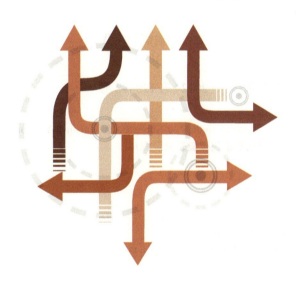

人民交通出版社股份有限公司
北京

内 容 提 要

随着我国城市化进程的加快，城市群的规模不断扩大，对区域综合运输通道规划与系统配置提出了较高要求。本书系统介绍了区域综合运输通道规划与系统配置的方法和技术。全书共 12 章，主要内容包括绪论、区域综合运输通道概述、区域综合运输通道与区域发展关系、区域综合运输通道供需分析、区域综合运输通道规划基础、区域综合运输通道规划方法、区域综合运输通道建设时序与规划方案评价、区域综合运输通道规划案例分析、区域综合运输通道系统配置、区域综合运输通道系统配置评价与协调等，并以成渝双城经济圈为例，对区域综合运输通道规划与系统配置进行了案例分析。

本书可供交通运输规划技术人员参考，也可作为高等院校交通运输专业学生的参考用书。

图书在版编目(CIP)数据

区域综合运输通道规划与系统配置研究及应用/朱颖等编著. —北京：人民交通出版社股份有限公司，2023.3
　ISBN 978-7-114-18117-7

Ⅰ.①区… Ⅱ.①朱… Ⅲ.①交通运输规划 Ⅳ.①F502

中国版本图书馆 CIP 数据核字(2022)第 129488 号

Quyu Zonghe Yunshu Tongdao Guihua yu Xitong Peizhi Yanjiu ji Yingyong

书　　名：	区域综合运输通道规划与系统配置研究及应用
著　作　者：	朱　颖　廖　勇　等
责任编辑：	吴燕伶
责任校对：	赵媛媛　龙　雪
责任印制：	刘高彤
出版发行：	人民交通出版社股份有限公司
地　　址：	(100011)北京市朝阳区安定门外外馆斜街 3 号
网　　址：	http://www.ccpcl.com.cn
销售电话：	(010)59757973
总　经　销：	人民交通出版社股份有限公司发行部
经　　销：	各地新华书店
印　　刷：	北京建宏印刷有限公司
开　　本：	787×1092　1/16
印　　张：	19.25
字　　数：	410 千
版　　次：	2023 年 3 月　第 1 版
印　　次：	2023 年 3 月　第 1 次印刷
书　　号：	ISBN 978-7-114-18117-7
定　　价：	168.00 元

(有印刷、装订质量问题的图书，由本公司负责调换)

Preface 前言

新时期我国经济由高速增长阶段向高质量发展阶段的转变,促进了城市群都市圈的形成和区域一体化的发展。作为区域一体化发展的支撑系统和基础条件,综合交通运输系统也被赋予了更高的要求。《交通强国建设纲要》明确指出:到21世纪中叶,要全面建成人民满意、保障有力、世界前列的交通强国。其中,综合运输通道不仅是综合交通运输系统建设的关键,更是发挥整个综合运输体系效益的前提和迈向交通强国的必经之路。开展区域综合运输通道规划与配置的研究,建立科学的理论体系和方法、完善综合交通网络规划、优化现有运输通道结构,是发展综合交通运输体系的必然要求,是加快"交通强国"建设的有效保障。

本书立足于将理论知识与工程实践有机结合,对区域综合运输通道的规划与配置进行系统阐述。主要研究内容包括:区域综合运输通道功能定位、区域综合运输通道供需分析、区域综合运输通道规划与建设、区域综合运输通道规划方案评价、区域综合运输通道系统配置。本书在参考了大量国内外研究文献以及区域综合运输通道相关项目实际资料的基础上,在区域综合运输通道规划和区域综合运输通道配置两部分都加入了具体的案例分析,以帮助读者更好地理解相关理论。全书内容丰富,逻辑结构衔接自然,对于交通系统相关的政府决策与管理人员、交通行业咨询与规划人员等都具有一定的参考价值。

本书由朱颖、廖勇等编著,张小强主审。其中,绪论由朱颖撰写,廖勇协助完成;第2~4章由朱颖、廖勇编写;第5~8章由朱颖、李广路、陈欣编写;第9~12章由廖勇、马擎、刘春禹编写;朱颖负责全书结构设计,何梦辰、胡剑鹏、田屿珩、李婉雯、毛远思、刘奕苁、赵远钧负责文字整理工作。

为适应区域综合运输通道规划与配置影响因素多、影响因素间关系复杂的特性，书中参阅了大量国内外著作、学位论文和有关文章，有的文献可能由于疏忽遗漏未能在参考文献中列出，在此谨向本书直接或间接引用研究成果的作者一并表示深切的谢意。

限于作者的理论水平和实践经验，书中难免存在不妥和错误之处，恳请广大读者提出宝贵意见。

作　者
2022 年 5 月

Contents 目录

第1章 绪论 ··· 1
    1.1 研究背景 ··· 2
    1.2 研究意义 ··· 3
    1.3 主要内容 ··· 4

第2章 区域综合运输通道概述 ··· 7
    2.1 运输通道概述 ·· 8
    2.2 区域综合运输概述 ·· 15
    2.3 区域综合运输通道发展现状及趋势 ···························· 26

第3章 区域综合运输通道与区域发展关系 ···························· 43
    3.1 区域综合运输通道功能 ··· 44
    3.2 区域综合运输通道功能定位 ···································· 47
    3.3 区域综合运输通道对区域空间结构的影响 ················· 54

第4章 区域综合运输通道供需分析 ······································ 61
    4.1 运输供需关系 ·· 62
    4.2 区域综合运输通道供给分析 ···································· 66
    4.3 区域综合运输通道客运需求分析方法及思路 ·············· 77
    4.4 区域综合运输通道货运需求分析方法 ······················· 99

第5章 区域综合运输通道规划基础 ···································· 111
    5.1 运输通道规划概述 ·· 112
    5.2 区域综合运输通道吸引范围 ·································· 115

5.3 常用交通规划方法与适用性 …………………………… 119
5.4 出行行为分析理论 …………………………………… 125

第6章 区域综合运输通道规划方法 …………………… 139

6.1 节点重要度联合交通区位法概述 …………………… 140
6.2 区域综合运输通道规划方法步骤 …………………… 142
6.3 基于节点重要度法的通道布局 ……………………… 143
6.4 基于交通区位法的通道布局 ………………………… 165
6.5 区域综合运输通道的衔接设计 ……………………… 173
6.6 方案的综合确定 ……………………………………… 178

第7章 区域综合运输通道建设时序与规划方案评价 …………………………………………………… 183

7.1 区域综合运输通道建设时序 ………………………… 184
7.2 区域综合运输通道规划建设时序评价方法 ………… 186
7.3 区域综合运输通道规划方案评价 …………………… 191

第8章 区域综合运输通道规划案例分析 ……………… 203

8.1 成渝双城经济圈概况 ………………………………… 204
8.2 基于节点重要度法的通道布局分析 ………………… 205
8.3 基于交通区位法的通道布局分析 …………………… 217
8.4 成渝区域综合运输通道的确定 ……………………… 228
8.5 通道规模评价 ………………………………………… 232

第9章 区域综合运输通道系统配置 …………………… 235

9.1 运输通道系统配置基础 ……………………………… 236
9.2 系统配置方法及思路 ………………………………… 241
9.3 旅客运输系统配置 …………………………………… 243
9.4 货物运输系统配置 …………………………………… 252

第10章 区域综合运输通道系统配置评价与协调 …… 259

10.1 运输通道的评价 …………………………………… 260

10.2 运输通道结构协调 ·················· 273

第11章 区域综合运输通道系统配置案例分析 ········· 277
11.1 成渝通道系统配置现状 ·················· 278
11.2 成渝通道旅客运输系统配置 ·················· 287
11.3 成渝通道货物运输系统配置 ·················· 290
11.4 成渝通道系统配置评价 ·················· 291

第12章 总结与展望 ·················· 295
12.1 本书研究总结 ·················· 296
12.2 未来研究展望 ·················· 297

参考文献 ·················· 298

第1章
绪 论

本章主要介绍我国区域综合运输通道发展现状及存在的问题,阐述研究区域综合运输通道规划与系统配置的意义,并对本书的主要内容进行说明。

1.1 研究背景

城市化进程的加快和城乡一体化的推进促进了我国城市群都市圈的形成和区域一体化的发展，城市群内部各城市之间、城市群与城市群之间的联系日益密切。在区域一体化进程中，交通运输系统是区域经济系统中最重要的组成部分之一，是区域各项产业发展的基础条件、区域社会经济发展的支撑系统、区域投资环境的构成主体，也是区域经济系统与外部进行交流的主要途径。

城市间的政治交流、商业贸易以及日益频繁的人际交往，形成了大量而稳定的客流；同时，随着产业结构优化和产业布局调整，生产的地域性分工得到进一步强化和重组，各地产业结构的互补性不断增强，区域交流不断增强，各主要运输通道和干线的货物运输量（以下简称"货运量"）也大幅度增长。我国经济正由高速增长阶段转向高质量发展阶段，对交通运输条件提出了更高的要求。

为了满足区域客货运输需求，更好地支撑区域社会经济高质量发展，区域交通需要打破行政界限、部门界限、地域界限，把区域内所有的交通资源，包括交通工具、设施、信息进行统一规划、统一管理、统一组织、统一调配，构建综合交通运输体系，充分发挥交通运输在社会经济发展中的先行官作用。

运输通道是国家综合交通运输网中客货流高度集中的运输干线地带，在综合运输体系中占有重要地位。区域综合运输通道的规划主导着区域干线运输发展模式，对区域综合运输体系的高效性、协调性有着至关重要的作用。合理地规划和配置具有区域特色的综合运输通道是发展综合交通运输体系的必然要求，主要体现在以下两方面：

一是国家大力推进区域一体化发展，区域综合运输通道在加强区域间联系中的作用越发明显。区域内不同城市及城市组团之间存在一定程度上的时空阻隔，给客货运输的可达性和便捷性带来障碍。区域综合运输通道是承担区域客货运输任务的主干力量，合理规划、配置、建设运输通道不仅能够有效缩短不同城市间和城市组团之间的时间距离和空间距离，加强区域内部的经济联系，优化区域产业结构的空间布局，还可以提高区域对外辐射能力，提升区域竞争力，支撑区域经济的高质量发展。

二是国家大力支持综合运输发展，高度重视区域综合运输通道建设。2012年3月讨论通过的《"十二五"综合交通运输体系规划》提出，要初步形成以"五纵五横"为主骨架的综合交通运输网络，建设以连通县城、通达建制村的普通公路为基础，以铁路、国家高速公路为骨干，与水路、航空和管道共同组成覆盖全国的综合交通网络，发挥运输的整体优势和集约效能。2017年2月正式印发的《"十三五"现代综合交通运输体系发展规划》（以下简称《十三五交通规划》）提出了"十纵十横"综合运输通道布局方案，加快实施重点通道连通工程和延伸工程，强化中西部和东北地区通道建设。2019年9月印发的《交通强国建设纲要》提出，到2035年基本建成交通强国,到21世纪中叶全面建成人民满意、保障有力、世界前列的交通强国。2020年10月通过的《中共中央关于制定国民经济和社会发展第十四个五年规划和二〇三五年远景目标的建议》中提出,要加快建设交通强国,完善综合运输大通道。

但与区域一体化发展要求和国家规划目标相比,我国现有综合运输通道规划与配置仍存在诸多问题。一方面是区域间经济联系的日益增强带来更多的客货运输需求,给区域综合运输通道带来了更大的压力。另一方面是由于早期缺乏系统、全面的规划,部分地区的综合运输通道发展不平衡不充分的问题逐渐突显出来。譬如《"十三五"现代综合交通运输体系发展规划》指出,与"十三五"经济社会发展要求相比,综合交通运输发展水平仍然存在一定差距,网络布局不完善,跨区域通道、国际通道连通不足,中西部地区、贫困地区和城市群交通发展短板明显。在通道能力不足现象存在的同时,部分地区又因为通道内土地、通道线路等资源缺乏统筹安排,利用率低下。譬如当通道内同时配置有高速公路、铁路、城际铁路等多条线路时,部分地区未能合理统筹安排各种交通基础设施线路的具体线位、技术标准和建设时序,导致了资源的浪费。

1.2 研究意义

经过改革开放40多年的持续快速发展,我国各类运输方式发展取得了重大成就,单一运输方式规模位居世界前列,能够满足一定规模的运输需求;综合运输体系初具规模,并且处于不断完善和提高的发展过程中,我国交通运输业开始进入高质量发展的新阶段。构建全面、协调、高效的综合运输体系对于我国国民经济的健康发展有着极其重要的保障作用。面对目前运输通道规划建设存在的诸多问题,以及当前区域经济发展和综合运输体系发展对区域综合运输通道规划提出的迫切要求,如何对我国区域综合运输通道进行合理规划和建设,适应综合运输发展趋势的要求,更好地带动区域社会经济的发展;如何合理地进行区域综合运输通道配置,满足区域客货运输需求,充分利用宝贵的通道资源,避免资源浪费,成为迫切需要解决的问题。本书研究意义如下:

①系统地探讨区域综合运输通道布局规划方法相关问题,建立科学合理的区域综合运输通道规划理论体系和方法,可对我国运输通道理论的不断发展和完善起到积极作用,为现阶段陆续开展的综合交通规划工作提供系统指导,同时对于发展和完善综合交通网络规划的理论体系,具有重要的理论意义。

②探究区域综合运输通道的配置方法和配置评价方法,可以优化我国现有的运输通道结构,实现各种运输方式的合理分工,从而在有限的社会经济和资源条件下,优化交通供给、规范无序需求、避免资源浪费、提高综合运输能力、促进社会经济发展。

1.3 主要内容

运输通道理论是20世纪60年代在发达国家运输界兴起的交通运输理论,是交通运输网络发展到综合运输阶段后发展起来的,受到了世界各国的重视,如今已成为对交通运输具有指导意义的理论体系。

区域综合运输通道的规划和配置工作是一项系统工程,贯穿通道建设的全过程,运输通道的运输需求分析、通道区位线分析、通道建设时序分析、规划方案评价、通道配置分析等是通道规划和建设全过程中必不可少的部分。

本书基于综合运输体系思想,从系统性和可操作性出发,充分参考和借鉴以往的研究成果,构建区域综合运输通道规划方法和区域综合运输通道配置方法。在研究过程中,理论和实践相结合,分别针对区域综合运输通道的布局规划和系统配置进行案例分析,对所做理论研究进行分析和论证。

(1) 区域综合运输通道基本理论

本书对运输通道的基本理论及其研究现状进行了介绍。首先给出运输通道的定义,分析运输通道的结构、分类及其构成要素,然后在区域范围内对运输通道进行研究,界定区域综合运输通道的内涵、构成要素和特征,研究区域综合运输通道的发展历程和发展趋势。

(2) 区域综合运输通道与区域的发展关系

从区域综合运输通道的功能分析入手,通过对区域综合运输通道基本功能和外延功能的深入分析,以宏观与微观、整体与局部相结合的方法分析区域综合运输通道定位的结构形式,从经济结构、社会结构、规模结构、职能结构四方面分析区域综合运输通道对区域空间结构的影响,并以此为角度分析区域综合运输通道与区域发展的关系,采用自内而外的递推式定位法对区域综合运输通道的功能进行了准确定位。

(3) 区域综合运输通道供需分析

对通道内航空、铁路、公路、水路与管道五种运输方式的技术经济特征进行分析,实现各运输方式的能力测度,进而完成整个运输通道的能力测度。对区域综合运输通道吸引范围进行确定,从而实现对综合运输通道的供给分析。另一方面,对综合运输通道内客货运需求特征进行分析,并介绍预测方法,实现对综合运输通道的需求分析。

(4) 构建区域综合运输通道规划方法

总结区域综合运输通道规划的影响因素,并对运输通道的吸引范围进行定性与定量分析,对常用的运输通道规划方法进行系统性分析,在此基础上提出基于节点重要度联合交通区位布局法的区域综合运输通道规划方法。

通过对节点重要度法和交通区位论进行分析,并充分考虑通道需求预测、城镇体系分布及发展规划、国家宏观政策、国家及区域上层交通规划等大背景因素对区域综合运输通道规划的影响,提出应用改进的节点重要度联合交通区位布局法进行区域综合运输通道规划。对区域综合运输通道与城市和广域运输通道的衔接进行深入分析,得出区域综合运输通道与城市衔接战略,即衔接有序化、客货分流化、通道集约化和模式差别化,并提出区域综合运输通道建设应与国家广域综合运输网络协调配合,在强调通道建设时,应做到通道与网络并重,不可在运输网络中造成人为交通瓶颈。并以成渝地区双城经济圈为例进行案例分析,对构建的区域综合运输通道规划方法进行验证。

(5)区域综合运输通道建设时序

以区域综合运输通道建设时序为研究对象,通过求解各待建通道段的重要度,分两阶段进行通道建设时序的确定。首先以通道段最大树为对象,确保节点间的有效连通;其次以区域综合运输通道所有通道段作为研究对象,综合确定建设时序。

(6)区域综合运输通道规划方案评价

分析通道评价的作用,构造通道评价指标体系,从通道网规模、通道网面积密度、通道网人口密度、通道网连通性、地域面积覆盖系数五个方面进行综合评价,并建立模糊综合评价算法,构造评语集进行评价计算,最后得出各条通道规划方案的评语等级。

(7)区域综合运输通道系统配置方法

对运输通道系统配置的概念和目标进行深入介绍,从系统工程角度出发,将通道系统配置定义为:在已知供需条件的情况下,合理地选择和使用通道供给方式,实现通道需求的合理表达和整体社会效益的最大化。确定系统配置目标:优化交通供给,满足对外交通需求和实现经济、社会的高质量、可持续发展。提出运输通道系统配置思路:对区域综合运输通道旅客运输系统和货物运输系统分别进行系统配置,在通道功能定位的基础上,结合需求与供给定性、定量分析,确定区域综合运输通道的基本系统结构。

根据保证需求表达最优、寻求配置可行的规划思路,提出区域综合运输通道旅客运输系统配置方法,对应用过程中涉及的关键模型和方法进行说明,并提出简化的系统配置方法。从运输通道能力测度和系统配置流量的角度出发,在通道功能定位的基础上,结合区域综合运输通道系统配置的目标进行区域综合运输通道货物运输系统配置。并以成渝地区双城经济圈为例进行区域综合运输通道配置分析,对提出的区域综合运输通道配置方法进行验证。

(8)区域综合运输通道系统配置评价

对区域综合运输通道系统特征进行分析,确定区域综合运输通道系统配置评价的流程。在明确评价目的的基础上,从通道作为独立系统和作为社会经济系统的子系统两个方面出发,建立评价指标体系并进行量化。最后采用模糊评价方法对区域综合运输通道配置协调性进行评价。

RESEARCH AND APPLICATION
OF REGIONAL COMPREHENSIVE TRANSPORTATION CORRIDOR
PLANNING AND SYSTEM CONFIGURATION

第2章
区域综合运输通道概述

明确区域综合运输通道的概念，是对其进行规划和配置的前提。本章首先介绍了运输通道的概念和运输通道的分类，其次从运输通道的服务范围对区域综合运输通道的概念进行了界定，并从通道构成要素、通道特征和通道结构三个方面，对区域综合运输通道进行深入剖析，最后对区域综合运输通道发展现状及趋势进行了总结与分析。

2.1 运输通道概述

2.1.1 运输通道概念

"运输通道"(Transportation Corridor)的概念最早产生于20世纪60年代的美国,是交通运输产业发展到综合运输阶段的必然产物。通道理论是以综合运输思想为指导,综合了交通运输地理学、运输经济学和交通规划理论而形成的一个新理论。该理论最初以城市交通走廊的规划及其对土地开发和经济的影响为主要研究内容。随着区域经济的一体化,"运输通道"的概念扩展为区域尺度、国家(国际)尺度的运输通道,研究内容主要为客货流产生的空间地理基础、通道运输网络与枢纽的合理布局及通道资源的合理配置。

进入19世纪,发达国家交通运输业先后进入现代交通运输发展阶段。但由于缺乏运输系统整体规划,各种运输方式的发展很不均衡,交通系统难以充分发挥作用。20世纪60年代,发达国家的一些运输经济学家在总结本国运输发展经验的基础上,提出了从交通运输系统观点出发来研究运输的合理性问题,以充分发挥各种运输方式的优势。他们通过研究认为,要解决好一个国家交通运输中存在的问题,关键是要开发和建设各具特色的运输通道。运输通道理论的提出,有利于解决干线运输问题,充分发挥各种运输方式的优势,因而受到了世界各国的重视。

20世纪60年代末、70年代初,运输通道理论引入中国,我国开始了运输通道的系列研究。这一阶段的研究内容主要表现为:一方面使有限的建设资金充分发挥效益,避免布局选线失误造成损失;另一方面则是充分发挥不同运输方式的优势,以发展综合运输体系为方针建设现代化的大能力运输通道。此阶段主要是理论上的探讨,较有代表性的研究有:张文尝系统阐述了运输通道的定义、类型与构成要素;李稚等分析了综合运输系统通道的构成及各系统之间的关系,并运用系统科学的研究方法,对综合运输系统通道的功能结构进行了深入分析。

20世纪80年代开始,运输通道理论在交通规划工作中开始得到应用,以交通部提出的"五纵七横"公路通道为代表,主要集中在借鉴和引进国外的交通规划理论和方法,从单一运输方式的角度进行干线通道的规划;与此同时,由于国民经济的飞速发展,交通运输与国民经济之间的矛盾日益突出,大运输通道内铁路全面吃紧,而公路、航空和水路紧张程度要低得多,以公路与铁路分流为主题的综合运输研究从理论进入实践。该阶段对通道的研究也多从经济的角度出发,分析通道所带来的经济效应及其形成机制。

1991年,北方交通大学系统工程研究所的张国伍教授在参考国外有关论述的基础上,对运输通道进行了系统分析,这是国内较早在运输通道概念、类型、研究意义等方面做出的详细介绍。2001年,中国科学院地理科学与资源研究所张文尝研究员对运输通道进行了系统分析,探讨了运输通道的形成和发展。《2000年交通运输发展战略论文选编》等著作和文章,对运输通道理论及有关内容进行了阐述。2001年,重庆大学黄承锋博士以成渝通道为例,对运输通道内部竞争与管理、运输通道与通道经济带内生产力的空间集聚进行了分析。2003年,中山大学曹小曙、阎小培则回顾了20世纪通道及交通运输通道的研究进展。

除此之外,随着新的交通运输方式和运输组织方法的迅速发展,在综合运输通道背景下,以客运专线、公路快速货运、铁路重载运输等为研究对象的专项研究开始出现。代表性研究有:1985年,交通部在《2000年水运、公路交通科技、经济和社会发展规划大纲》中提出,全国综合运输网建设应着力于开发完善不同运输方式组成的八条运输大通道。1987—1990年,中国科学技术协会组织一大批专家完成的《中国交通发展战略研究与建议》提出了全国6条运输通道建设方案。2000年,国家自然科学基金项目"交通经济带的发展机理及其模式"在重新确定交通经济区划分的基础上,又提出了新的6大通道设想。2003年,中国工程院组织有关专家完成的《"十一五"及2020年综合交通网络规划思路》中提出要在2020年建成9条运输通道。2012年通过的《"十二五"综合交通运输体系规划》重点提出基本建成国家快速铁路网,营业里程达4万km以上,专栏列出6列快速铁路栏目,是中国铁路建设的重要突破。2017年印发的《"十三五"现代综合交通运输体系发展规划》则强调要进一步完善交通基础设施网络化布局,建设多向连通的综合运输通道,构建高品质的快速交通网,强化高效率的普通干线网,拓展广覆盖的基础服务网,强化"一带一路"建设及京津冀、长江经济带等区域协同发展和脱贫攻坚对新型城镇化的支撑保障作用。2019年印发的《交通强国建设纲要》提出以多中心、网络化为主形态,完善多层次网络布局,优化存量资源配置,扩大优质增量供给,实现立体互联,增强系统弹性。强化西部地区补短板,推进东北地区提质改造,推动中部地区大通道大枢纽建设,加速东部地区优化升级,形成区域交通协调发展新格局。

经过近60年的研究,国内外学者根据不同的研究内容、研究范围和角度,对运输通道给出了不同的定义,其中较为完整和成体系的定义如下:

荷兰代尔夫特科技大学的Hugo Prierttus和Wil Zonneveld两位学者认为,运输通道是"两个以上城市之间发达的多模式交通线路束"。国际公共交通运输联盟等主编的《公共运输词典》对运输通道的解释为:"在某一区域内,连接主要交通流发源地,有共同流向,有几种运输方式线路可供选择的宽阔地带。"美国交通工程专家William W. Hay对运输通道的解释为:"在湖、河流、溪谷、山脉等自然资源分布、社会经济活动模式、政治等因素的影响下而形成的客货流密集地带,通常由多种运输方式提供服务。"美国加州大学教授William. L. Garrisnn对运输通道的解释为:"在交通运输投资集中的延伸地带内,运输需求非常大,交通流非常密集,各种不同的运输方式在此地带内互相补充,提供服务。"中国科学院地理科学与资源研究所的张文尝研究员从运输联系与运输经济区划分相结合的角度对运输通道进行了定义:"运输通道是联结不同区域的重要和便捷的一种或多种运输干线的组合。"我国交通经济学者蔡庆麟在其撰写的《运输布局学》中这样解释:"某一地理区域为一宽阔的长条地带,它顺着共同方向的交通流向前伸展,把主要交通流发生地连接起来。在某一通道内,可能有若干条可供选择的不同路线"。这就是说，通道是一狭长地带，它不仅包括运输基础设施的用地范围、通道赖以形成的自然条件，还包括客货流赖以发生的经济区。通道内有流向相同的密集的交通流，有多种运输方式为其服务。重庆大学的黄承锋博士则认为："运输通道是客货流的流经地、线路、运载工具以及管理系统的总和"。并认为，该定义是"广义通道"的定义，而一般所说的通道则是"狭义通道"。西南交通大学朱健梅教授在其博士论文《西南地区交通运输发展战略研究》中的解释为："运输通道是指在一定区域内，连接主要经济点、生产点、重要城市和交通网枢纽，其间具有已经达到一定规模的、共同的、稳定的交通流，以及为承担此强大交通流而建设的具有综合交通运输能力的交通运输线路的集合。"

根据以上定义，本书将运输通道定义为：一定空间范围内，在具有相同流向、密集、稳定的交通流的起讫点间，由一种或多种运输干线形成的狭长地带。此处的起讫点是一个抽象的"点"的概念，其物理形式可以是国家、省、城市，或者是一个区域。

2.1.2 运输通道分类

根据不同的参考体系，综合运输网中的通道可分为不同的种类。目前，按照空间范围、构成运输方式、运输对象、运输通道功能，国内外对通道的分类主要有以下几种(图2-1)。

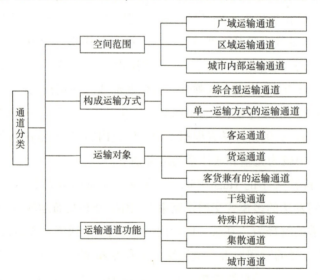

图 2-1 运输通道分类示意图

1) 按运输通道的空间范围划分

按运输通道的空间范围，运输通道可分为广域运输通道、区域运输通道和城市内部运输通道。

(1) 广域运输通道

广域运输通道是指承担国际、国内客货的交流，在主要的客货流方向上配置的具有强大交通运输能力的运输线路集合，是国家对外及国内各大经济区之间联系的桥梁，对国家的经济发展有重大影响，是国家交通运输网上的骨干通道。它是国家和广域交通网中的主干线，将众多的节点连接起来,承担了大量的客货运输任务,是建设和形成高效、协调的综合运输体系的关键。其特点为:运输距离长,连接国家或国际重要交通枢纽,由多种运输方式共同组成,一般为国家或区际交通运输网的骨干,担负国家重要物资的运输,具有大量性和稳定性。

下面以新亚欧大陆桥和京沪通道为例,对广域运输通道进行进一步的说明。

①新亚欧大陆桥

新亚欧大陆桥东起中国连云港、日照等沿海港口城市,向西经中哈边界阿拉山口出国境后,途经阿克斗亚、切利诺格勒、古比雪夫、斯摩棱斯克、布列斯特、华沙、柏林等城市,最终抵达荷兰鹿特丹和比利时安特卫普等港口,辐射世界30多个国家和地区,全长10900km。新亚欧大陆桥是继西伯利亚大陆桥之后第二条连接亚欧的陆路运输通道,与海上运输通道相比,其运输距离缩短了约5000海里、运费节省约20%、时间缩短约一个月,与第一亚欧大陆桥相比,其节省行程约2000km。

新亚欧大陆桥在中国境内全长约4100km,途经山东、江苏、河南、安徽、陕西、甘肃、山西、四川、宁夏、青海、新疆等11个省(自治区),贯穿东、中、西部地区,在我国社会经济发展中处于十分重要的位置,极大地促进了沿线区域的发展。作为新亚欧大陆桥起点,连云港港2021年完成货物吞吐量2.77亿t,同比增长9.62%。其中,外贸吞吐量完成13853.66万t,同比增长4.05%,位列全国百大集装箱港口第36位。同时,新亚欧大陆桥也使得新疆、甘肃等地从封闭的内陆地区一跃成为中国对外开放的桥头堡。此外,韩国、日本、东南亚各国以及一些大洋洲国家,都可以使用此通道进行货物运输。新亚欧大陆桥凭借其较短的运输路线和优越的地理位置,成为连接亚欧大陆最快捷、最经济的运输通道之一。

②京沪通道

京沪通道在我国综合交通网中具有十分重要的地位,属于"十纵十横"综合运输大通道之一。京沪通道所经的4省3市面积仅占全国的6.5%,人口却占全国的26.27%,该通道纵贯北京、天津、河北、山东、江苏、安徽、上海,通道沿线有北京、天津、上海三大直辖市,此外还有11个人口超过百万的大城市,构成了一条经济实力雄厚、辐射能力极强的经济轴线。2018年,该通道沿线辐射城市生产总值占全国的34.64%,人均生产总值是全国平均的1.80倍,其中,北京、天津、济南、南京、常州、镇江、无锡、苏州、上海等市的人均生产总值超过3000美元。京沪通道还连接了环渤海和长江三角洲两大城市群,其走向示意图如图2-2所示。

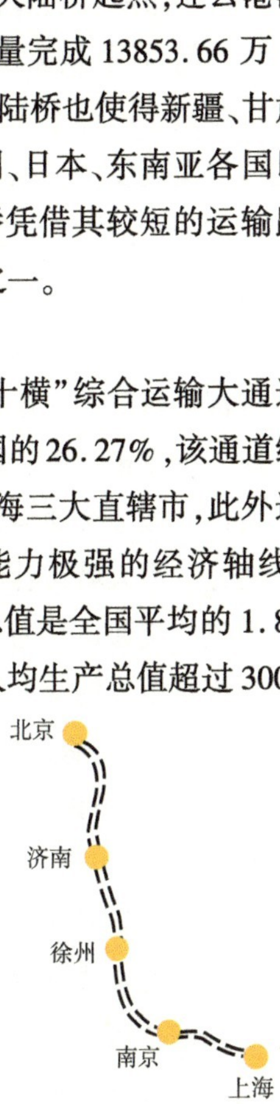

京沪通道是高速铁路、高速公路及国道线、京杭大运河、航空运输线等共同构成的大型综合客运通道。京沪通道不但属于国家综合交通网中的主要骨干线路,同时也分别属于铁路、公路、水路、航空各种运输方式内部的主干线。其内部包括京津和沪宁等若干子通道,同时还与北煤南运通道、沪汉蓉沿江通道等其他重要通道的部分路段重合,且与数条东西向大通道相交,在国家综合交通网中具有十

图2-2 京沪通道走向示意图

分重要的地位。

(2) 区域运输通道

区域运输通道连接着经济区域内的不同地区,承担区内运输联系,是经济区内经济联系和主要客货流运输的通道。区域运输通道可分为服务于城市群的区域运输通道和服务于都市圈的区域运输通道。本书研究所涉及的通道,除非做出说明,一般都为区域运输通道。

①服务城市群的区域运输通道

城市群内的区域运输通道不同于广域运输通道,它主要为城市群区域经济社会发展服务。服务范围包括区域中心城市之间、中心城市与中小城市之间,以及中小城市与城镇之间的运输。区域运输中的交通有其鲜明的特征,如时间性强,需求量大,运量的时间和空间分布较为集中,对于运输的安全、快速、便捷、舒适等方面的要求更强,运输距离一般为50~400km,属中短途运输,城际交通网络和站点布局密度相应较大,公路交通和轨道交通服务站点间距也相对小于广域运输通道。

②服务都市圈的区域运输通道

在都市圈发展过程中,都市圈发展轴上大运量的快速通道是至关重要的,它缩小了都市圈的空间范围,快速发展出了功能各异的沿线城镇,人流、物流的数量与日俱增,形成巨大的客货流量。以都市圈发展轴为基础建立起来的运输通道,也属于区域运输通道。区域运输通道的发展实例将在下文进行详细介绍。

(3) 城市内部运输通道

城市内部运输通道又称为城市交通走廊。美国、加拿大等发达国家,早在20世纪60年代初期就开始研究城市交通走廊问题,提出了城市交通走廊的概念。1961年,澳大利亚在进行首都堪培拉的交通规划时,把交通走廊明确为一条主要线路或是一系列平行线路。国内交通工程专家学者曾提出交通走廊即为大通道,并且认为它必须具备大流量、高效率两个基本条件。城市交通运输通道的基本形式主要有:大容量的高速道路,适用于以小汽车交通为主的分散型大城市;同方向的多条道路共同构成的城市交通运输通道;由大运量有轨运输线路构成的交通运输通道;干道系统与大运量有轨运输相结合的交通运输通道;由地面干道和高架道路组成的交通运输通道等。城市交通运输通道不单纯指交通服务设施,它必须有一定的影响区;走廊形状不固定,可以是直线形的,也可以是环形的,还可以是由几条平行道路组成;运输通道内可有多种交通方式,但由于运输通道的交通流量大,必须有大运量的快速交通方式。

①美国华盛顿阿灵顿县R-B走廊

美国华盛顿阿灵顿县的R-B走廊是美国以公共交通为导向的城市空间开发模式(Transit Oriented Development,TOD)建设的成功典范,以其活跃的经济氛围、良好的就业机遇、舒适的生活环境以及便捷的交通联系,成为地区内外居民青睐的工作、居住和购物场所。

R-B走廊以城际铁路为载体,从Ballston站点出发,沿威尔逊林荫大道旧址,途经Virginia Squar 站、Clarendon 站、Court House 站,最终抵达 Rosslyn 站,全程共 3mile(1mile = 1609.344m)。阿灵顿县的 R-B 走廊强调土地开发与轨道交通建设相互整合,积极鼓励居住、办公和零售开发集中在车站附近,使居民能够方便地利用城际铁路出行。同时,设计友好的步行环境,将公交系统与完善的行人和自行车设施结合起来,努力营造一个适宜的社区环境。居民在这充满活力的"城市乡村"中,更多依靠公共交通、步行和自行车,轻松、舒适地生活、工作和购物休闲,同时也不断创造着地区内公交使用率最高的奇迹。

R-B 走廊在实施 TOD 模式时,除了大力发展轨道交通外,还十分重视常规公交系统和步行、自行车系统的建设。公交系统中除城际铁路外,还有阿灵顿公交(Arlington Transit,ART)、地铁公车和合乘小汽车,可以方便地到达 R-B 走廊的任何地方。ART 是一种新颖、环保节能型的公共汽车,在 R-B 走廊上共有 7 条线路,凭借着准时、可靠的服务,深受大众青睐。地铁公车是华盛顿城际铁路系统的辅助系统,线路众多,服务优质。当人们需要使用小汽车时,则可以选择出租小汽车。它是一种车辆租赁服务。为加强小汽车与其他方式的衔接,阿灵顿县特定了 20 个易找易停的路内停车区,以便与其他方式灵活换乘。步行和骑自行车同样也是十分便捷的走廊内出行方式,通过修建自行车道路和自行车专用道,构建了一个广阔的自行车网络;自行车停放也很方便,在所有的地铁站和商业街都有停车点。

②北京大兴走廊

北京大兴走廊以北京地铁大兴线为主轴,包括大兴线沿线 5km 的范围,走廊地面通道主要由主、次干道及支路构成,包括京开高速公路、五环和六环等快速公路,如图 2-3 所示。

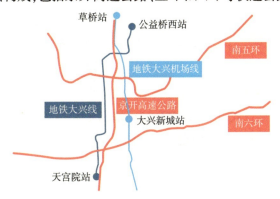

图 2-3 北京市大兴走廊示意图

北京地铁大兴线于 2010 年底开通,北接地铁 4 号线公益桥西站,并与 4 号线实行统一运营,向南途经南苑地区、西红门地区、大兴新城主城区、生物医药产业基地,沿线经过槐房西路、京良路、兴华大街等主要道路,终点位于大兴新城南部建设区边缘的天宫院站,是北京市轨道交通中的主干线、南北交通大动脉。大兴线在轨道交通线网布局中属于连接大兴组团与中心城区的轨道交通线。

北京地铁大兴机场线北起丰台区草桥站(可与地铁 10 号线换乘),南至北京大兴国际机场站,途经丰台区、大兴区,沿途设草桥站、大兴新城站、大兴机场站,设计速度为 160km/h,

于 2019 年 9 月 26 日开通运营,构成大兴区前往中心城区的快速客运通道。

城市道路网络呈方格网状结构,包括兴华大街、兴业大街、康庄路、黄良路、金星西路、新源大街等主干道,以及清源路、兴政街等次干道,承担了区内主要交通。截至 2021 年底,服务大兴区的公交线路共 122 条,其中连接主城区公交线路 54 条(大兴区内运行长度超过 5km 的 40 条),区内公交线路 68 条;地铁 4 条(大兴线、亦庄线、8 号线、大兴机场线),基本上形成了以大兴新城和亦庄新城为高覆盖率区域,向周边乡镇放射状辐射的网络结构。

京开高速公路北京段,使北京段的国道 106 添加了快速线,并连接了北京南部大兴区,直到固安大桥附近。五环与六环快速路使得大兴走廊横向对外交通衔接更加快捷。

各个空间层次下运输通道的主要功能见表 2-1。

各个空间层次下运输通道的主要功能　　　　表 2-1

空间层次	范围	空间尺度	连接的交通节点	主要作用	典型案例
广域运输通道	全国或跨国	大尺度	国家或国际重要交通枢纽	全国范围内沟通各主要运输点的高效快速运输骨架	巴拿马运河、苏伊士运河、新亚欧大陆桥、京沪通道
区域运输通道	城市群、都市圈	中尺度	城市群区域内中心城市,区域运输主枢纽及区域内重要城市组团	区域内主要城市间的高效快速运输骨架	沪宁杭通道、成渝通道
城市内部运输通道	城市或都市区	小尺度	城市内部各功能区	疏散城市内部大量交通流,联系城市内部各功能区	北京大兴走廊

2)按构成运输方式划分

运输通道按构成运输方式可分为:综合型运输通道和单一运输方式的运输通道。这样划分反映了运输通道的结构类型,说明运输通道可由单一运输方式组成,也可由多种运输方式组成。

(1)综合型运输通道

综合运输通道由多种运输方式或多条运输线路组成。通常将各种运输方式或多条运输线路完成的运输量等在整个综合运输通道总运输量中所占的比重,以及在运输生产过程中的功能构成、相互联系与相互制约关系称为综合运输通道的结构,也就是各种交通运输方式在实现社会和国民经济发展对通道运输要求时的合理分工和协作。一定的社会经济环境不仅要求综合运输通道的供给能力与之相适应,还要求运输供给能力在不同运输方式间形成较为合理的配置结构。

(2)单一运输方式的运输通道

单一运输方式的运输通道主要出现于运输通道发展初期,由单一的运输方式组成,但该运输方式有两条或两条以上的运输线路。随着各种运输方式的发展,单一运输方式的运输通道将逐渐发展为综合型运输通道。

3）按运输对象划分

运输通道按照运输对象可以分为：客运通道或者以客运为主的运输通道,包括客运专线、通勤、旅游线路等;货运通道或者以货运为主的运输通道;客货兼有的运输通道。

4）按运输通道功能划分

运输通道按功能可分为干线通道、特殊用途通道、集散通道、城市通道。其中,干线通道可细分为国家通道、广域城际通道、省际通道;特殊用途通道可细分为旅游通道、机场（港口）通道、厂矿（企业）通道;集散通道可细分为区域城际通道、区域城镇群通道、城市对外通道。按通道的功能分类,可以反映出通道为各种交通出行需求提供服务的基本功能。

2.2 区域综合运输概述

2.2.1 区域的界定

"区域"是一个普遍的概念。根据考察对象的不同,各学科有不同的解释。

地理学把"区域"作为地球表面的一个地理单元,也称为自然区域。由于地表自然界存在着地区差异,其空间分布具有由量变到质变的性质。由此可将其划分为不同的系统,并按从属关系得出一定的区域等级系统。区域自然环境是有内在联系的统一整体,一个要素的变化往往引起其他要素的变化。区域的自然地理环境特征是各自然地理要素综合作用的结果。政治学一般把"区域"看作国家实施行政管理的行政单元,是指行政管理的地域范围。这种行政区域划分具有一定的主观性,与自然区域相比,具有可变性和不稳定性。社会学把"区域"作为具有人类某种相同社会特征（语言、宗教、民族、文化）的聚居社区。经济学把"区域"理解为一个在经济上相对完整的经济单元,是以社会劳动地域分工为基础,根据地理位置、自然条件、资源分布、交通状况和经济联系的不断发展而逐步形成的,是内在经济力量的区域组合。

综上所述,区域的基本属性可以概括为：一是地球表面的一部分,并占有一定的空间（三维）,这些空间可以是自然的、经济的、社会的。二是具有一定的范围和界线,其范围有大有小,是依据不同要求、不同指标体系而划分出来的;其界线往往具有过渡性特征,是一个由量变到质变的"地带"（自然界区域界线有时是明确的,但大部分也是过渡性的）。三是具有一定的体系结构形式,区域具有上下左右之间的关系（纵向的、横向的）,每个分区都是一个区域的组成部分。四是区域是客观存在的,是人们按照不同的要求、对象加以划分的,是主观对客观的反映。

下面结合"城市群"和"都市圈"的概念对本书所指的"区域"进行界定。

"城市群"(Megalopolis)这一概念最早是由英国的城市学家 E. 霍华德提出的。但后来普遍使用的是英国学者格迪斯于 1915 年在《进化的城市》一书中提出的概念:城市的扩展是其诸多功能跨越了城市的边界,众多的城市影响范围相互重叠产生了"城市区域"(City Region),并用"组合城市"(Conurbation)一词来命名。长期以来中国学者对"Megalopolis"存在多种译法,包括城市连绵区、大都市连绵区、城镇密集地带、城市带、城市群,诸多称谓不一而足。在本书中,将其统称为城市群,更突出城市之间的联系与作用。具体从发展阶段来看,城市群是城镇密集区的高级形式,是区域工业化和城市化发展到一定阶段的必然结果,它在区域经济发展中起着加快生产要素聚集、促进产业融合、增强辐射带动力、提高整体竞争力的巨大作用。

国内学术界最早开始使用"城市群"概念是在 20 世纪 80 年代末 90 年代初,比较有名的包括:周一星提出"都市连绵区"(Metropolitan Interlocking Region)的概念;姚士谋给出的城市群的定义——城市群是在特定的地域范围内具有相当数量的,不同性质、不同类型和等级规模的城市,依托一定的自然环境条件,以一个或两个特大或大城市作为地区经济的核心,借助于综合运输网的通达性,发生与发展着纯属个体之间的内在联系,共同构成一个相对完整的城市集合体;陈凡等给出的城市群定义——城市群是指在一定地区范围内,由各类不同等级规模的城市依托交通网络所组成的一个相互制约、相互依存的一体化城市网络;等等。

从国内外有关城市群内涵的种种认识中可以看出,形成城市群的几个基本的标准包括:至少有 3 个以上的大中城市,必须有一个核心城市带动,城市之间必须有发达便捷的交通网络,城市之间有密切的经济技术联系,具有一体化和同城化的潜力和广阔的前景。根据我国城市群的发展现状,本书将城市群空间尺度界定在 400km 范围内。城市群反映了一种空间聚合状态,具有地理和经济双重属性。地域性、群聚性、中心性和联系性是城市群的基本特征。

①地域性:城市群属于高度城市化地区,具有特定的空间地理范围。

②群聚性:城市群是若干城市的集合体,在有限的地域范围内聚集了一定数量的城市,亦即城市分布密度较高。

③中心性:城市群往往以一个或几个大中城市为核心,对城市群经济活动进行集聚和扩散,从而对整个区域的社会经济发展起组织和主导作用。

④联系性:城市群的联系性是指城市群内不同规模、不同等级的城市之间存在较为密切的社会经济联系,并逐步向一体化方向发展。

都市圈(Metropolitan Region or Metropolitan Area)是现代大城市空间发展的最新的空间形态之一,它的基本特征表现在超越城市行政区的城市地域范围的扩大、城市多核心的地域构造、城市间的整合与城乡一体化发展等方面。都市圈的概念最先起源于日本。1950 年,日本行政管理厅对都市圈的定义是:以一日为周期,可以接受城市某一方面功能服务的地域范围。都市圈比较完整的概念为:由一个或多个中心城市和与其有紧密社会、经济联系的邻接城镇组成,具有一体化倾向的协调发展区域,是以中心城市为核心、以发达的联系通道为依托,吸引辐射周边城市与区域,并促进城市之间的相互联系与协作,带动周边地区经济社会发展的、可以实施有效管理的区域。

按照都市圈的空间尺度,我国的都市圈包括:大都市圈、区域都市圈、地方性都市圈。本书的研究涉及的是大都市圈。大都市圈是以一个或几个具有国际性或全国性的城市为中心,由多个邻近的县(市)的部分地区共同构成的一个空间尺度最大的都市圈。其人口规模为1500万~3000万人,地域范围的半径为50~70km。圈内核心城市与其他不同规模城市间的产业关联度大,存在密集的交通主干网,各城市间的人流、物流、信息流频繁往来。各城市生产总值高于国内平均水平。

从交通运输的角度来看,大都市圈在空间结构上体现出圈层结构。城市交通作为都市圈体系的骨架,是连接都市圈内部各圈层的纽带、桥梁,也是各都市圈之间联系的关键。在现代交通技术的条件下,可分别按不同城市的"1小时交通圈",即1小时的出行距离,以30km、50km和70km把大都市圈分别划分为核心圈、外围圈和机会圈三个圈层。大都市圈的三个圈层结构和空间尺度如图2-4所示。

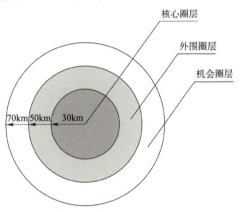

图2-4 大都市圈的三个圈层结构和空间尺度

其中,核心圈通常在城市的行政区范围内,外围圈则常常是为中心城提供生产生活服务等基础资料的城市广大发展腹地,机会圈则包括和中心城联系密切的其他城市。这三部分之间由交通运输通道相沟通,通道的类型、距离随都市圈的空间尺度和地域条件等不同而不同。都市圈内的运输通道在有效分散车流、提高通勤率上起了很大作用。

由城市群和都市圈的定义和空间尺度范围可知,城市的群体地域系统一般可划分为城市、都市圈、城市群这三个层次。一个大的城市群可以形成多个都市圈,如成渝城市群中包括了成都都市圈、重庆都市圈。核心圈以内的部分是属于城市交通的范畴,本书研究的区域范围是在都市圈核心圈层以外的空间范围内。

本书从运输通道与都市圈圈层结构和城市群空间结构的角度,结合都市圈和城市群的空间尺度范围,将区域的范围界定在:都市圈核心圈层以外,我国城市群的空间尺度范围内,即 30～400km 的空间范围内。

2.2.2 区域综合运输通道界定

随着社会化大生产和商品经济的发展，我国区域经济快速发展，各经济区域之间的联系也更为密切。区域经济一体化和城市化进程的加快以及城市群的形成，使得我国城市群区域内各城市的经济实力得到普遍提高，城市间的社会经济联系也变得更为紧密。

我国现有的发展较为成型的经济区有：京津冀、长三角、珠三角、山东半岛、海峡西岸、中原、长江中游、成渝、关中平原、北部湾、哈长、辽中南、山西中部、呼包鄂榆、黔中、滇中、兰州—西宁、宁夏沿黄、天山北坡等城市群构成的经济区。而作为区域客货运交通运输系统骨干的区域综合运输通道，承担着经济区域内以及经济区域间伴随日益频繁的经济交流、商贸和人际往来而形成的大量新增客流和货流。

结合前文对运输通道的定义和区域范围的界定，区域综合运输通道（图 2-5）可以理解为：区域城市群内、都市圈范围外，在具有相同流向、密集、稳定的交通流的起讫点间，由一种以上的运输方式和运输线路以及附属配套设施构成的运输干线的狭长地带，连接着经济区域内的中心城市和主要城市组团，是区域交通网络的骨干。

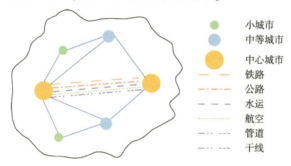

图 2-5 区域综合运输通道

根据运输通道的分类，区域综合运输通道属于区域运输通道与综合型运输通道的交集。由上文对"区域"范围的界定可知，其空间范畴属于中观的空间尺度，介于国家或国际这一"广域"的空间尺度与城市这个"小"的空间尺度之间，即属于都市圈外围圈层外、城市群的空间尺度内的 50～400km 的空间范围内。

2.2.3 区域综合运输通道构成要素

由运输通道的一般构成要素可知，运输通道的构成要素包括起讫区域、运输干线、辅助设施。具体到区域综合运输通道，其构成要素可看作由内部构成要素和外部环境要素两部分组成，其中内部构成要素包括交通节点、运输线路和交通流，外部环境包括社会、经济、自然、地理、地质等条件。

（1）交通节点

交通节点是区域中交通流产生和消失的"点"，即区域综合运输通道所连接的城市群中的各个大中小城市。其中,运输通道起终点所位于的两个中心城市就是区域综合运输通道的"起讫点"。由于运输通道的线路经过城市群的城镇密集地带,这些由运输通道连接的交通节点通常发展成为大都市。由于经济发达,人口聚集,形成巨大的客流、货流、信息流、资金流等。

从运输领域来分析,区域综合运输通道所连接的"点"实际上为综合运输枢纽或某种特定的运输方式的港站,是客流中转、换乘、集散,以及货流集结、换装、分配的主要场所。譬如,铁路车站可分为客运站、货运站和客货运站;按等级可分为特等站、一至五等站。公路运输的车站是汽车站,它既是公路运输的基本设施,又是汽车运输业组织公路运输的基本单位。航空运输主要是航空港站,水路运输为码头和港口等。

(2)运输线路

由区域综合运输通道的定义可知,运输通道一般由不同运输方式、走向大致平行的多条运输线路构成,且同一种运输方式也可能存在多条线路。这些运输线路是支撑运输通道的基础设施。

按照运输方式来划分,运输通道内的运输线路可划分为铁路、公路、水路、航空和管道五种。铁路运输又可细分为普通铁路运输和高速铁路运输,公路运输亦可细分为高速公路运输和普通公路运输。在区域综合运输通道这个空间尺度下,旅客运输线路主要由铁路、公路构成,而管道则是货物运输的专用线路。

按照运输速度来划分,运输线路可分为:①高速运输线路,旅行速度在 200km/h 以上,主要指高速铁路(既有线速度 200km/h 及以上,新线速度 250km/h 及以上)和航空运输。②中速运输线路,旅行速度在 80~200km/h 之间,主要指高速公路、高速水路、城际铁路等。③慢速运输线路,旅行速度一般在 80km/h 以下,一般指普通铁路、公路和水路等。

(3)交通流

交通流主要包括客流与货流。作为区域综合运输通道系统的需求群体,交通流为运输市场提供了最根本的需求来源。交通流对各运输方式的选择也影响着运输线路的规划和建设。

(4)外部环境

区域综合运输通道的外部环境是指支撑区域综合运输通道的社会、经济、自然、地理、地质等条件,可以从社会经济发展水平、城市化程度、居民消费水平、区域自然地理条件、运输通道的运输能力布局几个方面进行衡量。

2.2.4 区域综合运输通道特征

区域综合运输通道在城市群的空间范围下,与其他运输通道相比,具有以下特征。

(1)区域交通运输的骨干

区域综合运输通道是区域内交通运输系统的重要部分,它依靠其密度高、效率高的特性以及其在速度、运量、服务水平上的优势,承担了区域内主要的客货流运输任务。

(2) 运输方式多样化

区域综合运输通道内的综合运输系统主要由铁路运输、公路运输、水路运输、航空运输和管道运输五种传统的运输方式组成，同时由于新型交通运输基础设施的建设以及新型运输工具(如高速铁路、轻轨、大型客机、运输机等)的运用，区域综合运输系统中的运输方式更加多样化。

(3) 运输距离较长，运输费用相对较高

区域综合运输通道连接的是经济区域内的中心城市和主要城市，因此，与城市内运输通道上的运输相比，区域综合运输通道运输距离较长，运输时间相应较长，运输费用相对较高。

(4) 运输量大

区域综合运输通道内是由多种运输方式相互协作共同完成运输任务的。因此，区域综合运输通道具有运输能力大、运输成本低、信息化程度高、管理水平高等优点，保证其具有承担经济区域内大量客货运输任务的能力。

(5) 技术、设备和管理方法先进

随着经济水平和科学技术水平的不断提高，先进的科学技术被逐步应用到交通运输领域中来，如全球定位系统(Global Positioning System, GPS)在运输领域的运用，中国列车控制系统(China Train Control System, CTCS)的自主研发与运用，列车调度集中(Centralized Traffic Control, CTC)系统的使用，智能交通系统(Intelligent Traffic System, ITS)在公路运输上的使用等。同时，"互联网+"便捷交通、高效物流行动计划的实施，将信息化、智能化发展贯穿于交通建设、运行、服务、监管等全链条各环节，推动了云计算、大数据、物联网、移动互联网、智能控制等技术与交通运输深度融合，实现基础设施和载运工具数字化、网络化，运营运行智能化，全面提升了运输效率和服务品质。

2.2.5　区域综合运输通道结构

广义地讲，元素之间一切联系方式的总和，叫作系统的结构。不同的系统结构或联系方式会产生不同的整体涌现性。一般来说，系统的结构效应对系统的整体涌现性起决定作用。

区域综合运输通道由多种运输方式或同种运输方式的多条线路组成，每种运输方式又由为实现其运输过程的多种运输设备配置而成，其结构方式多种多样。从规划和建设的角度来说，更关心通道的框架结构、运输结构、空间结构、时间结构四个方面。

(1) 框架结构

区域综合运输通道的框架结构主要是指通道内的运输方式结构和路径结构。在区域范围内，将城镇(含城市、县城和重点小城镇)、干线路网中进行客(货)运作业的地区(枢纽、客货运站、技术站、港口、码头等)、两条或两条以上路径的交叉点与分流点及某些大型厂矿企业抽象为区域综合运输通道中的一个节点。

其中，具有社会、经济指标的节点之间具有较为稳定的起终点间的交通出行量(Origin

Destination, OD),我们称之为集散节点,即区域综合运输通道的构成要素之一的"交通节点"。另一类节点为网络节点,它们是仅有交通流汇合与分歧的节点,如道路的交叉和分流点。网络节点可以是一种交通方式的交叉点,也可以是两种以上交通方式的衔接点,譬如有公路衔接的铁路中间站等。

集散节点通过一个或多个网络节点与运输网络连接,其路径与节点间通过串联、并联、混联的形式,构成了区域综合运输通道网络。区域综合运输通道的框架结构如图2-6所示。

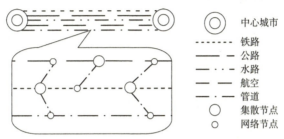

图2-6 区域综合运输通道的框架结构

(2)运输结构

运输结构是区域综合运输通道内各种运输方式在基础设施、技术等级、运输工具、运输量和运输周转量、区域布局等方面的有机构成。运输结构既包括运输通道系统与外部社会、经济、自然环境之间的结构关联关系,又包括构成交通运输系统的五种运输方式(公路、铁路、水路、航空、管道)之间的结构比例关系,通常所说的通道结构指通道的运输结构。根据考察角度的不同,可以将运输结构分为宏观层次、中观层次和微观层次三个方面。

①宏观层次:从全社会角度考察运输业所能提供的运输能力是否满足全社会运输需求的能力。

②中观层次:从运输业本身考察各种运输方式的比例构成以及为了实现合理分工所需的构成,如运输量比例、各种运输方式的分担率等。

③微观层次:从各种运输方式的内部考察运输方式的基本构成,如各类交通基础设施的比例、运输车辆、运输的投入要素的比例等。

上述三个层次是相互渗透的。运输结构的宏观适应性要以中观层次的结构优化和微观层次结构组合为基础,中观层次和微观层次则要服从宏观层次的结构要求。本书在讨论区域综合运输通道的发展与演化时主要关注运输结构的中观层次,即考察运输量比例、各种运输方式的分担率等。

运输结构的主要内容有以下几个方面:

①运量结构:指各种运输方式完成的货运量所占的比例以及客运量所占的比例。

$$\alpha_i^h = \frac{Q_i^h}{\sum_{i=1}^{n} Q_i^h} \tag{2-1}$$

$$\beta_j^k = \frac{Q_j^k}{\sum_{j=1}^{n} Q_j^k} \tag{2-2}$$

式中：α_i^h——第 i 种运输方式完成的货运量所占的比例；

Q_i^h——第 i 种运输方式完成的货运量；

β_j^k——第 j 种运输方式完成的客运量所占的比例；

Q_j^k——第 j 种运输方式完成的客运量；

n——运输通道内运输方式的数量。

②周转量结构：指各种运输方式完成的货运周转量所占的比例以及客运周转量所占的比例。

$$\eta_i^h = \frac{T_i^h}{\sum_{i=1}^{n} T_i^h} \tag{2-3}$$

$$\gamma_j^k = \frac{T_j^k}{\sum_{i=1}^{n} T_j^k} \tag{2-4}$$

式中：η_i^h——第 i 种运输方式完成的货运周转量所占的比例；

T_i^h——第 i 种运输方式完成的货运周转量；

γ_j^k——第 j 种运输方式完成的客运周转量所占的比例；

T_j^k——第 j 种运输方式完成的客运周转量；

n——运输通道内运输方式的数量。

③技术结构：指各种运输方式采用的技术手段和拥有的技术水平的构成，包括各种运输方式的营运线路长度、运输工具的数量等及其所占比例。

$$x_i = \frac{L_i}{\sum_{i=1}^{n} L_i} \tag{2-5}$$

$$\delta_i = \frac{M_i}{\sum_{i=1}^{n} M_i} \tag{2-6}$$

式中：x_i——第 i 种运输方式的营运线路长度所占的比例；

L_i——第 i 种运输方式的营运线路长度；

δ_i——第 i 种运输方式的运输工具数量所占的比例；

M_i——第 i 种运输方式的运输工具数量；

n——运输通道内运输方式的数量。

④运力结构：反映各种运输方式运输能力的比例关系，通常我们可以用运输的总吨位来表示。

$$\phi_i = \frac{N_i}{\sum_{i=1}^{n} N_i} \tag{2-7}$$

式中：ϕ_i——第 i 种运输方式的运输能力所占的比例；
N_i——第 i 种运输方式的运输能力；
n——运输通道内运输方式的数量。

区域综合运输通道的运输结构并不是固定的，而是随着各种运输方式间的相互作用不断变化的。通道内部各种运输方式间的互动关系是区域综合运输通道的内部发展动力，促使着通道的发展。下面从竞争、协作、促进、替代四个方面来分析各运输方式的相互作用关系对区域通道运输结构的影响。

从区域运输市场的需求来看，各种运输方式相互竞争，争夺着运输市场份额，竞争机制促使运输方式不断发展、进步，从而促进通道的发展。区域综合运输通道的发展演化是一个从低级到高级、从简单到复杂的过程。运输方式的构成是从单一方式向运输方式多样化发展，运输需求也是从低级向高级过渡。运输通道内运输方式间的竞争一般要经历数量竞争、质量竞争以及可持续性竞争三个阶段，见表2-2。

区域综合运输通道内运输方式的相互竞争　　　　　表2-2

竞争阶段	竞争的主要手段	竞争的主要结果	演化阶段
数量竞争	运输价格	铁路运输因其运量大、票价相对低、运费低、受外界条件影响小、便于运送笨重货物而在客运和货运通道运行结构上占优势	初级运输通道
质量竞争	运输质量差异化	高速公路、高速铁路、航空运输等运输方式以较高的运输质量在客运市场受到青睐；五定班列、高速路快速运输等运输产品因其准确、可靠的运输质量在货运市场上受到欢迎	综合运输通道
可持续性竞争	运输总成本	高质量、环保型公共交通在旅客运输通道运行结构中出现	可持续运输通道

①数量竞争阶段。在运输通道发展的初级阶段，运输需求尚处于较低层次，运输供给严重不足，运输需求受到限制。各种运输方式通过不断扩大运输规模、增加运输量从而降低运输成本来获得竞争优势。在这个阶段中，出行者主要依赖于出行成本来选择出行方式，货主也主要以运输成本来选择货物的运输方式。在此阶段，各种运输方式相互替代作用程度弱，在区域客运通道的运行结构上，铁路运输因其运量大、票价相对低而占据了较大优势；在区域货运通道的运行结构上，铁路因其运量大、运费低、受外界条件影响小，便于运送笨重货物。

②质量竞争阶段。随着经济的发展以及运输技术的进步，客货运输需求层次上升，各种运输方式间的竞争由数量竞争阶段进入质量竞争阶段。客运市场方面，旅客开始重视运输的安全性、舒适性、速达性、便捷性等；货运市场方面，货主开始重视运输的安全性、可靠性、准确性以及送达速度等。于是各种运输方式开始重视自身的运输服务质量、基础设施的技

术特性、先进管理技术的运用等,以求争取更大的市场份额。与此同时,各种运输方式由于技术特性的发展变化,相互之间的竞争加强,特别是在500km尺度范围内的客运市场上,各种运输方式竞争激烈。各种运输方式不断发展进步,高速公路、高速铁路、航空运输等运输方式因其高速、舒适的运输质量在客运市场上受到青睐。货运市场上也适时出现了如"五定班列""高速路货物快运""集装箱班列"等应对新的货物运输需求的运输产品,甚至航空运输也加入对一些附加值高、质量轻、体积小的货物运输当中,如电子产品等。与此同时,同一种运输方式内部不同线路之间、同一条运输线路不同运输企业之间也开始出现竞争。

③可持续竞争阶段。在经过数量竞争阶段和质量竞争阶段后,运输市场一般进入饱和阶段,这时对应运输通道的可持续竞争阶段。如何避免资源浪费、环境污染、交通拥挤和交通事故,保证运输通道系统内部综合运输体系的协调发展,保证区域综合运输通道系统与区域经济、社会环境等大系统保持长期动态协调,从根本上达到更高的经济、社会和生态效益,成为这一阶段的主题。此时,各种运输方式一方面重视自身运输质量的提高以及与环境的协调,以争取运输市场份额;另一方面,运输方式间的协调化发展更加受到关注,有利于保证运输通道内运输方式的多样性和竞争的持续性。这一阶段的一个重要特征是,高质量、环保型公共交通在旅客运输结构中出现。

(3) 空间结构

组分在空间的排列或配置方式,称为系统的空间结构。区域综合运输通道的空间结构就是通道在城市群范围内的空间布局,即运输通道与交通节点在空间的联络关系。区域综合运输通道的空间结构由所在城市群的交通节点在区域的空间拓扑关系、自然地理因素及当时的技术、经济等条件决定,即和城市群的空间结构有密切关系。

由区域综合运输通道的外延性特征可知,对于某一个特定等级和地位的区域中心,也是交通节点中的"起讫点",都有向外辐射的交通运输网。因而随着城市群类型的不同,区域综合运输通道的空间结构也会不同。

根据城市群的类型,可将区域综合运输通道的空间结构分为四类:①单核心城市群型;②双核心城市群型;③多核心城市群型;④通道型城市群型。基于四类城市群的区域综合运输通道空间结构分别如图2-7~图2-10所示,图中各类线形表示不同的运输方式。

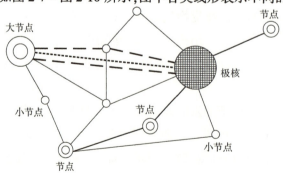

图2-7 单核心城市群的通道空间结构

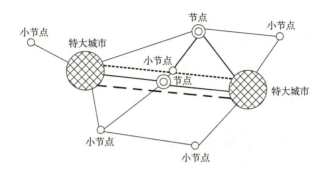

图 2-8　双核心城市群的通道空间结构

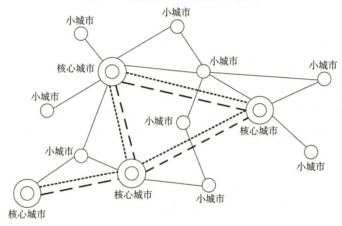

图 2-9　多核心城市群的通道空间结构

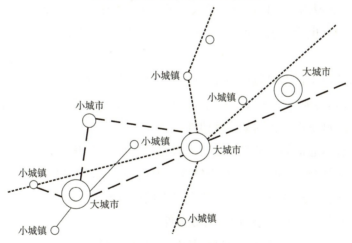

图 2-10　通道型城市群的通道空间结构

(4) 时间结构

系统各组分在时间流程中的关联方式,称为系统的时间结构。运输通道的时间结构是指时间进程中通道内各运输方式或路径间的关联关系,它随交通结构的变化和技术的进步而不断发生着变化。对于区域综合运输通道来讲,实际上就是区域综合运输通道建立的过程中各种运输方式相互发生联系和发展的过程,在这个过程中,区域综合运输通道的结构由低级形态向高级形态发展,即:①交通运输方式和路径的数目逐渐增多;②结构水平由低变高,由劳动密集型为主的通道结构转化为以技术密集型为主的通道结构;③结构联系由疏松变紧密,交通运输方式间的关联关系增强,在完成运输任务的过程中,由以单一运输方式为主向多式联运转变。区域综合运输通道的时间结构反映了通道由低级形态向高级形态发展的过程。

2.3 区域综合运输通道发展现状及趋势

2.3.1 国外发展现状

一些国家(地区)的区域通道发展阶段较为完善,例如日本东海道运输通道、欧洲莱茵河运输通道等。其中日本东海道运输通道发展较为成熟,各种运输方式结构相对稳定;欧洲莱茵河运输通道依托莱茵河这一得天独厚的条件,演化过程中,两岸铁路网、航道网和高速公路网逐渐形成并共同组成了运输大通道,沿着莱茵河两岸按照"网络"的方式横向演化。下面通过分析上述运输通道的发展状况,进一步介绍当前区域综合运输通道结构现状。

1) 日本东海道运输通道

日本东海道运输通道是以东海道新干线为主,既有线铁路、高速公路长途巴士、航空等运输方式为辅的一条重要客运大通道。该运输通道全长500余千米,起讫点分别是东京和大阪,途经横滨、静冈、名古屋、米原、京都等城市,连接了日本三大都市圈(首都圈、京阪神圈、中京圈),覆盖区域内的人口占日本总人口的69%,其中位列人口前四位的东京市、大阪市、神奈川县、爱知县也均在东海道地区,可见东海道运输通道是日本国内最繁忙的运输大动脉。

东海道城市群位于日本列岛核心部位的东海沿岸地区,依托东京湾、伊势湾和大阪湾等天然港湾,具有优越的地理位置和口岸优势。它的形成是一个自然历史过程,反映了人口城市化、社会工业化、城市现代化的某些规律性。

日本东海道客运通道的开发历程是日本经济与社会现代化进程的缩影,展现了日本从传统社会迈入工业社会,进而向信息社会转变的宏伟景象,同时又显示了日本民族特有的文化传统。东海道运输通道的形成因素主要有以下四个方面:

(1) 以交通网络等基础设施建设为前提条件

东海道带状城市的3个城市圈分别依托东京湾、伊势湾和大阪湾一系列港口群,以港兴城。发达的陆海空立体交通运输网络和信息网络,以时间换空间的方式,变革了城市群的时空结构,为城市间的区域分工和城市群参与国际分工创造了条件,使城市群成为国内市场和国际市场的接轨点,形成国内外人员、货物、资金和信息的聚集与扩散中心。

(2) 同现代产业群的发展与合理布局相适应

日本作为外向型经济国家,其原料进口与产品出口都依赖国际市场,因此东海道城市群体产业都依港而建,临港产业是其共同的特征,但不同城市圈的临港主导产业又各具特色。例如东京的出版印刷业、横滨、川崎的电子电器业,名古屋的汽车和运输机械业,东海市的钢铁冶金业,大阪的石油化工业等,其比重都占本地产值的20%~80%,大大高于全国同行业的比重。各城市产业间形成一种分工连锁关系,避免了产业结构的雷同化。因此,城市群有利于在更大空间范围内进行资源的合理配置,比单个城市具有更大的城市规模效应、城市聚集效应和乘数效应,产生巨大的综合经济效益。

(3)以具有较大市场圈的若干中心城市为核心

东海道城市群是由单纯扩大城市规模的粗放型城市化向关注城市功能开发、区域生产分工和内在生活质量的集约型城市化转变的产物,反映了当代城市化、城市现代化、城乡一体化的新趋势。

(4)坚持经济增长与环境保护相互协调的可持续发展道路

东海道城市群在20世纪60年代经济高速增长时,曾发生严重的污染和公害,造成生态环境的失调。后来日本提出田园城市的计划,经过长达20年的环境治理,使各个城市环境根本改观,走上可持续之路。

东海道综合运输通道内各种运输方式分工现状如下:

(1)东海道新干线列车

为兼顾"高速"与"可达性"两方面的要求,东海道新干线开行三种不同停站方案的高速列车(图2-11),以满足不同旅客的需求。东海道新干线运营里程515.4km,运行时段为6点至24点,高峰时段发车频率可达15列/h,最小发车间隔时间为3min,全程旅行时间最短为2.5h。

作为东海道运输通道上最重要的运输方式,它综合了安全、准点、舒适、快速、高频率、大输送量等优势。多年来保持平均晚点时间不到1min;提供车厢内无线上网服务;最高速度可达

图2-11 东海道新干线列车

285km/h;一日发送列车320余列,每列车提供1300余个席位,每日输送旅客40万人。这些优势使新干线取得了平均满载率90%,高峰期可达120%的丰硕业绩。

(2)东海道既有线列车

东海道既有线(东海道本线)是连接东京至神户,全长589km的窄轨铁路,轨距为1067mm。线路分区段隶属于三家日本铁路公司(Japan Railways,JR)。既有线列车的运行距离一般在100km左右,运行时间不超过2h。

既有线普通列车虽然旅行速度低于平行径路的新干线列车,但从JR公司2009年提供的统计数据看,既有线的平均座席利用率达到了96%,高于新干线的90%,这得益于二者差异化的运营方式。首先,既有线弥补了新干线列车运行时段上的不足。首班列车在4点半

左右发车,23点后仍保证10次列车的高发车密度,并开行少量的夜间卧铺车,填补了新干线没有夜间车的空白。其次,既有线具有与新干线大不相同的停站方案,以东京至热海段为例,既有线每3min、5min停站一次,开行方案具有"公交化"的特点,配合高峰小时7min一趟的发车频率,非常适合即时的短距离出行。

(3) 高速公路长途巴士

东海道运输通道上,长途巴士的差异化运营策略是以夜间车为主,并通过低廉的票价赢得相应客户群。

(4) 航空班机

高速铁路与航空在1000km左右的运输距离竞争最激烈。然而在东海道运输通道上,东京与大阪的距离仅有500余千米,并不是航空的优势范围,但是航空仍有一定的客流量,每日高峰期每小时5架次的航班频率就是很好的例证。

为综合评价东海道运输通道上的各种运输方式,下面依据表2-3中的数据,分析东京至大阪之间新干线、既有线铁路、长途巴士、航空以及高速公路自驾等出行方式在出行时间、单程费用、便捷性、环保性等方面的特点。

东海道运输方式综合评价表　　　　　　表2-3

运输方式	旅行时间	单程费用（日元）	高峰频率（每小时）	CO_2排放量 [g/(人·km)]	停运率
新干线	2h 40min	1万~1.4万	12列	21	0.18%
既有线铁路	8h(换乘5次)	1.5万	12列	18	0.54%
长途巴士	8h(夜车)	0.4万~0.8万	5辆	55	不明
航空	1h10min	1.1万~1.3万	5架	110	0.3%
高速公路自驾	7h	1万(不含油费)	—	191	—

数据来源：日本铁路统计年报、交通安全白皮书、航空事故调查委员会。

(1) 出行时间

航空与新干线最为快捷,分别加上来往机场与火车站的城市交通时间,总旅行时间相当。长途巴士虽然总时间需花费8h,但是22点发车,第二天6点到达,这种人性化的时间安排,使其独占夜班车市场。

(2) 单程费用

新干线的性价比最高,航空的票价浮动范围最大,长途巴士最为经济实惠,单人自驾的成本最高。而当距离超过200km时,就不适合采用乘坐既有线列车出行,不仅会有多次换乘,而且选择既有线的总费用也高于新干线。

(3) 发车频率和载客数量

新干线和既有线铁路分别在东海道运输通道中独占鳌头。日本《国民经济计算年报》的数据显示,东海道新干线2013年度的旅客输送量是3.07亿人次,旅客周转量是814.2亿人/km,平均出行距离约265km。东海道地区的既有线铁路年度输送人数也高达3.91亿人次,旅客周转量是93亿人/km,平均出行距离约24km。

2)欧洲莱茵河运输通道

莱茵河发源于欧洲南部的阿尔卑斯山脉,流经瑞士、法国、德国、荷兰等国,于荷兰汇入北海,全长约1400km,其中60%的河段在德国境内,流域面积达25.2万km^2,其主要支流包括摩泽尔河、内卡河、鲁尔河、美因河、纳卡尔河等。全年水量充沛,自瑞士巴塞尔起,两岸有许多支流,通过一系列运河与多瑙河、罗讷河等水系连接,构成了一个四通八达的水路运输网络。从自然条件来看,莱茵河流经地区全年降水丰富,土地肥沃,极大地促进了该区域农业生产的发展,加快了人口聚集和产业密集化过程;同时,莱茵河流域本身自然、便利的水路运输条件,大大降低了大宗货物的运输成本,有利于沿线资源的开发,同时也促进了河流沿岸社会的商品物资贸易与交流。

较低的运输成本不仅促使河流周围居民的活动范围日益向外扩张,提高了相互交流的吸引强度,最终也直接导致服务于该区域经济贸易的运输通道的形成。莱茵河是目前世界上航运量最大、运输密度最高的河流,其通航里程900km,下游流量通常保持在2000m^3/s以上,现在航行的标准船型为1350吨级。鹿特丹—巴塞尔间年运量3亿t以上,成为欧洲航运最繁忙的河段。杜伊斯堡是莱茵河上最大的内河港口,年吞吐货物达7000万t。

鹿特丹港位于莱茵河入海口,已逾百年历史,港区占地面积105km^2,其海轮码头总长56km,河船码头总长33.6km,总泊位656个,航道最大水深22m,最大可泊54.4万t超级油轮,开辟有500多条航线,通往全球1000多个港口。1962年,鹿特丹港货物吞吐量达9600万t,超过纽约港,居世界第一(2009年被宁波舟山港超越)。2017年,鹿特丹港货物吞吐量为4.67亿t,位列欧洲第一,完成集装箱吞吐量为1360万标准箱(TEU),位列世界第11位;2020年,受疫情影响,其货物吞吐量下降至4.37亿t,2021年恢复到疫情前水平,货物吞吐量达4.69亿t。法兰克福则是欧洲主要航空港,同时法兰克福机场也是欧洲最大的货运机场,已开辟通航城市297个、运营航线数量104条(截至2019年)。法兰克福机场占地面积21km^2,设有T1、T2两座航站楼(T3航站楼正在建设中,预计2023年投入使用),2019年货邮吞吐量为3187万t、旅客吞吐量为7056万人次(2020年受疫情影响锐减至1880万人次,2021年恢复至2480万人次),在国际大型枢纽机场中排名第二。

莱茵河为运输大通道的形成提供了得天独厚的条件,而公路、铁路、水路和航空的密切衔接、相互配合,也为多种运输方式的联合发展奠定了坚实的基础。根据运输通道的类型和演化特点,可以将莱茵河运输通道的演化过程分为以下三个阶段。

(1)第一阶段(19世纪中期前)

19世纪前,来自罗马的运输船队利用莱茵河进行较大规模的运输,敲开了莱茵河水路运输的大门。随着19世纪上半叶工业化初期蒸汽机的应用,极大地推动了煤炭资源的开发力度,煤炭工业主要集中在德国的鲁尔区,普通的陆上运输已远不能满足大宗货物(煤)的运输,需要依赖水路运输。因此,莱茵河附近资源丰富的城市开始了对莱茵河的综合整治,改善了莱茵河的航运条件,极大增强了莱茵河的货物运输能力,为莱茵河大运输通道的形成奠定了基础。

在19世纪中期之前,莱茵河流域的交通方式以内河航运为主,与之相对应的是以煤炭工业为主体的产业结构。相应地,莱茵河附近资源丰富的地区产业聚集,人口集中,已经开始形成部分中心城市,并产生了向外扩张的区域,但是城市的规模较小,职能单一,产业间缺乏分工合作,此时,莱茵河流域城市具备"点"发展的特征,属于典型的"点"发展阶段,如图2-12所示。

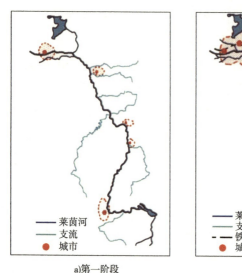
a)第一阶段

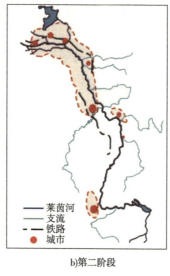
b)第二阶段

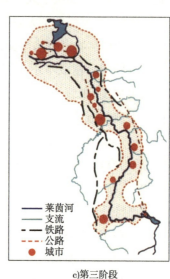
c)第三阶段

图2-12 莱茵河通道演化过程示意图

(2)第二阶段(19世纪后期—20世纪中后期)

这一时期,莱茵河运输通道发展演化的趋势主要是沿着河流呈线性延伸,进入了产业结构呈多元化发展的快速增长时期。莱茵河流域中心城市经济的快速发展,直接刺激了原材料的需求,增强了资源的开发力度。煤炭工业、钢铁工业和化学工业等的发展,使各城市的联系更加紧密,分工更加明确,城市间的货物运输需求也急剧增加,这些都客观要求增强运输通道的能力,提高运输通道的建设速度。在通道能力建设方面,这一时期莱茵河运输通道建设主要包括水路建设和莱茵河沿线铁路建设两个方面。

从水路通道建设来看,莱茵河附近国家先后通过制定莱茵河水路开发政策、疏浚航道及腹地河网化等方式增强莱茵河水路的货物运输能力。水路开发政策方面,制定了莱茵河水路开发政策,使得莱茵河沿岸国家撤销了对航运的政治性限制。

从铁路通道建设来看,19世纪初,随着火车的出现,莱茵河流域开始了修建铁路的热潮。1938年,德国鲁尔区建成第一条铁路;19世纪末至20世纪初,德国在莱茵河南北岸各修建了一条铁路,构成了莱茵河铁路运输骨架网,极大增强了莱茵河运输通道的货运能力。

莱茵河两岸铁路骨架网和干支通达、河海港口相连的航道网共同组成了大运输通道,通道沿着莱茵河两岸按照"线"的方式演化,同时随着社会经济的发展和城市规模的扩大,城市间的交流合作日益频繁,城市发展不再单一地围绕中心城市向四周扩散,而是围绕运输通道呈线性发展,特别是产业结构多元化促进了莱茵河流域的煤炭、钢铁、化学等工业的迅猛发展,不同地区需要的原材料及加工技术各不相同,企业之间越来越多地呈现分工合作,城市的结构体系日趋完善,分工职能更明确,形成了以科隆、鹿特丹、法兰克福等城市为中心的城市经济带。

从图2-12还可以看出,相比第一阶段,第二阶段发展时期的莱茵河流域不仅城市数量大大增加,规模也相应扩大,甚至在河流两岸的铁路干线周围出现了经济发展绵延地带。

图2-13描述了流域内德国鲁尔区1850—1913年间不同时期煤和生铁产量。可以看出,与1850年相比,莱茵河沿线的德国鲁尔区在1913年的煤产量从167万t增加到11400万t,生铁产量从1.2万t增加到820.9万t。煤和生铁产量的大幅增加,除了开发技术水平提高的原因外,一方面,由于通道的演化,通道类型由单一的水路运输转化为水路和铁路相结合的复合运输通道,货物运输能力大大增强;另一方面,由于运输通道呈线性演化,带动了沿线城市的经济发展,促进了沿线城市的采煤业、钢铁工业及其他产业的发展。

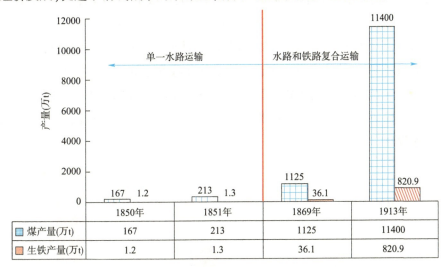

图2-13 德国鲁尔区不同时期的煤和生铁产量

(3)第三阶段(20世纪后期—至今)

这一时期,高速公路的快速发展把联系中心城市的"线"状运输方式(如分支河流、铁路支线)联结起来,莱茵河运输通道发展开始向"网"状形态演化(图2-12),并逐步进入稳定发展阶段。该时期莱茵河的产业结构进入优化调整时期:在保持煤炭、钢铁、冶金等老工业传统优势的同时,沿岸国家开始注重培植石油化工、电子、高新技术产业,使这些产业逐步成为区域发展的新增长点,进而带动整个莱茵河流域的产业结构升级,使该地区经济保持快速发展势头。随着经济快速稳定发展，运输通道对经济发展的支撑作用越来越重要，莱茵河沿岸各国政府通过改善运输条件，加强通道内运输方式之间的衔接，发展综合运输通道，实现运输通道运输能力的提升。

在通道能力建设方面，这一时期莱茵河运输通道建设主要集中在水路、铁路、高速公路三个方面。①水路通道建设：20世纪是莱茵河航运大发展的时期，主要通过整治河道、修建船闸及改进港口设施来进一步提高莱茵河的通航能力。②铁路通道建设：该时期主要是提升铁路运输质量，挖掘铁路潜在运输能力。莱茵河沿岸国家通过改进机车、研制动力更大的机车满足大宗货物的运输，同时进行铁路的电气化改造，提高运输效率。③高速公路通道建设：该时期加速高速公路建设，提高通道的通达性。高速公路能够为综合运输通道运输提供良好的配合作用，能够在面上支持干线大运量运输方式。

同时，输油、输气管道沿莱茵河南北延伸，与莱茵河内河航道、铁路、公路一起构成了莱茵河综合运输发展轴，形成了完整的莱茵河货运通道。

莱茵河两岸铁路网、航道网和高速公路网共同组成了运输大通道，通道沿着莱茵河两岸按照"网络"的方式横向演化。演化过程中，高速公路扩张了通道的范围，提升了通道的通达性。

从图2-12可以看出，相比第二阶段，第三阶段发展时期的莱茵河流域中心城市规模更大，辐射范围更广，同时沿岸的中小城市已发展成为大中城市，整个河流两岸出现了产业布局合理、城市分工明确的经济区。

图2-14给出了1893—1964年间德国鲁尔区生铁产量。从图2-14可以看出，莱茵河沿岸综合运输通道时期，生铁的产量比水路—铁路复合通道时期更高，与1939年相比，莱茵河沿线的德国鲁尔区在1964年的生铁产量从1286.8万t增加到1858.8万t，增长了45%。莱茵河沿岸综合运输通道的形成为沿岸城市工业的发展提供了有力支撑，促进了沿线城市钢铁工业的快速发展。

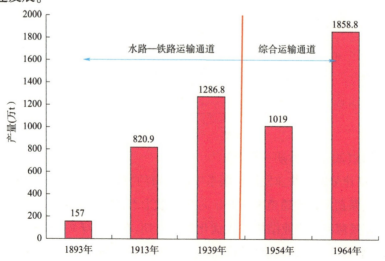

图2-14 德国鲁尔区各时期生铁产量

综上所述,莱茵河运输大通道演化特点可以概括为:

①莱茵河运输通道形成和发展,直接得益于莱茵河内河航道的开发,也离不开综合交通网络建设过程中市场力的驱动。

②莱茵河运输通道的历史演化遵循一般运输通道所体现的"点—线—面"的基本演化规律。

③莱茵河运输通道的形成与发展促进了莱茵河沿岸国家产业结构的调整,促进了流域社会经济的发展,提升了该流域的社会经济辐射力。

2.3.2 国内发展现状

2007年11月,国家发展和改革委员会(以下简称"国家发改委")公布了《综合交通网中长期发展规划》,规划中明确了综合交通网骨架由综合运输大通道和国际区域运输通道组成,考虑了各种运输方式基础设施的合理布局、优势互补及结构优化,确定了"五纵五横"的综合运输通道基本布局和通道内基础设施的基本结构,见表2-4。

2007年综合交通网中长期发展规划 表2-4

"五纵"综合运输大通道	"五横"综合运输大通道	国际区域运输通道
南北沿海运输大通道	西北北部出海运输大通道	东北亚国际运输通道
京沪运输大通道	青岛至拉萨运输大通道	中亚国际运输通道
满洲里至港澳台运输大通道	陆桥运输大通道	南亚国际运输通道
包头至广州运输大通道	沿江运输大通道	东南亚国际运输通道
临河至防城港运输大通道	上海至瑞丽运输大通道	—

2017年2月,借鉴发达国家及经济体的成功经验,经过深入细致的研究和反复酝酿、多方征求意见,正式印发的《"十三五"现代综合交通运输体系发展规划》中,交通运输部与国家发改委联合提出了"十纵十横"综合运输通道布局方案,见表2-5。

2017年"十三五"现代综合交通运输体系发展规划 表2-5

"十纵"综合运输大通道	"十横"综合运输大通道
南北沿海运输大通道	绥芬河至满洲里运输大通道
京沪运输大通道	珲春至二连浩特运输大通道
北京至港澳台运输大通道	西北北部运输大通道
黑河至港澳运输大通道	青岛至拉萨运输大通道
二连浩特至湛江运输大通道	陆桥运输大通道
包头至防城港运输大通道	沿江运输大通道
临河至磨憨运输大通道	上海至瑞丽运输大通道
北京至昆明运输大通道	汕头至昆明运输大通道
额济纳至广州运输大通道	福州至银川运输大通道
烟台至重庆运输大通道	厦门至喀什运输大通道

在国家综合运输大通道和国际运输通道规划与发展的背景下，各区域综合运输通道的发展不断完善，逐渐稳定，例如京津通道、广深通道、沪宁通道、成渝通道等。同时，这些区域综合运输通道的不断完善，使其逐渐在广域运输通道中发挥作用，成为国家综合运输大通道，甚至国际运输通道很重要的组成部分，构建区域协调发展交通新格局，发挥交通扶贫脱贫攻坚基础支撑作用，发展引领新型城镇化的城际城市交通。

下面通过对京津、成渝通道的实践案例分析，阐述我国区域综合运输通道的发展现状。

1）京津通道

（1）京津通道城际快速公路

京津通道城际快速公路是连通北京和天津之间的、高等级的、快速的公路通道，由京津高速公路和京津塘高速公路构成，其示意图如图 2-15 所示。

图 2-15　京津通道城际快速公路

①京津塘高速公路

京津塘高速公路起于北京市东南三环的分钟寺桥，与北京四环、五环和六环路，天津外环线，京沪高速公路、津蓟高速公路和唐津高速公路以及 103 国道和 104 国道互相连接，终点位于天津市滨海新区塘沽，主要路线为北京—廊坊—天津—塘沽，全长 142.69km。其中北京段 35km，河北段 6.84km，天津段 100.85km。京津塘高速公路于 1987 年 7 月动工，1993 年 9 月全线通车。

京津塘高速公路是国内第一条利用世界银行贷款，按照国际标准修建的跨省市高速公路，设计时为双向四车道、全封闭、全立交的高等级公路，设计速度为 110km/h，目前实际运行最高限速为北京段 90km/h，北京以外全线 110km/h，经过 2008 年 8 月之后的拓宽改扩建工程,已经有部分路段扩建成六车道或八车道,但改扩建工程仅限于少数路段(如北京段六环以内部分路段改为六车道,泗村店附近改扩建为八车道),主线路段仍以双向四车道为主。京津塘高速公路全线设置大羊坊、马驹桥、采育、杨柳青、武清城西、泗村店、汉沽港、宜兴埠、廊坊、金钟路、塘沽西、杨村、天津机场、塘沽14个收费站。

②京津高速公路

京津高速公路起于北京市朝阳区西直河附近化工路立交桥,与五环路相连接,经天津市武清、宁河、北辰、东丽、滨海等区(县),止于滨海新区北塘镇,全长184.6km。其中北京段33.8km,天津段150.8km(含东延长线6.8km),如图2-15所示。京津高速公路于2008年7月建成通车,2009年1月东段延长线部分6.8km正式开通,至此,京津高速公路直接与东疆保税区和南疆码头相连,并连通沿海高速公路。

京津高速公路设计速度为100~120km/h,包括一条主线和三条联络线。主线起于北京市朝阳区化工桥,止于天津市滨海新区北塘,长141.6km;京沪联络线连接京沪高速公路和主线,长6.4km;京津联络线连接天津中心市区与主线,长18.2km;津汉联络线连接中心市区、机场与主线,长18.73km。主线起点至京津公路联络线(约71.8km)为双向八车道,京津公路联络线至杨北公路(约63km)为双向六车道,设计速度为100~120km/h;三条联络线中,除京津联络线京山铁路至京津立交段为双向八车道外,其余均为六车道高速公路技术标准。项目总投资约102亿元。

京津高速公路设置化工桥、通黄路、六环路、凤港、孔兴路、高村、白古屯、牛镇、大孟庄、泗村店东、武清南、武清北、梅厂、东堤头、东丽湖、东丽、北塘等17个收费站。2010年5月8日,京津高速公路泗村店东收费站正式通车运行,主要辐射泗村店、南蔡村两个乡镇,对带动泗村店、南蔡村经济发展起到巨大拉动作用,过往车辆可由大东路直接进入京津高速公路,为人们出行提供了极大便利。

(2)城际干线公路

①国道103线

国道103线是连接北京和天津的一条主干道,起于北京朝阳区(建国门),经北京市通州区,河北省廊坊市香河县,天津市武清区、北辰区、东丽区、滨海新区,止于新港,全长约162km。

②国道104线

国道104线起于北京东城区(二环永定门),经天津、河北、山东、江苏、安徽、浙江、止于福建福州,全长约2100km,在本区域线路走向如图2-16所示。天津市境内经武清区,至静海津冀界,全长97.6km,以二级公路标准为主,路基宽度10~35m,北京境内56km,经河北廊坊62km到达天津境内。

(3)京津城际铁路

京津城际铁路(图2-17)是世界上第一条运营速度达到300km/h以上的铁路客运专线,

是我国第一条具有自主知识产权、具有国际一流水平的高速城际铁路,它西北起北京南站,途经武清站,东南至天津站并延长至滨海新区滨海站(于家堡金融区),其中京津段全长120km,包括高架线96.7km,津滨段全长45km,最高运行速度为350km/h;京津段工程于2008年8月1日正式投入运营,全程运行时间为30min。

图 2-16 京津通道城际国家干线公路

图 2-17 京津城际铁路

2) 成渝通道

成渝通道目前及规划中主要包括的线路如下:

(1) 铁路

①成渝铁路:"一五"期间(1950—1953年),成渝铁路建成,为单线铁路,当时为蒸汽机车牵引,是新中国成立后我国建成的第一条铁路。早在1903年清政府便有修建川汉铁路之

议,成渝铁路是其西段。成渝铁路经过了四川盆地最富饶的地区,成都、资阳、内江、永川、江津、重庆,四川省内中等城市自贡、泸州也在辐射范围以内。1975年开始电气化改造,到1987年改为电气机车牵引,到20世纪90年代中期,是成渝间客货交流的一个主要支柱。目前成渝铁路以货物为主,成都至内江段只开行货运列车,其他区段仅保留极少数旅客列车。

②成遂渝铁路:全长274km,共设18座车站,由遂成铁路和遂渝铁路共同组成。其中遂成铁路于2005年6月开工建设,2009年7月投入运行;遂渝铁路于2003年2月开工建设,2007年1月投入运行。成遂渝铁路设计速度为200km/h,是当时西部地区设计速度最高的线路。2013年1月,遂渝铁路复线改造完工后,从成都直达重庆只需2h,成为四川和华北、华东地区客货交流的重要通道。

③成渝客运专线:又称成渝高铁,是《中长期铁路网规划》(2016年版)中"八纵八横"高速铁路主通道之一"沿江通道"的重要组成部分,于2010年3月启动建设,基本上沿老成渝铁路走向,经过简阳、资阳、资中、内江、荣昌、永川、江津抵达重庆主城。2015年12月,成渝客运专线开通运营,开行速度达300km/h的城际高速列车(部分复兴号列车速度达350km/h),成渝之间的互通时长缩短到1.5h,比通过公路、铁路抵达重庆缩短近四分之三的时间。

④成渝中线高速铁路:2019年7月,四川省、重庆市签订的《成渝轴线区(市)县协同发展联盟2019年重点工作方案》中首次提出,川渝两地共同规划研究成渝中线高速铁路,方案途经成都—简阳—乐至—安岳—大足—重庆。2022年11月28日,成渝中线高速铁路正式开工建设,工期为5年,线路全长约292km,速度目标值350km/h,并预留了提速400km/h条件,是中国首条预留提速400 km/h条件的高速铁路。

(2)公路

①成渝普通公路:1922年开始修筑,1931年建成。在抗日战争时遭到破坏,新中国成立后对其进行了改扩建,公路等级三、四级,路幅8.7m,行车道宽度7m。至1995年,沿线基本上是双车道、黑色路面的道路。20世纪80年代末日车流量便达到8429辆,到90年代中期,仍是成渝间客货交流的两大主要支柱之一。

②成渝间高速公路。成渝间已建成的、在建的以及规划的高速公路有:

a. 成渝高速公路(成都—内江—重庆):1988年利用部分世界银行贷款,成渝开始建设高速公路,严格地讲应是高等级公路;1995年,该公路全线通车,全长337.5km。与老成渝公路相比,此线的建成节约运输里程约93km,运输时间从11h缩短到4h左右,大大影响了原有的公路、铁路市场格局,提升了通道的服务水准,标志着成渝现代化通道雏形的形成,引起了全国对高速公路认识的飞跃。它的建成,吸引了大部分的原成渝公路、成渝铁路的区间直达客运流。

b. 成遂渝高速公路(成都—遂宁—铜梁—重庆):总里程约290km,输送直达客货流以及沿线中长距离客货流。

c. 成安渝高速公路(成都—简阳—乐至—安岳—大足—重庆):全长约253.56km,于

2009年开工建设，2017年全线通车，是成渝两地间距离最短、车速最快的高速公路，也是中国首条低碳高速公路，输送直达以及中长距离对外客货流。

d. 成渝环线高速公路（成都—雅安—乐山—宜宾—泸州—江津—遂宁—绵阳—成都）：全长近1200km，2013年完工，为区域城际高速公路，沿线开发，输送集散沿线主要城市间客货流。

e. 成资渝高速公路（成都—资阳—重庆）：四川高速公路网编号S3，线路起于成都市锦江区三圣街道三环机场立交，沿成都市—简阳市—雁江区—乐至县—安岳县—潼南区走向，止于重庆市潼南区双江镇双江枢纽。线路由成都天府机场高速公路（54km）、资潼高速公路（110km）等段组成，规划里程164km，于2020年12月31日正式通车。

（3）内河航运

成渝之间的内河航运通道主要有岷江、嘉陵江、沱江。

①岷江，由北向南，自成都经乐山至宜宾注入长江，通航里程348km。成都—乐山186km，历史上为通航河流，由于多种原因造成间断通航。乐山—宜宾162km为三级航道，与成乐大件公路衔接，共同组成四川的大件运输通道。

②嘉陵江，广元至黄帽沱天然河道，现实际通航里程534km。嘉陵江经广元、南充、合川至重庆汇入长江，是沟通经济带南北水路的干线，被国家列为战备航道和水路运输主通道。

③沱江，金堂—泸州530km，金堂港、富顺港位于沱江上，泸州港地处沱江与长江汇合处，是成渝地区及云贵北部地区水上最重要的出海通道，为国家二类水路运输开放口岸，泸州港常年可通航。

与公路、铁路相比，水路运输的主要特点为初始基本建设投资少、通过能力大、运费率低、运送速度慢。从节约商品追加的社会运输劳动消耗的观点看，并非所有的商品均需采取较高速度运输，其中低值大宗物资，适宜用较低速度运送，并且水路具有天然的价格优势，通过铁路从成都到上海口岸，每个标准集装箱的费用在750美元左右，而从泸州上船，费用会下降到600美元左右。因此内河运输在成渝间货物运输中起重要作用，尤其是集装箱及大件运输。

总体来看，目前成渝通道内主要有4条铁路线路、8条公路线路和3条内河航道，不仅连通了成都和重庆两个核心城市，还覆盖了所有成渝城市群，而成渝城市群是我国西部地区人口密集、社会经济较发达的区域，同时是长江经济带战略的支撑，成渝通道的建成和发展为成渝双城经济圈的建设打下了坚实的基础。

2.3.3 发展现状总结与发展趋势

1）发展现状总结

从国外的区域综合运输通道的实践经验可以看出，国外区域综合运输通道的实践较早，理论体系较为丰富。一方面，国外各个国家经济发达程度、自然条件、工业化水平等不同，出行者出行时考虑的属性差异较大。对于西方发达国家,出行除考虑时间和费用外,对出行过程中的舒适性、准时性、安全性和方便性考虑较多。对于发展中国家而言,出行时主要考虑出行的费用和出行时间。另一方面,不同国家的交通发展政策差异较大,导致通道结构的主体不同。欧洲、日本重视高速铁路和区域轨道交通的发展,其轨道交通的旅客分担率较高;美国重视航空运输和高速公路的建设,两者的市场占有率较大。

我国正处于区域综合运输通道的大规模建设及运力结构调整时期,区域综合运输通道的大规模建设是我国近几年及今后相当长时期经济建设的重要内容。现状特点主要表现在以下几方面:

一是区域综合运输通道结构处于自然形成状态。目前我国非常重视综合运输体系的发展,但是在综合运输体系建设实践过程中,各种运输方式往往各自为政,抓紧机遇加快自身的建设发展,由于管理体制的不统一,"统筹规划、合理分工"的目标难以实现。逐步建立和完善统一的综合运输管理体制和部门协调机制,是综合运输通道客运供给结构规划的重要保障。

二是区域综合通道内客运市场竞争性较强。各种运输方式自身的发展改变了传统的客运产品特征,尤其是高速铁路的出现使铁路的市场竞争力显著增强。短距离范围内,以往主要是公路和普速铁路的竞争,普速铁路虽然在安全性、经济性和准时性方面优势显著,但铁路高峰时运能不足,而且旅客只能在车站乘降,对于某些乘坐长途汽车更加方便的旅客来说无形中增加了接驳时间。

三是某些时空范围内供需结构矛盾依然突出。经过十几年的交通基础设施建设,我国局部地区供需矛盾在总量方面得到一定程度的缓解。然而,供需结构的矛盾依然十分显著。一方面,客运产品供给结构随时间的变化并不显著,尤其是普速铁路和高速铁路,供给总量对市场需求的敏感性较弱,高峰期和平峰期的列车开行对数和编组基本不变,造成高峰期供给不足和平峰期供给过剩;另一方面,价格供给结构与需求结构之间存在的矛盾十分显著。某些运输方式的价格较为固定,高峰期和平峰期的票价没有变化;一些综合运输通道内的高价格客运产品供给比例过大,增加了旅客出行成本。

总的来说,我国与国外的国情、路情差异较大,同时国民经济处于快速发展时期,交通运输的需求和供给关系复杂,不能盲目照搬国外的通道理论,必须研究出成套的、适合我国国情的通道规划理论来指导我国的运输通道规划。

2) 发展趋势

综合运输理论中,运输结构合理化是研究的核心问题之一。当前,我国对运输通道运输结构合理配置、运输需求预测等方面的理论研究较少,对如何实现运输通道运输结构优化、合理配置资源这一问题缺乏研究。长期以来尽管人们已经认识到了运输通道现象的普遍存在,但布局研究中大多从运输方式本身的角度出发,通过单方式的布局优化论证,确定运输通道交通线路的布局形态。这种侧重于完善行业结构布局、较轻考虑综合效应的做法,难以考虑运输通道中不同运输方式的有机配合和有效衔接。追求单运输方式系统最优并不能保证综合运输系统最优。鉴于此,本书以综合运输体系为背景,从综合交通的角度,对运输通道交通线路布局规划与配置进行分析,优化运输通道运输线路、运输方式的空间选择与组合。

交通运输通道具有高密度、高效益的特点,它是各种运输方式的有机组合和互相补充。建设和发展现代化综合交通运输通道是解决国家综合运输问题的关键,尤其是我国目前经济发展迅速,供需矛盾较为突出,规划和建设现代化综合运输通道对于缓解我国交通运力紧张局面更具有重要的意义。

①结构复杂化,运输能力大型化,运载工具行驶高速化。

随着高速铁路、高速公路中新技术应用的增多,通道内的路径和枢纽引入的线路也逐渐增多,通道结构将变得更加复杂。重载列车的开行、客货分线的实施和多车道高速公路的修建,将使通道的运输能力大大提高。高速铁路客运专线、磁浮列车技术、真空管道技术的发展和应用,将使通道内运输工具的行驶速度大大提高。特别是未来真空管道技术的发展和应用,运行速度将达到 600~800km/h,会极大地缩短人类时空距离。

②通道内运输方式(路径)间的分工与协作关系进一步加强,在一定范围内,公路与铁路的竞争将是小汽车与高速铁路的竞争。

多式联运作为最适应客货运输的有效方法,将各种运输方式有机地组合起来,实现优势互补,这是各运输方式分工协作的体现,也是未来的发展趋势。同时,通道内各路径的分工协作关系也将加强,并且分别承担不同的运输需求任务,目前,主要体现在客货分线和快慢运输方面。

对公路与铁路而言,高速铁路的运价一般比高速公路普通客运高 15%~20%,但其速度却是高速公路普通客运的 2 倍以上。而小汽车在一定范围内,其人均运费与高速铁路相差无几,但可实现多点运输,较之高速铁路及高速公路普通客运的两点运输,具有更大的便捷性。随着社会经济的发展,小汽车已进入更多的家庭,因此本书认为,在一定范围内,未来通道内公路与铁路的竞争主体会发生质的变化,将由高速公路普通客运与高速铁路之间的竞争转变为小汽车与高速铁路的竞争。

③通道内的路径趋于直线化。

在普遍适应的统一机理中,人类活动有意或无意地都在遵从"最小努力原则",表现为花费最小的成本、最小的能量、最少的时间去获得权益的最大化。该原则对交通运输而言,就是实现两点间运输路线的直线化。为实现这一原则,人类总是在不断地开发新的筑路技术,以克服各种自然障碍,将城市尽可能地用直线连接起来或使其与经济联系相平行。

④运输通道与环境的关系趋于和谐化。

"人与自然的协同进化与和谐共存"已成为人类追求的理想目标。要么维护自己生存的摇篮,要么毁坏自己存在的基础,这既取决于人类认识自然、利用自然、改造自然的理性程度,又取决于人类对于自身存在价值、自身能动作用的感悟程度。在进行通道规划与建设时,人类已逐渐开始关注,并将继续关注交通运输以及社会经济的可持续发展,鼓励采用先进的科学技术和新工艺、新材料,尽量减少通道建设和使用对自然资源的占用和对地域的分割、污染等负面作用,努力实现社会、经济以及交通运输业的可持续发展,实现人与自然的和谐、通道与自然的和谐、一体。

⑤运输通道体系趋于网络化、立体化,其骨干作用日益明显。

随着经济的发展,区域对外联络加强,市场的扩大和发展要求与更多的地区加强联系,原单一区域的联系已不能满足经济的发展和市场的扩大。交通需求的网络化要求供应的网络化,从而迫使通道体系向网络化、层次化方向发展,同时智能交通技术的应用,将与通道有关的所有交通活动纳入一体,形成立体化通道体系,在区域中的骨干作用也将得到充分发挥和体现。

⑥加快推进国际运输通道建设,打造全方位对外开放新格局,提升我国国际道路运输保障能力和服务水平。

《关于贯彻落实"一带一路"倡议加快推进国际道路运输便利化的意见》指出:加快构建内联外通的国际道路运输大通道,坚持安全便利并重,强化国际道路运输便利化合作机制,优化国际道路运输发展环境,促进国际道路运输提质增效升级。促进"国际经济走廊"建设,畅通国际道路运输大通道、完善口岸枢纽集疏运体系与行业法治体系、加大口岸基础设施建设力度、推进技术标准与国际接轨。与"一带一路"沿线主要国家建立健全国际道路运输合作关系和工作机制,逐步消除制约国际道路运输发展的软件短板和非物理障碍,推动设施联通和贸易畅通,减少人员和货物的"非效率"运输环节,降低跨境运输时间和成本,提高运输效率和服务水平。

随着新型城镇化的发展,区域范围内城市之间的经济、社会、文化联系越来越频繁和紧密,必将大大增加区域范围内的出行需求。综合运输通道运量大、效益高的特点,使其逐渐成为促进区域城市间的交流与合作、带动区域整体的发展以及实现区域城市群整体经济效益和社会效益的坚实基础。

第3章
区域综合运输通道与区域发展关系

区域综合运输通道是社会服务系统的一个子系统,从系统的角度来看,区域综合运输通道与各子系统之间通过能量和信息的传递与交换推动着区域的发展。本章将从区域综合运输通道的功能分析入手,讨论区域综合运输通道的功能定位方法,然后从区域空间结构的角度,分析区域综合运输通道与区域发展的关系。

本章主要研究的问题包括:区域综合运输通道功能有哪些?区域综合运输通道功能定位的内涵是什么?功能定位的影响因素有哪些?功能定位的基本方法和依据是什么?区域综合运输通道对区域空间结构有何影响?

3.1 区域综合运输通道功能

3.1.1 基本功能

通道作为区域综合交通网络的重要组成部分，在本质上是一种功用性装备，是系统与环境间物质、能量和信息交换的主要路径，其功能对象是处于系统之外的具有运输需求的运输对象。通道系统根据各类运输对象的需求以及外部环境的变化，通过调整自身的结构或特征进行相应改变，即：通过自适应或自组织行为来适应外部环境的变化，尽量满足功能对象的行为。

在城市群范围内，区域综合运输通道的直接功能是为各类交通运载工具提供服务，本质功能则是实现客流、物流、资金流、信息流等各生产要素在地域系统的集聚、辐射，促进社会经济的发展。

为适应城市群功能扩散的需要，区域综合运输通道应具备疏解、集聚的功能。由于城市群内部各城市间的辐射作用特别剧烈，客运方面要求具备大范围的日常快速通勤能力，货运方面要求具有直通快捷的物流措施，区域综合运输通道应具备良好的交通功能。区域综合运输通道的线路引导生产要素在区域的合理流动，引导各类生产要素向特定的地区集聚，将产生新的"节点"，区域综合运输通道应具备引导功能。

此外，区域综合运输通道保证完成区域内日常军用需求及战时交通运输任务，保证国家及区域的和平、安全，促进经济和社会的发展，具有国防功能。

3.1.2 外延功能

区域综合运输通道在满足和促进地域系统发展的同时，衍生出一系列的外延功能。

(1) 基础设施发展

为满足各类运输工具的畅通运行，区域综合运输通道内布设有多种运输方式的大致平行的呈线性分布的交通基础设施。同时，为满足通道本身及沿线区域经济需求及通道本身所需，通道内还布设有大量的电力、通信等基础设施。这些基础设施激发和推动着"带状经济"的发展，其线路走向决定了"带状经济"的空间分布范围和形态；其支撑能力和联系能力决定了"带状经济"内部及对外联系的能力、强度；其空间组合状况决定了"带状经济"的空间结构和组织结构。

例如，成渝城市群范围内的成渝区域综合运输通道，其中包括成渝高速铁路、成绵乐城际铁路、渝万城际铁路、成渝铁路、成渝高速公路、成遂渝高速公路、老成渝公路(G319)、机场3个，在建的川南城际(内江—自贡—泸州段)铁路。

(2) 产业经济走廊

由于交通线的吸引特性，干线与支线相交时，支线上距离干线越近的点具有越高的工业区位。在图 3-1 中，支线 AB 上的 A′点相较 A 点具有更高的工业区位，其中 B 点的工业区位最高。因 B 点具有较高的区位优势，因此人口、资金、技术、资源等各类生产要素向干线 OX 上的此类点聚集，形成新的经济增长点。由于受土地成本、原料供应等相关因素的影响，OX 沿线其他待开发地区将逐渐成为新的增长点，在空间上表现为以 B 点等此类高经济密集点位为中心，向周围地区梯度扩展，由点及片。当发展到一定程度，OX 周围地区内部差异逐

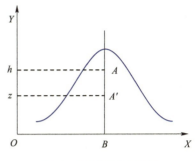

图 3-1 交通线的吸引特性

渐缩小，经济状态趋于稳定，经济规模和发展水平明显高于周边地区。相对于区域，此类地区称为产业—经济走廊。

产业经济走廊是空间集聚和空间扩散的两种倾向作用的结果。不同的地区可形成不同的模式，现有的产业—经济带主要有资源产业带、制造产业带、商贸物流产业带、综合性产业带等多种模式。

(3) 城镇化发展轴线

运输通道在城市带(群)的形成过程中起到了极其重要的作用。区域内的生产要素最初总是在若干优势点集聚，通过在两点之间建立交通线，产生便利的交通条件，吸引资金、技术、信息、人才、产业等生产要素在此集聚，并逐渐形成具有一定规模的经济中心。经济中心形成后，便具有一定的自我发展能力，为自身的发展创造条件，吸引交通沿线生产要素向其集聚。随着节点规模的扩大，节点间的联系逐渐加强，原有的单一交通线发展为多方式、多路径构成的综合运输通道。由于通道周围具有较强的区位优势，生产要素也逐渐聚集到通道周围。

当两节点间规模扩大到一定程度后，由于外来原材料、工资、级差地租的上涨，生产成本不断提高，原有的集聚效应转换为扩散效应，此时，交通干线充当了生产要素 A 扩散的物质载体。由于交通线长约 1/2 之处的吸引特性，在两节点约 1/2 交通处形成新的聚集中心，然后再在约 1/4、1/8…处形成新的节点。形成的城市布局为：两端点是较大城市，1/2 处为中等城市，1/4 处为小城市。

随着走廊及其附近城市实力的不断增强，运输通道辐射及吸引范围不断扩展，运输通道会逐渐扩展自己的支线，支线又扩展次级支线，将上级经济中心与次级优势点连接起来。经过发展，原有支线成为通道，其他线路逐次发展，形成区域城镇群。可以看出，城镇群内部城市之间存在持久的社会、经济、文化等方面的联系，且至少存在一个以上的特大型城市作为发展极。上述城镇化发展过程如图 3-2 所示。

(4) 旅游产业带

旅游资源与旅游客源市场空间的分离，使得旅游产业的发展受到一定的限制。各类运输通道的建设，特别是区域对外运输通道的建设，改变了旅游地区位条件和作用范围，使得

区外客源能够以较低的成本进入旅游地,提高了可进入性,扩大了旅游市场规模,对旅游地旅游空间的演化有着持续和重大的影响;旅游中心地(如旅游城市)至核心景区的通道,将区域内旅游景区(或景点)联结成一个整体,可有效实现区域内旅游资源全方位、多层次的合作,以达到相互补充、相互促进、共同发展的目的,赋予了旅游地及其所在区域更为灵活的变化。

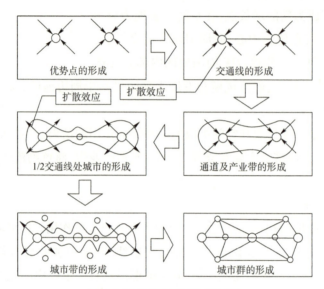

图 3-2　运输通道城镇化功能过程

运输通道在旅游系统中的作用如图 3-3 所示。

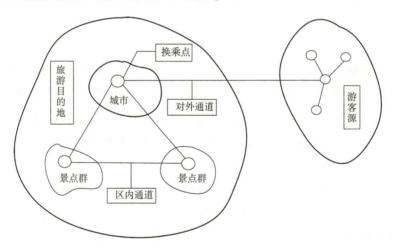

图 3-3　运输通道在旅游系统中的作用

(5)技术创新促进轴

随着经济的发展,人们的出行需求也不断变化。区域旅客运输要求更安全、便捷、高速、可靠的旅客运输组织和运输方式,如现在的城际列车公交化的发展方向;区域货物运输对灵活性、准确性提出了更高的要求,如货运物流化的出现。此外,为推进供给侧结构性改革,交通运输作为衔接供需两端的重要纽带,需要在供需匹配效率和供给体系质量等方面做出改进和提升。即新的运输需求对运输方式和运输技术提出了新的要求;利用"互联网+"、物联网、云计算、大数据等新一代信息技术,加强科技创新、绿色发展和对外开放,推动交通与产业融合发展;建设国家综合交通运输信息平台,推进智慧公路、智慧港口、智慧枢纽等新型基础设施建设试点和智能铁路等示范应用。因此,从这个意义上说,通道内各类基础设施的建设为现代技术的发展提供了众多机会,促进了我国交通运输新技术的产生和发展,即区域综合运输通道的建设起着技术创新促进轴的作用。

3.2 区域综合运输通道功能定位

3.2.1 功能定位内涵

区域综合运输通道的功能定位主要从定性的角度出发,从宏观和微观两个层面对运输通道的功能特征进行分析。其作用主要有:一方面,宏观层面的功能定位可以建立功能明确、层次清晰的区域综合运输通道结构;另一方面,微观层面的功能定位可以明确通道内各路径在区域经济发展中的功能。通道功能定位的结构形式如图3-4所示。

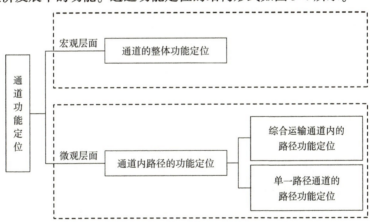

图3-4 通道功能定位的结构形式

(1)通道的整体功能定位

通道的整体功能定位是指在宏观层面上明确通道在综合运输网络中的地位及其对地域系统发展所起的作用。

从宏观上把握通道的整体功能,可以建立功能明确、层次清晰的综合交通网络。通道的整体功能定位主要体现在明确通道在综合运输网中的网络层次及其在相应地域系统中的作用。由于路径的无限延展性,一条通道在综合运输网中可以有多个定位,可以服务于多个层次的地域系统,此处的功能定位应以通道在网络中的最高层次和所服务的最大地域系统为基本功能定位,以最低的网络层次和最小的地域系统为直接功能定位。

(2)通道内路径的功能定位

通道内路径的功能定位是指从微观层面上明确通道内各路径在地域系统发展中的功能及相关路径在综合运输网络中的地位和作用。

路径功能定位是确定路径的交通服务水平、进行基础设施配置的基础,其主要内容为:明确路径的本质功能和具体服务地域系统,确定其在所属方式运输网络中的地位。路径功能定位包括单一路径通道的路径定位和综合运输通道的路径定位。

铁路和道路在路网中的功能具体分类见表3-1和表3-2。其中,路径在其所属方式网络中的地位,因方式间特性的差异,具有不同的分类方式。铁路一般按路径在路网中承担的作用及远期客货运量进行分类;道路则按其在出行过程中的作用分类。

铁路功能的分类 表3-1

序 号	功能分类	远期客货运量
1	在路网中起骨干作用的铁路	≥20Mt
2	在路网中起联络、辅助作用的铁路	≥10Mt
3	为某一区域服务,具有地区运输性质的铁路	<10Mt
4	厂矿企业专用线	—

道路功能的分类 表3-2

序 号	功能分类	服务对象	服务特征
1	干线功能	大中城市所产生/吸引的长距离交通流	提供快速运输服务
2	集散功能	汇集/集散地方交通流	兼顾速度与可达性
3	联络功能	地方短途交通	提供可达性服务

3.2.2 功能定位影响因素

通道作为综合交通网络的骨干,涉及面广,其功能定位的影响因素众多,包括经济、文化、社会、国防等方面。其中,交通需求、综合交通网络结构、通道沿线及经由节点的社会经济特性、国家宏观政策、运输方式的供需特性等为主要的影响因素。其中,经由节点的社会经济特性包括节点的性质(此处指节点的基本特性,如杭州,浙江省省会,著名的旅游城市;九寨沟,著名的旅游区;友谊关,口岸城市等)、人口规模、经济规模三个主要方面。

1)交通需求

交通需求是通道经由区域及沿线居民对交通基础设施的需要程度,是决定通道功能定位的最直接和最具决定意义的因素。交通需求无论是对整体功能定位还是对路径功能定位,均具有重要作用。表征通道内交通需求的指标主要有客货流总量、客货流运距分布、客货流品类(目的)分布等。

2)综合交通网络结构

综合交通网络是通道功能得以具体实现的基础。不同的网络结构必然造成不同的功能定位,网络的变化必然带来通道功能定位的变化。以图3-5所示的某区域综合交通网络简化图为例,在图3-5a)无 AC 通道情况下,通道 BC 不但承担了节点 B、C 之间的联系,还同时承担 A、C 之间的交通流;而当 A、C 之间规划有通道 AC 时[图3-5b)], BC 通道的原有功能明显被削弱,由区域 ABC 的对外交流通道弱化为 BC 区域通道。

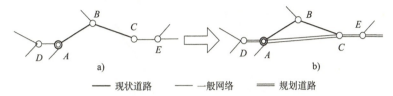

图3-5　某区域综合交通网络简化图

同理,如果 ABC 和 AC 为城市 A、C 间的两条路径, ABC 和 AC 的功能定位也存在上述问题。而且, ABC 与 AC 路径之间存在一定的竞争,两者之间的竞争必然对路网的整体效率优化产生影响。因此,进行路径功能定位时,需要充分考虑路径所在的单方式网络结构及竞争性路径之间功能定位的协调。

3)通道沿线及经由节点的社会经济特性

通道沿线的开发形式和土地利用性质决定了通道的需求特征。通道沿线的土地开发按点成串式均匀发展和非均衡式发展,所产生的交通需求必然存在较大差异,要求相关路径具有与之对应的功能。通常,在均匀发展的通道内,各路径的功能比较近似,所服务的节点基本相同;在节点非均衡发展的通道内,各路径的功能强度相差较大,所服务的节点存在较大差异。

两端点的社会经济属性直接影响通道的整体功能定位。一般来说,通道的功能越强,连接区域的区位和层次越高:对国家而言,广域通道承担国内主要交通出行,连接首都、省会、重要城市和交通枢纽,满足国家整体社会经济的发展;对地方而言,区域通道连接区域内大中城市、交通枢纽,是国家通道的重要补充和完善,承担大量的地方出行,满足区域经济的发展;城市及对外通道将中心城与各组团和主要交通枢纽、节点有机联系在一起,可提高和延伸城市功能;旅游通道将旅游景点连接在一起,能够促进区域旅游业的快速发展;连接边防城市的通道则具有国防和军事功能。

区域经济对通道结构的影响主要表现在对框架结构的影响上。下面结合区域综合运输通道的发展过程说明区域经济对通道结构的影响。伴随着区域经济的发展,区域综合运输通道的框架结构形成和发展大致经历了"点""线""网""通道"四个阶段,如图3-6所示。

(1)"点"阶段

这一阶段,经济发展尚处于自给自足的状态,是与外界联系极少的封闭经济时期,具有资源和天然运输条件相对优势的地区逐步发展成为独立的港站。这个时期的特点为,港站只是一些有少量空间运输需求的孤立的"点",它们之间基本不发生联系,港站运输仅仅为港站各自小范围的腹地服务。

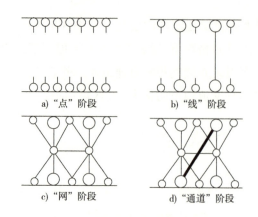

图 3-6 区域综合运输通道的发展过程

(2)"线"阶段

随着生产力的提高,经济发展速度加快,独立的港站对外联系大大加强。为了适应经济发展的需要,港站的运输范围不断地向外扩展。为了满足运输范围扩展的需要,与港站连接的运输支线和延伸线路被建设起来,港站的腹地范围得到了扩大。先前邻近的有空间运输需求的点连接起来,成为"线"。在这些运输线路周围,就形成了一些具有运输集散作用的城镇中心。

(3)"网"阶段

在这一阶段,区域经济形成。随着运输线路的扩展和辐射作用,越来越多的联系各"点"之间的线连接起来形成了运输网。运输网将互不连接的腹地相互连接起来,其中位于运输网的战略枢纽点发展成中心城市。中心城市继续向外扩展联系范围,又形成了新的产业带和城镇带。

(4)"通道"阶段

在运输网的基础上,某些狭长地域内出现了密集、稳定的交通流,该区域内的运输网线得到了优先发展,重要港站城市之间的联系继续加强。重要中心城市继续不断扩大其腹地,成为大交通流的发生地和目的地。重要中心城市间的联系集中程度越来越明显。各路段交通流量和紧密程度不断增大,区域综合运输通道因此而产生。

4)国家宏观政策

通道是综合运输系统的重要组成部分,而社会经济系统又是综合运输系统赖以存在的大环境,两者之间相互支持、相互作用、共同发展。国家和地区为发展区域经济而制定并组织实施的调整地区差异和宏观运行机制的政策措施,其实质是调整区域生产力布局,必定对国家和区域交通发展战略及相关交通规划产生巨大影响。为加快西部地区的经济发展,国家制定了西部大开发政策。2020 年 5 月印发的《中共中央、国务院关于新时代推进西部大开发形成新格局的指导意见》提出,加强横贯东西、纵贯南北的运输通道建设,强化资源能源开发地干线通道规划建设,加快川藏铁路、沿江高速铁路、渝昆高速铁路、西(宁)成(都)铁路等重大工程规划建设,以及加强出海、扶贫通道和旅游交通基础设施建设等要求。在此基础上还要积极参与和融入"一带一路"建设,强化开放大通道建设,如依托长江黄金水道,构建陆海联运、空铁联运、中欧班列等有机结合的联运服务模式和物流大通道等。该政策的制定和实施,必定对西部地区综合交通网络结构,特别是区域对外交通网络结构产生较大影响。

5) 运输方式的供应特性

运输领域内,传统的方式划分包括铁路、公路、水路、航空、管道五种。随着运输技术和筑路技术的发展,出现了高速公路、高速铁路(指狭义的高速铁路,即轮轨式高速铁路)、磁浮线路等新型高速运输方式和运载工具,近年又提出了真空管道运输。各运输方式均有其各自的技术特点,并在一定的领域内发挥着自己的优势,满足出行者的出行需求。

综合运输通道一般由多种运输方式构成,为达到通道系统最优,发挥各运输方式技术优点,进行路径功能定位时,必须充分考虑路径所属运输方式的适应范围和供应特性,达到路径(方式)功能的合理分工,实现路网协调统一。

上述因素,既有直接对通道的功能定位产生影响的,也有间接产生影响的,各因素间相互关联、相互制约、相互影响。借助图论来表达这种错综复杂的关系,在空间构成了一个有向图,如图 3-7 所示。与区域综合运输通道功能定位的宏观和微观两个维度相对应,图 3-7 分别从通道整体功能和路径功能两个层面表现了通道功能定位的影响因素及它们间的联系。

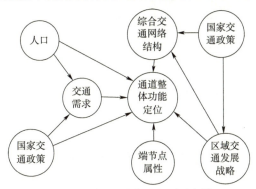

a) 通道整体功能定位影响因素有向图

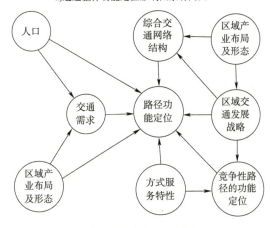

b) 路径功能定位影响因素有向图

图 3-7 通道功能定位影响因素有向图

如图 3-7a)所示,直接作用于通道整体功能定位的影响因素包括人口、交通需求、国家交通政策、综合交通网络结构、端节点属性以及区域交通发展战略。同时,国家交通政策也通过作用于区域交通需求、综合交通网络结构、区域交通发展战略,间接对整体功能定位产生影响;此外,具有间接影响因素的机制还包括人口作用于交通需求、区域交通发展战略作用于综合交通网络结构。

同理,如图 3-7b)所示,直接作用于路径功能定位的影响因素包括人口、交通需求、综合交通网络结构、方式服务特性、区域产业布局及形态、区域交通发展战略、竞争性路径的功能定位。同时,人口与区域产业布局形态通过作用于区域交通需求,方式服务特性与区域交通发展战略通过作用于竞争性路径功能定位,区域交通发展战略与区域产业布局及形态通过作用于综合交通网络结构,对路径功能定位产生间接影响。

为明确各因素间的层次关系,本书采用解释结构模型(Interpretive Structural Modeling,ISM)对因素间的关系进行了分析,建立通道功能定位影响因素的递阶层次结构,如图 3-8 所示。

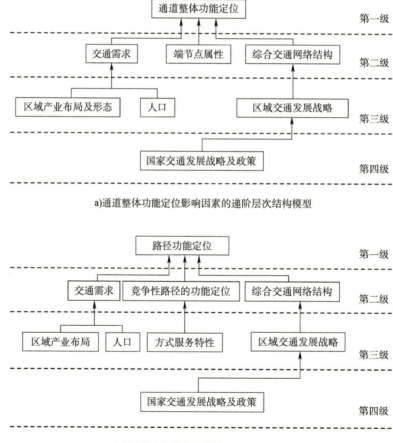

a)通道整体功能定位影响因素的递阶层次结构模型

b)路径功能定位影响因素的递阶层次结构模型

图 3-8　通道功能定位影响因素的递阶层次结构模型

图 3-8 表明,交通需求和综合交通网络结构是通道整体功能定位和路径功能定位的直接影响因素,同时,通道整体功能定位和路径功能定位还分别直接受两端节点属性和通道内竞争性路径功能定位的影响;通道经由区域的产业布局及形态和人口是产生交通需求的直接因素,并通过交通需求对通道的功能定位产生递阶控制作用;竞争性路径的功能定位只接受方式本身的供应特性影响,表明各运输方式均有其最经济的适应范围。综合交通网络结构受区域和国家交通发展战略及政策影响。当然,路径功能定位也受通道整体功能定位影响,它需要在通道整体功能已定位的前提下进行。

3.2.3 功能定位方法和依据

(1) 整体功能定位

如前所述,不同层次的通道其连接的节点级别不同。因此,如果通道在域中不延伸,通道的整体功能定位以其两端节点的基本属性及其所在地域系统即可明确。但由于通道或路径在网中可以无限延伸,不同层次的通道或路径的功能可以重叠,因此,仅以其两端点属性所明确的整体功能定位并不准确。要达到准确的功能定位,必须以通道在综合交通网中的延伸为媒介,确定与通道有关的地域系统,明确其所属的基本网络层次。

为达到通道功能的准确定位,本书提出对通道的整体功能定位采用自内而外的递推式定位法,即:综合考虑影响因素,先定位通道的最小地域系统和最低网络层次,再按通道在综合网中的延伸,确定高一级地域系统和网络层次,功能细节由低至高逐层展开。

由通道整体功能定位影响因素的递阶层次结构模型可知,通道内交通需求、通道两端节点的属性及综合运输网络结构直接影响通道的整体功能定位。它实际上明确规定了通道功能定位的基本依据:以国家及相关区域规划路网为定位路网,充分考虑路网变化对功能定位的影响,以两端节点社会经济属性和交通需求特性明确通道的功能。即通道两端点所在最小区域就是通道所服务的最小地域系统,以两端点的经济发展情况及社会经济属性可确定通道的功能定位,如果两端点社会经济发展水平相差较大,则通道的功能为引导功能,即引导经济的发展;如果其中一端点为边境城市,则为国防功能;一端点为旅游区,则为旅游功能;一端点为厂矿企业,则有特殊专用通道。根据客货流的出行目的分布和品类分布,也可确定通道的基本交通功能。如出行目的以旅游为主,则为旅游通道;货物品类以煤炭为主,则为运煤通道。而根据通道内客、货流的运距分布,按一定的区域层次外延,可确定高一级地域系统和网络层次。

根据我国的实际情况,区域外推顺序建议为:特殊区域(港口、旅游景点及厂矿企业等)、城市(组团)、城市(镇)群、省、大区、国家、洲。

(2) 路径功能定位

路径在通道内以其服务特性承担具有对应需求的客货运输。由路径功能定位影响因素的递阶层次结构模型可知,交通需求、竞争性路径的功能定位及路网结构是路径功能定位的直接影响因素。路径将以通道所服务的最小地域系统为基本服务范围,在协调通道内部竞争性路径的基础上,按其供应特性满足具有对应需求的客货运输;同时,兼顾路径在所属方式网络中的基本功能,也就是说,路径的功能定位应该在通道整体功能定位的基础上,以满足沿线社会经济发展的交通需求为主,协调综合交通网络发展。

路径和通道一样,具有无限延伸的特性和路径层次的重叠性。因此,同一条路径在域内和域外的功能定位可能会存在较大差异。为协调区域和综合交通网络发展,宜以二者之间的高定位为基本定位(功能的高低是相对路径经由节点的重要度的大小和路径在路网中作用的大小而言)。

根据单一路径所属运输方式的基本特性和功能分类,本书提出内外协调定位法,即:综合考虑影响因素,先定位通道的最小地域系统和最低网络层次下路径的功能,然后按地域系统及网络的外延,确定路径的最高功能,并以二者之间的最高功能定位为最终定位。

路径在最小地域系统和最低网络层次中的功能定位可根据通道内客货流的距离分布和目的分布,通过对沿线社会经济发展情况的分析,在协调竞争性路径定位的基础上,依据方式的基本服务属性,进行功能定位,最大限度满足通道内的交通需求,促进区域经济发展。

考虑网络系统的连续性,路径在其所属方式单一路网中的作用可根据各层次区域的路网情况,按国家、大区、省、城市群的顺序,以其在出行过程中的作用进行定位。具体以路径内的交通流量、流速、平均出行距离及路径连接和经由的节点的社会经济属性或重要度为参考依据。通常,路径功能越高、交通流量越大、平均运输距离越长,其所连接的节点的重要度也越高。

3.3 区域综合运输通道对区域空间结构的影响

3.3.1 区域空间结构

区域空间结构是区域发展程度、阶段和过程的空间反映,是区域内各城市的经济结构、社会结构、规模结构、职能结构等组合结构在地域空间上的投影,如图3-9所示。

区域空间结构类型主要有圈层状、带状、组团状。从目前的研究来看,从工业化时代到信息时代,区域的空间结构呈现出有机集中和相对分散并存的趋势,区域空间结构由单中心向多中心转化。这种城市群的空间演变源于三种力量:

①推动力:城市内部由规模经济、集聚经济等引起的推动力,其直接导致了城市郊区化过程。

②吸引力:城市之间的吸引力,随着交通条件的改善,要素的流动更加频繁,产业结构的异质化加强,城市联系更加紧密,原本在空间上分离、交流上封闭的城市之间具有了"同城效应",城市形成紧密联系的城市网络结构。

③调节力:来自市场、政府、社会的调节力量,使城市之间的要素配置更加合理,流动更加有序,从而促进城市群的发展。特别是来自政府的规划作用以及交通设施的引导作用,对城市群空间优化发挥了至关重要的作用。

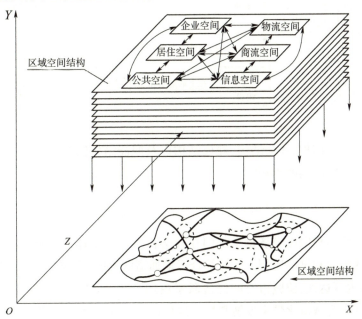

图3-9 区域空间结构示意图

区域空间结构演化的根本动因在于社会生产力水平的提高和生产技术条件的改善,是复杂的经济、社会、文化、自然及各种内在规律相互作用的结果。其中,聚集和扩散是区域空间结构演化的核心内容。同时,由于区域空间布局涉及经济因素和非经济因素,因此不仅受一系列主客观条件与客观因素的制约,而且在不同的发展阶段,区域发展的主要影响因素也在不断发展变化。

区域空间结构的变化取决于区域内社会生产力的发展,尤其是第二、三产业与交通网络的发展。一般而言,当某一大城市或小城镇在较大区域内占有有利交通区位时,就会促进其自身社会生产力水平的提高,也刺激了该地区越来越多的农业人口由从事农业生产活动转为从事非农业生产活动。而随着生产力的进一步发展,非农业人口数量的逐渐上升导致人类的生产活动日益集中在城市,客观上造成了城市数量的增加、规模的扩大、职能的多样化、经济结构的转变以及城市社会结构的分异。同时,生产力的发展也将促进城市间社会经济联系的强化以及城市生产活动的专业化、社会化和一体化。

区域综合运输通道与区域空间结构之间的关系主要是通过运输能力的供给与需求体现的。如图3-10所示,区域空间结构的发展从运输需求的角度推动或阻碍着运输供求平衡的调节;而区域综合运输通道的发展从运输供给的角度不断适应着区域空间结构发展带来的推动和阻碍作用,对运输的供求平衡进行调整。当区域空间结构发生演变后,在新的区域空间结构的推动或阻碍作用影响下,通过运输供求平衡的调节,影响到区域综合运输通道的规模、结构和布局,与区域综合运输通道自身的发展共同作用形成新的区域综合运输通道模式。

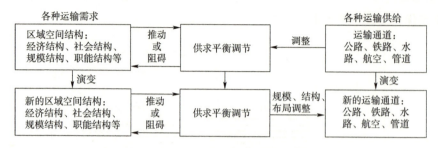

图 3-10　城市群空间结构与运输通道的互动关系

下面分别从经济结构、社会结构、规模结构以及职能结构四个方面,具体分析区域综合运输通道对区域空间结构的影响。

3.3.2　经济结构影响分析

区域经济结构是指国民经济整个部门在社会再生产各个环节以及各种要素、生产关系各个方面的质的构成和量的比例。区域综合运输通道的发展,将减少旅行时间、降低城市间阻抗、提高区域内可达性,使城市空间经济联系更加紧密,从而加快人流、物流、信息流的速度,改善流动方向,为城市化带来发展契机。区域综合运输通道对区域经济的影响主要包括以下两个方面。

（1）区域综合运输通道对经济总量的影响

各种运输方式的更新换代为城市发展创造了更加便利的运输条件,缩小了社会运输总成本,有助于在沿线区域形成人畅其行、货畅其流的局面。此外,亚当·斯密在《国富论》中明确提出"分工受市场范围的限制",他认为只有当市场范围扩大到一定程度时,专业化才能实际出现和存在。如果要使区域综合运输通道系统对经济总量的影响朝着有利的方向发展,就必须在内部运输方式的更新过程中尤其注重运输速度的提高,这也为高速公路的大规模建设、铁路的大提速、区域综合运输通道建设提供了理论依据。运输速度和运输质量的不断提高,扩大了市场范围,促进了市场分工,进而加快了经济发展速度,有利于经济总量的提升。

（2）区域综合运输通道对产业结构的影响

区域产业结构是指区域经济各产业部门在整个区域经济体系中的相互比例关系以及它们内部构成的比例关系。三次产业结构是经济发展的基本结构,其演进是区域经济发展的主要标志。运输方式对产业结构的影响主要是通过影响投资、人口流动和劳动力结构实现的。

3.3.3　社会结构影响分析

区域社会结构是指发生在区域内城市中人们之间的制度化、模式化的社会关系。区域综合运输通道系统是社会大系统正常运转所必需的重要基础设施和前提条件之一,它的进步对社会结构的影响和产生的效益通常远大于其自身所获得的直接效益。在社会化大生产条件下,生产要素和商品在空间上位移的数量和质量已经成为衡量经济发达程度的重要标志。

(1) 人口数量

人是社会的主体,区域综合运输通道对人口的影响首先是影响区域人口总量的变化。区域综合运输通道的优化和升级使其影响范围内的就业岗位在原有基础上大幅度增加,这需要大量的劳动力进行补充,巨大的劳动力需求会吸引大量沿线区域以外地区的务工人员,此外区域经济的快速发展也会吸引大批学生等外来人口,这些人的涌入,将使得区域内人口数量大幅度增加。

(2) 人口分布

①可达性:区域综合运输通道不仅能够拉近城市间的时空距离,大幅度缩短两地旅行时间,使得人们外出办公、旅行更加便捷,更让在运输通道经济带各中心城市间建立"一日往返交通圈"成为可能。

②区域综合运输通道对人口分布的影响:除人口总量受到影响外,区域综合运输通道的发展有利于优化产业结构,强化生产的地域性分工,使得沿线区域的人口在地区之间、城乡之间产生流动。另外,区域中交通更便利的城镇由于其更具有发展优势,也会吸引其他城镇的人口向其流动,上述人口流动均会使影响范围内的人口分布发生变化。

(3) 人口流动

①人口流动量:人口流动量主要体现在客运量的变化。我国的区域综合运输通道经过科学合理规划与建设后,繁忙的通道内将可能拥有高速公路、高速铁路、普速铁路、航空等在内的多种运输方式,可以大幅度增加通道内客货运输能力。尤其是高速铁路的建设,加快了铁路通道内部客货运分线的步伐。

②人口流动距离:运输通道的客运周转量是由运量和运距决定的,随着区域综合运输通道内越来越多的高速铁路、高速公路的建成通车,站间距或是汽车行驶平均距离延长,即使运量不变,周转量也将增加。所以,区域综合运输通道在增加区域客运量的同时也延长了旅客出行距离。

③人口流动速度:未来区域综合运输通道发展的最大特点是大容量、高速度、快节奏,高速度的运输方式配置提高了人口流动速度。然而,由于旅客的总出行时间一般包括接驳时间、购检票时间、候车时间、上下车时间及在途时间等若干部分,运输方式速度的提高只减少了旅客的在途时间,仅是区域综合运输通道影响人口流动速度的一个方面。同样重要的是,区域综合运输通道中先进运输方式的高发车频率可以使旅客合理安排出行计划、随到随走,大幅度缩短了接驳时间、候车时间。

3.3.4 规模结构影响分析

区域规模结构城市职能是指区域内城市的主要功能及城市对本城市以外的区域在环境、经济、政治、文化等方面起的作用。区域综合运输通道对外部环境的影响是一个动态发展过程。区域综合运输通道的发展会给覆盖范围内区域的人口、经济、资源、环境等方面带来直接影响,将此区域称为直接影响区;由于这些直接影响的作用,直接影响区关系密切(地理关系与经济关系)地区的经济活动也会随之变化。以往运输方式的改善对社会经济影响范围分析的经验表明,区域综合运输通道每一次变革和阶段式发展初期,影响范围会有一个扩散效应,这种扩散的原因包括各种运输方式运营部门的宣传、用户的猎奇心理、运营部门对初期运营的重视、社会关注度等,我们将受这种扩散效应影响的区域称为扩散影响区;接下来,随着社会关注度的降低、猎奇人群心理得到满足、运营商服务水平日趋稳定以及具有替代性的运输方式竞争策略的改善,这种扩散效应会随着时间的推移而逐渐弱化,直接导致影响区的变化,当然这种变化的趋势是影响区萎缩。最终,经过多方博弈,在外界条件不发生重大变化的前提下,区域综合运输通道的影响范围趋近于一个固定区间,称为最终影响区。图 3-11 展现了区域综合运输通道对外部环境的时空影响机理。

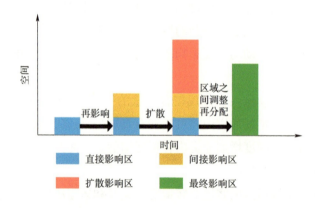

图 3-11 区域综合运输通道对外部环境的时空影响机理

3.3.5 职能结构影响分析

各城市因职能和等级的不同具有不同的规模结构。区域综合运输通道对资源的影响主要表现在土地资源及能源的利用与消耗、土地资源价值的提升以及环境影响上。

(1) 土地利用

交通运输基础设施作为沟通区域空间联系、保障物资流通的重要设施,是必不可少的。然而,随着土地资源的日趋紧张,急需尽可能少地占用土地来满足经济社会发展的运输需求,走可持续发展的基础设施规划与建设之路。区域综合运输通道的发展方向必须顺应这一时代要求。

(2)能源

能源是一个国家和地区安全稳定及快速发展的重要影响因素,对能源的合理利用与节约逐渐受到世界各国的关注与重视。我国作为世界上最大的发展中国家,能源是支撑我们发展的重要资源,因此对能源的节省与合理利用对于我国非常重要。因而,区域综合运输通道与外部环境协调发展的前提是,尽可能提高能源利用效率,优先发展能源利用率高的运输方式。

(3)土地价值

土地不是劳动产品,本身不具备价值,但当土地作为商品在市场上进行买卖时,却有价格,简称地价。

随着时间的推移,区域综合运输通道发展对土地价格具有一定的提升作用。具体的提升过程是通过以下渠道实现的:①通过影响土地级别影响地价;②通过改善区域运输条件提升地价;③人口数量的增加、投资量的增大导致土地供需状况发生变化,当供给量变化小于需求量变化时,土地价格上升。

(4)环境影响

区域综合运输通道对环境的影响主要划分为直接影响和次生影响两个方面。

区域综合运输通道对环境的直接影响主要体现在噪声、振动、污染物、水环境及生态环境等方面。

区域综合运输通道次生环境影响是公路、铁路等的建设和运营在带动沿线和相关区域的社会和经济发展后,再次引发的对自然环境的影响。这是一种继发性的影响,是一种反馈作用。这种影响不是由公路、铁路本身的建设和运营所引起,而是人类围绕公路、铁路项目从事其他社会、经济开发活动导致该区域生态成分改变而产生的对自然环境的影响。公路、铁路特别是枢纽建成后,人流增大,餐饮和社会旅馆等社会服务的需求决定了枢纽地区的用地类型和用地规划。而这些设施在给社会经济做贡献的同时也向自然环境输出了污染物质。虽然运输方式建设和运营排放污染物带来的直接经济损失都能够通过货币来计量效益的增加或减少,但是空气污染造成的人体健康和经济损失、城市绿化对净化空气所带来的效果等则是难以计量的。

RESEARCH AND APPLICATION
OF REGIONAL COMPREHENSIVE TRANSPORTATION CORRIDOR
PLANNING AND SYSTEM CONFIGURATION

第4章
区域综合运输通道供需分析

运输通道的规划和配置核心任务之一是使运输通道内的供给和需求达到平衡。本章首先介绍了运输需求与供给的特点，对交通供需关系进行了分析。对通道内航空、铁路、公路、水路与管道五种运输方式的技术经济特征进行了分析，定义了各运输方式的能力测度。其次，对综合运输通道内客货运需求的特征（包括静态特征、动态特征、质量需求特征、方式需求个性化特征）进行分析，整理总结了传统客运需求预测方法（如"四阶段法"）和非集计预测模型（如Logit模型）；分析影响货运需求的因素，整理总结了8种应用较广泛的货运需求预测方法。

4.1 运输供需关系

4.1.1 运输需求与供给

交通运输的需求来源于社会经济活动。散布在空间不同点上的社会经济活动之间的相互作用，以及资源、劳动力之间的相互作用产生了交通运输需求。运输需求与运输供给是运输市场的两个不可分割的基本方面。运输需求是运输供给的原因，而运输供给则是运输需求的基础，它们构成了一个有机整体。运输市场存在着市场运行机制来自行调节需求和供给之间的关系，使需求和供给形成某种规律性的运动，出现某种相对的均衡状态——市场均衡。当某种均衡形成之后，随着时间的变化、各种影响因素的发展，促使供需条件发生变化，这种均衡被打破，再向新的均衡发展。下面，结合运输经济学对运输需求和运输供给的相关概念进行阐述。

1）运输需求

运输需求就是运输市场需求，即货主或旅客对运输供给部门提出为实现货物或旅客空间位移的要求，包括五个方面的内容：①运输需求量：常以货运量（t）和客运量（人）来表示，用以说明货运需求与客运需求的多少和规模的大小；②流向：即货物或旅客在空间位置转移的地理走向，表明货物或旅客从何处来到何处去，说明地域间经济和居民的运输联系；③运输距离：指货物或旅客在空间上位置转移的起始点之间的距离；④运输构成：指各类货物和旅客运输需求占总需求的比重；⑤起运时间和运达时间。

运输需求与其他商品需求相比有其特殊性，主要体现在：

（1）派生性：在经济生活中，如果一种商品或服务的需求是由另一种或几种商品或服务派生出来的，则称该商品或服务的需求为派生性需求。引起派生需求的商品或服务称为本源性需求。货主或旅客提出的位移要求的目的往往不是位移本身，而是为了实现其生产、生活的目标，完成空间位移只是为实现其本来目标的中间的一个必不可少的环节，所以，社会经济活动是本源需求，运输需求则是派生需求。

（2）广泛性：现代社会经济活动的方方面面都离不开人和物的空间位移，因此，运输需求存在于人类生活和社会生产的各个角落。运输业作为一个独立的产业部门，任何社会经济活动都不可能脱离它而独立存在，与其他商品和服务的需求相比而言，运输需求更具有广泛性，是一种具有普遍性的需求。

（3）多样性：个别运输需求对运输条件、运输方向、运输距离、运输质量管理、运输时间、运输速度、运价水平和运输的技术措施等的要求不同。如石油等液体货物需要用油罐车或管道运输，鲜活易腐货物需要用冷藏车运输，化学品、危险品、超长超重货物等都需要特殊的运输条件。对于旅客运输，由于旅行目的、收入水平等方面的不同，对运输服务的质量要求也必然具有多样性。因此,运输需求不仅仅有量的要求,还有质的要求,运输服务的供给者必须适应运输的质和量等各方面多层次的要求。

(4)不平衡性:运输需求的不平衡性体现在空间、时间上。时间上的不平衡性主要表现在对季节性依赖较强的产品运输上,如农产品运输受到农业生产季节性的影响,服装的运输随着服装贸易的淡、旺季而具有显著差别。时间上不平衡性的另一层含义是对货运速度的要求。货运需求未来的发展趋势必然伴随着很强的时间限制,也就是说货主对于货物运输的起运和到达时间将提出越来越高的要求。货运需求空间不平衡性主要表现在货物运输,特别是一些大宗货物,例如煤炭、石油、铁矿石等,其运量、流程和流向在空间上具有显著的方向性特征。其中,区域生产力布局、自然资源分布、综合运输网布局等因素的影响是导致货运量在方向上不平衡的主要原因。

(5)规律性:运输需求起源于社会经济活动,而社会经济的发展具有一定的规律性,因此,运输需求也具有一定的规律性。通常经济繁荣带来运输需求的旺盛,而经济萧条也会引起运输需求的下降。社会经济活动的兴衰反映到运输需求上有一定的滞后。

(6)部分可替代性:不同的运输需求之间一般来讲是不能互相替代的,但是随着现代科学技术的发展,人们可以对某些不同的运输需求做出替代性的安排。例如,随着现代通信技术的发展,旅客流动的一部分可被替代;煤炭的运输可被长距离高压输电线路替代。

2)运输供给

狭义的交通供给可以理解为实现需求而提供的交通设施设备。徐慰慈教授(1998)认为,广义的交通供给除为满足交通需求而提供的交通设施和交通网络之外,还应当包括交通用地、交通工具、交通管理与运营、交通法规、交通安全、交通政策、交通费用、交通环境等影响交通需求服务的各个方面。本书将运输供给限定为除用地条件与宏观交通环境外,影响服务需求的各种因素的集合。

运输供给的显著特点表现为:

(1)"有效供给"的范围较大

从运输成本的角度来看,运输业高度的资金密集度意味着在总成本中固定成本比变动成本的比例高,这就使得各运输方式的短期成本曲线较为平坦,与那些变动成本很大的产业相比,运输曲线的 U 字形不明显(图 4-1)。当短期平均成本曲线在相当大的产出范围内具有较平坦的形状时,单位成本随运量变动只是很微小地改变。对于运输业者来说,处于由边际成本确定的理想"最优"供给量的运输成本,与其周围非最优供给量所对应的成本可能相差无几,所以"有效供给"对运输生产者来讲就有一个较大的范

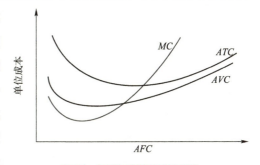

图 4-1 标准短期单位成本曲线
MC-边际成本;ATC-平均总成本;AVC-平均可变成本;
AFC-平均固定成本

围。只有当需求量变动相当明显时才会超出这一"有效供给"的范围。

（2）运输供给的短期价格弹性较大

运输成本和运输能力调整的难易程度是影响运输供给弹性的重要因素。由于固定投资较大，短期内变动成本的比重较小，表现为短期成本曲线比较平缓，供给弹性较大。另外，运输能力是按运输高峰需求设计的，在其他产业中许多消费可能具有季节性，可以做到生产的大体平稳，但运输产品却不能储存。这就使得运输业在一定时期内保持着相当大的运能储存，并准备随时调整运量，从而使运输供给可以在短期内随价格的变化而增减。但是运输能力大幅度的增加则由于运输设施建设投资巨大、周期很长的原因，需要较长时间的调整过程，从长期来看运输供给的长期价格弹性较小，甚至几乎无弹性。

（3）运输供给存在着明显的外部性

当需求允许时，运输业可在成本增加很少的情况下增加供给量，就是说其经济运能有一个较大的范围。如当客座率由80%增加到100%或者120%时，由于运输业短期变动成本所占比重较小，运量增加所引起的总成本增加微不足道。但这种情况却会带来运输条件的恶化，而运输质量下降所引起的成本则将全部由消费者承担。如果把这笔费用记在运输业成本上，其成本曲线则为另外一种形状，也就是说运输业把一系列改善运输服务条件必需的费用（如改造客站、增加售票点等）转嫁给了消费者，从而降低了运输成本，使供给曲线向下移动，在运价不变的情况下（在春运期间反而涨价）增加供给。

图4-2显示服务质量下降时消费者负担的成本状况，SAC为运输业的短期平均成本曲线，$CSAC$为运输业的短期成本加上消费者平均负担的"拥挤成本"。当产出为OB时，没有拥挤成本，因为服务质量还在预期的标准之内；当产出达到E时，服务质量大为下降，而消费者要负担的成本除了生产者成本ED外，还要加上拥挤成本CD。

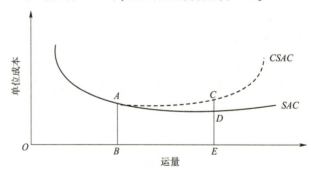

图4-2 生产者与消费者成本曲线图

此外，运输活动引起的环境污染、能源和资源的过度消耗以及交通阻塞等，也基本上都是不在运输业者自身成本中反映的社会外部成本。

（4）运输供给具有一定的不可分性

运输建设一般需要数量巨大、连续的投资，方能形成运输能力，因此，运输供给在资金上具有不可分性；运输设施的设计、建设和使用寿命周期都较长，如铁路和港口一般都在百年以上,因此,运输供给在时间上具有不可分性;最后,运输供给在空间上也具有不可分性,因为运输网络是一个整体,要为整个地区甚至国家服务,运输设施的能力一旦形成就很难在空间上进行转移和分割;此外,运输业属于公共事业,为全社会提供服务,在某些情况下需要由社会共同负担成本。

(5) 可替代性与不可替代性共存

当几种运输方式或者多个运输供给者都能完成对同一运输对象的空间位移时,便存在一定的可替代性,这种替代性是运输业者之间形成竞争的基础。当然,不同运输方式和供给方式的替代性要受到运输对象在时间上的规定性、空间上的约束性,以及运输者的技术经济特性差别所导致的提供服务的差别、运输网中的分工不同等因素的影响,因此,运输方式间的替代性是有一定条件的。

4.1.2 交通供需关系分析

如前文所述,由于社会经济系统的发展,人们在生产、生活活动中派生了出行需求。生产生活活动在空间上与用地分布相一致,因此,在交通规划理论中常将土地利用作为交通流的"源"。Michael D. Meyer、Eric J. Miller 将土地利用系统称为"城市活动系统",强调了土地与交通的关系在于其承载的活动。交通需求的性质、数量、分布,交通供给的配置模式、形态、布局都决定于土地利用系统和社会活动系统的功能、区位和规模。国内外大量经验表明,在土地利用带来交通需求进而影响供给的同时,交通系统的合理配置能够有效带动产业及土地的发展,继而对交通需求产生反馈效用(图4-3),如轨道交通开发时常见的 TOD 模式(以大运量交通为导向的开发,Transit-Oriented Development)即是利用交通供给对需求反馈效应的典型事例。

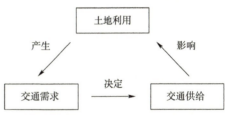

图4-3 交通供需作用关系示意图

经典交通供需理论认为:社会活动强度、交通设施质量和数量都会发生变化,但它们的变化往往不是同时进行,而是交替出现的。交通设施改善通常滞后于社会经济活动的发展,但也不乏一些城市和地区出现另一种变化顺序,即交通适度超前发展,交通系统首先得以改善,而后社会活动系统增强。交通供需长期处于动态平衡状态,其平衡时的出行时间长期稳定在某个区间范围。当交通供需平衡状态下的出行时间超过最大可接受值时,交通拥堵加剧,将大大影响社会活动效率。

交通供需理论来源于市场经济学理论,因此,经济学的供需平衡原理可用来解释交通需求与交通供应之间的动态平衡关系。如图4-4所示,需求曲线 D 和供给曲线 S 的交点即为"平衡点" DS,平衡点处供需价格与供需量相同。当供大于求时(如 P_1 状态),交通运营商会缩小运营规模,降低票价争夺客源,同时由于出行成本降低,居民出行量得以增加,最终作用到达均衡点,供不应求时机理相反,在此不再赘述。

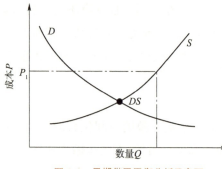

图 4-4 早期供需平衡分析示意图

在进行区域综合运输通道供需分析时,亦可借鉴上述交通供需理论,将通道运输需求等同于区域出行量、将区域综合运输通道供给也转化为标量(出行时间的倒数)进行研究,在宏观层面上降低了研究的复杂性,强化了研究的逻辑性。在我国资源和环境的双重约束下,规划建设高效的区域综合运输通道是解决区域综合交通供需矛盾的关键。区域综合运输通道供需分析及预测作为通道规划建设的先导性工作,对完善区域综合运输通道规划理论与方法及合理配置运力资源具有重要的意义。

经典交通供需理论借鉴经济学原理,一定程度上解释了交通供给发展与城市用地、交通需求之间的关系,在国内外运输经济研究体系中占有重要的地位。但值得注意的是,以上分析机理主要针对城市经济、人口、交通结构发展较为稳定的城市和地区(如巴黎居民平衡出行时间长期稳定在 36min 左右,而北京、上海等城市则不断增加),对于城市形态、经济水平和交通结构急速发展的我国现阶段国情而言,部分结论可能有待商榷。

4.2 区域综合运输通道供给分析

4.2.1 各运输方式技术经济特征

1)航空运输

航空运输的速度属于常规运输工具速度链的最高阶段,其最大优势在于远距离直达运输。航空运输具有高科技性、高速性(现代喷气式飞机的速度一般为 900km/h 左右,比火车快 3~10 倍,比海轮快 20~25 倍)、建设周期短等技术经济特征。同时,由于飞机的造价高、购置(维修)费用高、能耗大,其运输成本要比其他交通方式高很多。此外,航空运输易受气候条件的限制,在某些天气条件下不能保证客货运送的准点性。

2)铁路运输

(1)普通铁路

普通铁路主要指我国铁路路网中的传统干线铁路,一般为客货共线或货运专线。它具有运量大、运输成本和运价低廉、系统的可靠性和安全性较高、全天候运输、能耗小、环境污染程度小、不受气候影响等优点。这些基本性能,使普通铁路运输在中长距离的客货运输中具有较大的优势。铁路运输投资大、建设周期长,铁路线路、机车车辆、车站等技术设备需要投入大量的人力、物力和财力,所占用的土地也比较多。普通铁路的列车运行速度一般为 60~80km/h,部分可达 140~160km/h。从运输能力上看,一般每列铁路货物列车可装载 2000~3500t 货物,重载列车可达到 2 万余吨;单线单向年最大货物运输能力一般在 1800 万 t,

复线可达 5500 万 t,重载线路甚至可达 4 亿 t。但由于铁路运输只能在固定的线路上进行,因此还需要汽车等其他交通方式的配合和衔接。

(2)客运专线

客运专线,全称客运列车专线铁路,是指仅运行旅客列车和技术作业列车的铁路系统。客运专线速度等级高低不一,通常行政等级越低、设计速度越小。国家或区际性质的干线客运铁路多半是高速铁路,主流基础设施设计速度为 250~350km/h,如广深港高速铁路;城际或市郊性质的支线客运铁路中,除了京津城际铁路等少部分客运专线是高速铁路外,其余基本上都是快速铁路或高等级普速铁路,如穗莞深城际铁路,设计速度只有 140km/h。客运专线具有运量大、污染小、安全可靠、效益费用比高等优点,能适应我国国民经济和社会发展需要,是加快现代化建设、满足人民日益增长的出行需求的必然选择。

3)公路运输

公路运输最明显的特点是机动灵活,具体表现为技术上和经济上的灵活性。技术上的灵活性决定其运输生产具有点多、面广、流动分散的特点,技术上的灵活性主要表现在运行空间、运营时间、载运量、运行条件、运输组织方式、公司规模和汽车运输场站服务对象等方面;经济上的灵活性主要表现在投资少、资金周转快两方面。总的来说,公路运输适于中短距离运输。随着高速公路网建设的日益完善,公路运输将逐渐形成短、中、长途运输并举的格局。与铁路运输相比,公路运输的缺点可概括为运输能力小、不适宜长距离输送旅客;运输能耗较大;运输成本高,长距离货物运输费用相对较高;易污染环境,安全性能相对不高。

(1)普通公路

普通公路出行分为小汽车和营运客车出行两种方式。普通公路运输可以实现"门到门"的直达运输,机动灵活;车辆技术标准及造价相对较低,便于深入各类地区。普通公路运输的运输成本比铁路和水路要高,能源消耗较大,其运输可靠性和安全性不如其他交通方式。因而,普通公路运输适宜于短途旅客和货物运输。

(2)高速公路

高速公路出行分为小汽车和营运客车出行两种方式。高速公路作为高速、安全、通畅的现代化公路,具有通行能力大、运行速度快、安全性高、运输组织灵活等特点。高速公路严格限制车辆出入,对向行驶的车辆在相互分隔的车道上快速行驶,交叉口全部采用立体交叉方式,较高的技术指标和完善的交通设施为汽车的大量、快速、安全、舒适、连续运行提供了条件和保证。

从技术经济特性看,公路快速客运的经济运距体现在运输能力方面,经济运距内的旅客就是其目标市场,公路客运的目标市场随着公路的状况、车辆的技术档次和企业的组织管理能力的改善而扩张。可得出如下结论:200km 以内为普通公路客运理想出行距离和市场高占有率区段;200~500km 为高速公路客运的黄金出行距离和市场占有率高增长区段;500~

800km 为高速公路客运与其他交通方式（特别是铁路）的激烈竞争区段；800~1500km 为高速公路客运的超常发展和市场占有率新增长区段。

4）水路运输

水路运输主要是利用天然水道进行大批量、长距离的运输。在 5 种运输方式中，水路运输能力最大，且能耗较低，船舶单位能耗低于铁路和公路，内河船舶的能源消耗约为铁路的 1/2。

水路运输的运输成本较低，其沿海大吨位的船舶运输成本一般也低于铁路运输。除需要投资购买及建造船舶、建设港口外，一般情况下都是利用江、河、湖、海等自然资源行船，沿海航道几乎不需投资建设，开发内河航道每公里投资约为铁路旧线改造的 1/5 或新线建设的 1/8。同时，与铁路和公路相比，水路占用土地较少，基本不占用耕地。但由于大型船舶体积大，致使水路运输的航速较低，一般船舶行驶速度只能达到 30km/h 左右（冷藏船可达 40km/h，集装箱船可达 40~60km/h）。

5）管道运输

管道运输是输送流体货物的一种运输方式。管道运输具有运量大（一条管径为 720mm 的管道每年可以运送易凝高黏原油 2000 多万吨，一条管径 1200mm 的原油管道年输油量可达 1 亿 t）、占地面积小、投资少、自动化水平高、运营费用低等技术经济特征。

综上所述，各种运输方式的技术经济优缺点见表 4-1。

各种运输方式的技术经济优缺点　　　　表 4-1

运输方式	优点（特点）	缺　点
铁路	①适应性强； ②运输能力大； ③安全程度高； ④运送速度较高； ⑤能耗小； ⑥污染程度小； ⑦运输成本低	①灵活性不高； ②普通铁路发车频率低； ③近距离运输费用较高
公路	①机动、灵活、适应性强； ②实现直达运输； ③运送速度较快； ④始建投资少； ⑤为铁路、水路、航空等运输方式集散或疏运客货； ⑥掌握车辆驾驶操作技术较容易	①单位运输成本高； ②运行持续性较差； ③安全性较低
水路	①运输能力大； ②运输成本低； ③投资省； ④劳动生产率高； ⑤航速较低	①受自然条件影响很大； ②水路运输速度较慢； ③安全性和准确性难以得到保障

续上表

运输方式	优点（特点）	缺 点
航空	①速度快； ②机动性大； ③舒适安全； ④基本建设周期短、投资少	①运输成本和运价比较高； ②飞行受气象条件一定限制
管道	①运量大； ②运距短、占地少； ③受各种恶劣气候条件影响较小； ④安全性好； ⑤劳动生产率高； ⑥耗能低、运费低廉； ⑦沿途无噪声、漏失污染小	①不如其他运输方式灵活； ②承运的货物比较单一； ③货源减少时不能改变线路； ④运量较小时，运输成本显著增大

2004年4月由中国工程院完成的《构建综合交通运输体系的研究》专题报告二："规划的思路与方法"中包含了对各种交通方式技术经济特征的分析和结论。该报告根据费用类、技术经济类和运输用户类三大类共14个指标分析了5种交通方式的技术经济特征，并按大小给出综合评分和排序结果，见表4-2。

我国各种交通方式的综合评价 表4-2

技术指标	铁路	公路	水路	航空	管道
建设费用	1	4	2	5	3
维护费用	4	2	3	1	5
运营费用	3	2	4	1	5
能耗	5	2	3	1	4
占地	2	1	4	5	3
环境污染	4	2	3	1	5
安全	3	1	2	4	5
装卸能力	4	3	5	2	1
平均运距	3	1	5	4	2
货损	3	2	1	4	5
集装箱运输量	4	5	3	2	1
方便性	3	2	1	4	5
快捷性	4	3	2	5	1
运价	3	2	4	1	5
总分	46	32	42	40	50
总排序名次	2	5	3	4	1

不同运输方式的技术经济特性与运输能力的利用率有直接关系。从货物运输品类与运输方式之间的适应性而言，对时间要求不强的大宗、低值、笨重货物，如煤焦类、矿石类、石油

及其制品类、矿物性建材类、钢铁及其配件类、木材类、粮食类、农工机械类等,在进行长距离运输时比较适合通过铁路或水路运输;而对于批量小、时间性强的高附加值产品,如贵重电子制品和鲜活类产品比较适合通过航空运输;在短途货物运输方面,公路运输凭借其高可达性和方便性适合于所有货物运输。而管道运输由于"运输工具"的特殊性使其在油气运输方面具有不可忽视的影响力。

通过对综合运输通道内各种交通方式的技术经济特点分析可知,各种交通方式的技术经济特点各有优劣。目前,社会经济的发展要求综合运输体系必须更加完善,合理布局,做好各种交通方式相互衔接,发挥组合效率和整体优势,在运输通道内部形成便捷、通畅、高效、安全的综合交通运输体系,从而促进经济的合理布局和产业结构优化,使区域经济发展效益均衡,国民经济持续、稳定、协调发展。

4.2.2 各运输方式能力测度

1)铁路运输能力测度

铁路运输能力包括通过能力和输送能力。

铁路通过能力也称"铁路线路(或区段)通过能力",是指在一定的机车车辆类型、信号设备和行车组织方法条件下,铁路区段内各种基础设施和固定设备在单位时间内(通常为一昼夜)所能通过或接发的最大列车数或列车对数。输送能力是指在一定的技术设备和行车组织方法的条件下,某一线段(或区段)按所配备的机车车辆和人员,在一定时期内(通常为一年)所能完成的最大货物运输量。

铁路的通过能力实际是区段通过能力,它由区间通过能力、车站通过能力和机务设备通过能力中最小的一个决定。有时也把铁路线在一昼夜时间内能够通过的最大行车量(列车对数或列车数)称为铁路线的通过能力,把铁路线在一年内所能通过的最大货流量称为该铁路线的输送能力。由于每个区段的通过能力和输送能力并不相同,所以这种测度实际并不妥帖,但可以作为宏观上的一种测度方法。铁路车站(主要是指技术站)的能力测度指的是车站设备能力,包括车站通过能力和改编能力,其中车站通过能力是指在一定的设备和行车组织方法条件下,车站一昼夜能够通过的最大有改编和无改编列车数或车辆数,由进出站通过能力、到发咽喉通过能力和到发线通过能力最小者决定;车站改编能力是指车站在合理使用车站技术设备条件下,各种调车设备一昼夜能够解体和编组的最大列车数和车辆数,由驼峰、牵出线和调车线三者中能力最小者决定。

(1)客运能力测度

普速铁路和高速铁路的客运能力与所采用的列车运行图有关,因此可以根据列车运行图确定列车开行班次,根据列车平均载客数进行估算。

对于既有线客运站,铁路列车下车客流量 C_{rl} 为:

$$C_{rl} = \frac{60(T_r/I_r + 1)}{T_r} \times [J_r B_r \eta_r \alpha_{2r} + P_{rt}(1 - \alpha_{2r})] \quad (\text{人} \cdot \text{次}/h) \quad (4\text{-}1)$$

式中：T_r——到达列车密集到达的持续时间(min)；

I_r——密集到达时期列车到达的平均间隔时间(min)；

J_r——终到列车的编组车辆数(辆)；

B_r——每节车辆的定员(人)；

η_r——终到列车到达时的满载率；

P_{rt}——每趟途经列车的平均下车旅客数(人)；

α_{2r}——到达列车中终到列车的比例。

而对于高速铁路、客运专线上运行的旅客列车，下车客流量 C_{r2} 可采用以下计算方法：

$$C_{r2} = \frac{60 F_s JB\eta}{K_m I} \quad (人·次/h) \tag{4-2}$$

式中：F_s——考虑运行调整、能力储备等因素的能力使用系数；

K_m——客运量月度波动系数；

I——列车追踪运行时的间隔时间(min)；

J——列车编组辆数(辆)；

B——每列列车定员(人)；

η——列车满载率。

(2) 货运能力测度

在《铁路区间通过能力计算办法》中包含与区间货物输送能力相对应的计算公式。铁路区间换算货物输送能力计算公式为：

$$T_{年} = \frac{\dfrac{N_{货} f}{K_{波}} Q \psi_{载} T_{满} 365}{10000} \tag{4-3}$$

式中：$T_{年}$——区间的换算货物输送能力(万 t/年)；

$N_{货}$——重车方向货物列车通过能力(列)；

$K_{波}$——月间货物列车行车量波动系数(取 1.1)；

f——货物列车能力利用系数(单线取 0.85，双线取 0.9)；

Q——运行图规定的货物列车牵引质量(t)；

$\psi_{载}$——货物列车载重系数；

$T_{满}$——货物列车满轴系数(取 0.9)。

2) 水路运输能力测度

水路运输能力主要指航道通过能力，它是指在一定的船舶技术性能和一定的运行组织方法条件下，一定航道区段在单位时间(昼夜、月、年或航期)内可能通过的货吨或航吨数，它取决于各困难航道的通过能力及其相互影响。水陆运输的节点——港口通过能力是指在一定的时期内所能装卸船舶的最大货物吨数，其中包括码头、锚泊地、浮筒和库场的通过能力，一般分为理论通过能力、营运通过能力和后备通过能力。

在区域内,水路运输较少能成为主要的客运方式,因此这里只考虑其货运能力。水路的航段输送能力,由控制航段决定。本书采用闸坝段作为控制航段计算水路的区段运输能力。

根据《船闸总体设计规范》(JTJ 305—2001),年过闸货运量可以按下式计算:

$$W_B = \frac{\frac{1}{2}(n-n_0)\frac{NG\alpha}{\beta}}{10000} \tag{4-4}$$

式中:W_B——年过闸货运量(万 t);

n——日平均过闸次数,它由日工作小时 τ(h)和一次过闸时间 T 决定,见式(4-5);

n_0——日非客、货船过闸次数;

N——年通航天数;

G——一次过闸平均载重吨位(t);

α——船舶装载系数;

β——运输不均衡系数。

$$n = \frac{\tau \times 60}{\frac{1}{2}\left(T_1 + \frac{T_2}{2}\right)} \tag{4-5}$$

式中:T_1——单向一次过闸时间(min),计算公式见式(4-6);

T_2——上、下行各一次的双向过闸时间(min),计算公式见式(4-7)。

$$T_1 = 4t_1 + t_2 + 2t_3 + t_4 + 2t_5 \tag{4-6}$$

式中:t_1——开门或关门时间(min);

t_2——单向第一个船队进闸时间(min);

t_3——闸室灌水或泄水时间(min);

t_4——单向第一个船队出闸时间(min);

t_5——船舶、船队进闸或出闸间隔时间(min);

$$T_1 = 4t_1 + 2t'_2 + 2t_3 + 2t'_4 + 4t_5 \tag{4-7}$$

式中:t'_2——双向第一个船队进闸时间(min);

t'_4——双向第一个船队出闸时间(min)。

3)公路运输能力测度

公路运输能力是指公路通行能力,它是一定时段和通常的道路、交通、管制条件下,车辆(或行人)通过道路某一点或均匀断面上的最大小时流率。它实际是道路上某一地点的交通能力。按照公路的不同组成部分,可分 9 类路段能力:高速公路(控制进入)的基本路段、不控制进入的汽车多车道公路路段、不控制进入的汽车双车道公路路段、混合交通双车道公路路段、匝道(包括匝道—主线连接部分)、交织区、信号控制的平面交叉、非信号控制的平面交叉和市区及近郊干线道路。从使用意义上来说,可分为基本通行能力、可能通行能力和设计通行能力。公路节点——车站的能力测度主要指设计年平均日发送量,是车站建设的基础。

道路条件指公路的几何特征,包括每个方向的车道数、车道的宽度和路肩宽度、侧向净空、设计速度以及平面和纵面线形。交通条件涉及使用该道路的交通流特征,根据服务水平标准可以得到各级服务水平下路段的通行能力。

根据《公路工程技术标准》(JTG B01—2014),可以得到公路各技术等级下的适应交通量,见表4-3。

公路技术等级分级表 表4-3

等级	高速公路	一级公路	二级公路	三级公路	四级公路	
AADT(pcu/d)	>15000	>15000	5000~15000	2000~6000	<2000 (双车道)	<400 (单车道)
标准车	小客车	小客车	小客车	小客车	小客车	

注:AADT 为标准车的年平均日交通量。

根据现状小汽车、大巴和货车等车型占道路车辆的比例,可以预测出将来其道路车辆构成。结合各等级公路适应的交通量可以估算出各等级公路通行各类型车辆的能力,根据各类车型平均载客或载货量可以估算公路的客货通行能力。

$$T_\text{年} = \frac{N \cdot \alpha \cdot \psi_\text{载} \cdot T_\text{标} \cdot 365}{10000} \tag{4-8}$$

式中:$T_\text{年}$——某车型公路输送能力(万 t 或人/年);

α——客运/货运车辆占适应交通量比例;

N——各等级公路适应交通量(辆);

$\psi_\text{载}$——客车载客(货物载重)利用系数;

$T_\text{标}$——各类车型标记荷载(人或 t)。

4)航空运输能力测度

航空运输能力主要是指飞机场和航空港的规模以及每昼夜可能承担的起飞和着陆的飞机数。

航空港的运输能力可用计算机仿真方法进行研究。计算机仿真方法具有以下优点:

(1)仿真不仅可以考虑运行过程中的一些随机因素,而且可以对系统建模放宽限制,从而不必如数学模型方法那样引入一系列假设和简化;对于很多复杂情况,计算机仿真通常是目前能够采用的唯一办法。

(2)计算机仿真可以深入研究一些系统组件的相互关系,并预先评价不同设计方案的各种后果,从而避免了建造实物系统;这同样也赋予了计算机仿真方法进行优化设计的可能性。

(3)在进行计算机仿真建模的过程中,通常需要深入了解目标系统的运作机制,其调研分析的结果有益于对系统做进一步研究改进。

在具体仿真过程中,要考虑机场及空域描述、随机飞机流的产生、仿真飞行、延误处理以及冲突处理等关键环节。

5) 管道运输能力测度

管道运输能力主要指其输送能力,是指一年中管道输送液体(或气体)的数量,由输油(气)管道的直径大小、泵站能力及管路的摩阻损失等特性决定。不同货物在使用管道运输时其运输能力的计算方法不同,如目前管道运输应用最广泛的是天然气管道运输。

天然气管道的上游连着气田,下游连着用户,全年的输送总量既受下游影响,也受上游影响,且天然气运输不仅包括输送,还承担部分调峰任务,这是因为用户的用气量季节差距极大,其季节输送量峰值和谷值的差距甚至可用倍数计算。另外,天然气运输的能力还涉及天然气处理设备和站厂生产能力、天然气的计量方式等因素。

由图 4-5 可知,从五种运输方式的能力测度表述来看,铁路的能力测度最复杂,铁路、水路、管道共同拥有线路输送能力测度,但这种测度只能是一种宏观上的路段能力的测度。公路的能力测度最特殊,它是通过路段某一点或均匀断面上的最大小时流率来表征能力的大小。五种运输方式的能力测度全部依据"短桶理论",由各影响因素的最小能力决定,进而确定宏观上的线路运输能力测度或微观上的路段、节点能力测度。

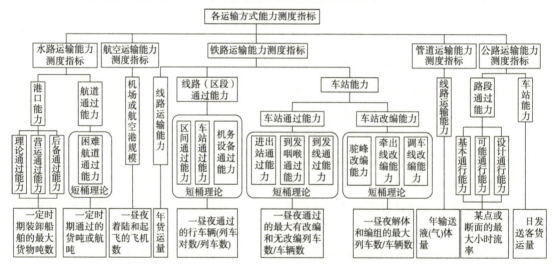

图 4-5　各运输方式能力测度指标体系

4.2.3　通道的能力测度

通道运输能力是指在一定运输条件下,通道内的固定设施和移动设施所完成运载能力的综合。由于运输通道由多种运输方式的不同路径和节点组成,不同的运输路径由枢纽衔接在一起,形成并联、串联和混联结构,相互交叉、错综。而每种运输方式由于其技术经济特征不同,各运输方式的路径和枢纽的能力测度的表述也不同,要建立一个统一的测度方法或指标体系难度很大。

通道是由多种运输方式的不同路径和节点构成的一个复杂组合系统。对此类系统(S)的解释和描述,应从宏观态、微观态和它们之间的联系出发,它们在空间组成了一个三维的概念空间(Conceptual Space),如图4-6所示。它实际包含两类系统行为的解释:用系统术语表述的宏观解释(Rep_2)及联系系统理论(ST)和组分理论(CT)的微观解释($Rep_1, Rep_2, Mm, Mc, ST\text{-}CT$),也就是说,从复杂系统描述或解释的角度,通道的能力测度最少应该包含宏观测度和微观测度两个层次。

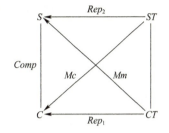

图4-6 系统描述的三维概念空间

根据系统描述的三维概念空间,参照单一运输方式的能力测度,本书提出包括宏观测度和微观测度两个层次的通道能力测度。不同的测度层次包含不同的能力测度指标,分别表述通道在时空维中不同的能力特性。

1)测度指标的选择

通道网络系统运输能力概念是单一运输方式能力概念的综合与延伸,也是各种运输方式或路径能力的叠加,其测度指标和测度方法应尽量与单一运输方式保持一致,以增加计算的方便性和可加性。同时,测度指标的选取还应充分考虑通道规划的可采用性。基于上述考虑,本书认为以单位时间内的客货运量作为通道的宏观能力测度指标较为合理,并采用年输送的客运量(万人/年)、货物吨数(万t/年)为测度单位;节点能力和路径的各路段(区间)能力作为微观指标,其计算单位分别为单位时间内的通过或处理量(人数/货物吨数)和单位时间内的通过量(人数/货物吨数)。通道能力测度指标如图4-7所示。

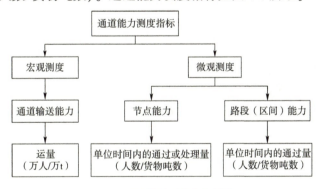

图4-7 通道能力测度指标体系

2)指标的测算

对于各指标的测算,应尽量表示为通式。

(1)节点能力

此处的节点主要指各类运输站场、收费站等,其能力由能够通过或处理的最大客货流决定,一般以单位小时内的通过或处理量(人数/货物吨数)表示,即:

$$Q = \frac{3600}{T} \tag{4-9}$$

式中：Q——节点能力(人数/货物吨数)；
T——单位物体(车/船/飞机/人/货物)通过节点的最小时间。

(2) 路段(区间)能力

路径的路段(区间)通过能力可以用单位时间内的物体(人数/货物吨数)通过量表示，可用运输速度与运送密度的乘积表示，即：

$$Q = K_j v_j \tag{4-10}$$

式中：Q——路径的路段(区间)能力[(人数/货物吨数)/h]；
K_j——最佳运输密度[(人数/货物吨数)/km]；
v_j——最佳运输速度(km/h)。

(3) 通道输送能力

通道的输送能力由各种运输方式或线路的能力叠加而成。对一条通道而言，它由众多的节点和路径组成，根据通道内的节点，可将通道分为众多的区段(主要是根据通道内路径数量和路径类别发生突变的点进行区段划分，目的是使区段内的所有路径均形成并联关系)，则通道的输送能力就是通道内最小的区段输送能力。可以对通道客运和货运输送能力分别进行计算。

对区段进行拆分后，区段内的各路径间是一种并联的关系，因此，区段的输送能力实际为区段内各路径输送能力的加和(航空的输送能力由机场或空港能力控制，不予考虑)，则通道的输送能力为：

$$Q = \min\{Q_1, Q_2, \cdots, Q_k\} = \min_{k=1,\cdots,m}\{Q_k\} \tag{4-11}$$

式中：Q——通道旅客输送能力(万人/年)/货物输送能力(万 t/年)；
m——通道内区段的数量；
Q_k——通道内区段 k 的旅客输送能力(万人/年)/货物输送能力(万 t/年)，见式(4-12)。

$$Q_k = \sum_{i=1}^{n} Q_{ki} \tag{4-12}$$

式中：n——区段 k 的路径数量；
Q_{ki}——区段 k 的路径 i 的旅客输送能力(万人/年)/货物输送能力(万 t/年)，它由某一路段或某一节点的最小通过能力限制。即：

$$Q_{ki} = \min\{Q_{ki1}, Q_{ki2}, \cdots, Q_{kin}\} = \min_{j=1,\cdots,p}\{Q_{kij}\} \tag{4-13}$$

式中：Q_{kij}——区段 k 的路径 i 第 j 路段(区间)的旅客输送能力(万人/年)/货物输送能力(万 t/年)；
p——路径 i 的路段(区间)数量。

4.3 区域综合运输通道客运需求分析方法及思路

现有客运需求预测方法来源于城市交通需求预测,一般为传统"四阶段"法。但"四阶段"法中的交通小区划分方法对于区域综合运输通道这样的广域空间来说,适用性仍待考究,且存在出行调查工作量大、成本高等缺陷。因此本书基于区域综合运输通道客运需求的空间、时间分布特征分析,在总结传统需求预测方法的基础上,提出一套适用于区域综合运输通道的需求分析方法,结合非集计模型的理论基础,构建了完整的通道客运需求预测思路。

4.3.1 客运需求特征

1) 静态特征——空间不均衡分布

从静态角度看,某一时期,不同综合运输通道,旅客运输需求总量呈现不平衡性,其基本特征是对于经济发达地区,其旅客运输需求较高,经济欠发达地区旅客运输需求较低。即客运需求分布与地域经济水平、人口分布、城市水平、运输网发达程度、信息化智能化开发水平等相关。由于社会和历史原因,我国各省、市、自治区人口和经济发展水平极不平衡,不同综合运输通道客运需求也极不平衡,如图4-8所示。

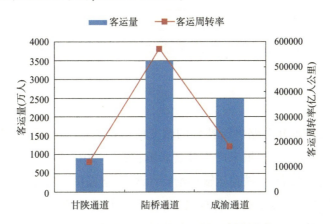

图 4-8　不同通道2007年客运量、客运周转量对比图

根据系统描述的三维概念空间,参照单一运输方式的能力测度,本书提出包括宏观测度和微观测度两个层次的通道能力测度。不同的测度层次包含不同的能力测度指标,分别表述通道在时空维中不同的能力特性。

如图4-8所示,由2007年甘陕通道、陆桥通道(郑州—西安段)、成渝通道客运量及客运周转量对比可知,鉴于陆桥运输通道所在区域经济水平、人口分布以及路网发展水平均较优于甘陕通道和成渝通道,因此其客运量与客运周转率均处于较高水平。随着内地经济的开发,东西部地区的优势互补,国家的经济扶助政策的实施,这种客运需求在地域分布上的不均衡性将逐渐得到缓和。

2）动态特征——时间波动分布

（1）长期需求周期波动特征

从很长一段历史时期看，由国民经济所具有的基础性和先导性决定，随着社会经济的发展，运输需求在相当长的时期内的变化存在着明显持续上升或下降的状态，称为趋势变化。

客运需求总量随社会经济的发展而上升，这是客运需求增长的基本趋势和特征。在经济发展的初期，经济发展水平低、人口增长快、人均收入水平低，人们的出行主要是劳动和工作出行以及必不可少的生活出行，因此客运需求较少，增长也慢；在经济发展迅速、生活水平高的阶段，人均收入水平大幅度提高，除了以谋生为目的的出行增长外，娱乐性的观光、度假、旅游也大幅度增加，客运需求迅速增长，1995—2010年16年间成渝通道客运量长期需求特征如图4-9所示。

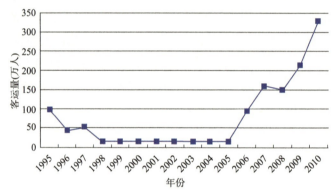

图4-9　1995—2010年成渝通道铁路客运量增长趋势图
注：数据来源于成都铁路局统计资料。

由图4-9可知，1995年公路供给特性的改变使得铁路运输客运量流失；2002年航空运输供给特性的改变对铁路客运量未产生显著影响；2006—2010年由于设施设备能力的提升和运输组织、市场行为的变化，铁路运输供给特性改变，运输供给对需求的适应性得到改善，被运输能力所约束的运输需求得以释放，铁路客运量大幅增长。2015年，国家发改委发布《关于成渝地区城际铁路建设规划（2015—2020年）的批复》，同意四川省、重庆市上报的《成渝城市群铁路规划》。该规划要求以成渝双核为中心，覆盖区域内常住人口50万人及以上城市和大部分常住人口20万人以上城市，实现双核间1h到达、核心城市与次级中心城市1h到达、城市群内所有次级中心间2h到达。2016年，国家发改委、交通运输部、中国铁路总公司共同印发《中长期铁路规划》，要求铁路连接20万人口以上城市，基本覆盖县级以上行政区，高速铁路连接主要城市群。同年国家发改委、住房和城乡建设部共同印发《成渝城市群发展规划》，提出加快建设兰渝铁路、成渝高速铁路，鼓励利用干线铁路富余能力开行城际列车；启动渝昆铁路前期工作，规划重庆至达州、达州至开县至万州等城际铁路。2021年，国家发改委、交通运输部联合印发《成渝地区双城经济圈综合交通运输发展规划》，提出要完善成渝"双核"辐射综合交通网络;立足"双核"特点,以轨道交通为骨干、公路网络为基础,构建都市圈通勤交通网,打造"轨道上的双城经济圈"。上述规划的提出与实施,进一步拓展了交通网络通达深度,完善了成渝双中心的综合交通枢纽体系,为成渝通道的发展注入了新的生机与活力,促进了成渝通道铁路客运量的新一轮大幅度增加。

(2)短期需求弹性波动特征

从某个特定年份看,某一通道,旅客运输需求变化随季节、节假日的变化存在明显的弹性波动。一年内由于节假日引起人员流动需求的不均衡,客运需求在时间上呈现弹性波动变化,即在每年的固定时间客运需求突然增高随即马上回落的特点。每年的春节前后、暑期前后、"五一劳动节""端午节""中秋节""国庆节"等节日基本上是全年运输高峰期,而且这种现象在每年内都会发生,可以把它叫作年度性变动,与此类似可以按季度、月份、星期、日来分,分别称作季度性变动、月度性变动、星期性变动和日性变动。

3)质量需求特征

旅客对运输的需求是随社会经济的发展而变化的。在我国经济发展水平还比较低时,人们对出行的要求比较低,对服务质量、设备设施、运输速度等方面的要求并不高。

根据对京沪通道内旅客调查显示(表4-4),最优先选择安全的旅客最多,占49%;最优先选择速度快的旅客占40%;最优先选择舒适、途中服务好的旅客占2%;最优先选择直达(反映方便性)的旅客占5%;最优先选择费用低的旅客占4%。可以看出,目前旅客出行最为关心的是安全性,再者是快速性、舒适性。与以前相比,经济性不再是主要考虑因素。随着人们生活水平的日益提高,客运市场已经由卖方市场变为买方市场,人们对出行的要求也越来越高,不仅要走得了,还要走得好。旅客在选择运输方式时,对其安全性、舒适性、方便性、快捷性和服务质量提出了更高的要求。

旅客出行关心因素统计结果　　　　表4-4

项目	最优先选择安全	最优先选择速度快	最优先选择舒适	最优先选择方便性	最优先选择费用低
比例(%)	49	40	2	5	4

4)方式需求个性化特征

在一定时期内,区域客运总需求如同一块蛋糕,对一种运输方式需求增多,对其他运输方式的需求必然相对减少。那么,不同运输方式能赢得多少需求份额,这是不同运输方式发展的市场基础。这一基础及变化,在不同运输方式的技术经济特征未发生实质性变化之前,取决于客运需求者的行为变化,具体体现在客运需求者对不同运输方式的选择行为上。而影响旅客运输方式选择的因素可以归纳为两类:一是出行者的外部环境,也就是各种运输方式的供给属性,包括可达性、运输速度、方便性、舒适性、安全性等;二是旅客本身的需求属性,包括出行目的、收入水平、方式偏好和出行时间价值等。本节主要从旅客本身的角度研究方式需求个性化特征,具体如下:

(1) 出行目的对旅客运输方式选择的影响

人们出行有着各种各样的目的，出行目的不同，必然会对出行方式的选择产生不同的影响。出行目的大体可归类为：出差、旅游、探亲、务工、求学及其他。从表4-5中可以直观地看出出行目的对旅客运输方式选择的影响，因公出差的旅客倾向于选择更加快速、成本较高的运输方式，而以旅游、探亲访友等为出行目的的旅客倾向于选择成本较低的出行方式。当然，出行目的本身不能孤立地对方式选择发生作用，而是与其他因素综合作用于方式选择的全过程。

不同出行目的的交通方式选择倾向(%)　　　　　　　　　　　　　　　表4-5

运输方式	出行目的							
	因公出差	个人经商	旅游	探亲访友	就医疗养	外出求学	外出打工	其他
铁路	37.3	49.3	68.4	58.3	70.5	76	78.7	65.3
公路	17.9	28.3	12.3	31.2	20.5	11	17.2	21.5
航空	44.8	22.4	19.3	10.5	9	13	4.1	13.2
合计	100	100	100	100	100	100	100	100

(2) 出行距离对旅客运输方式选择的影响

各种运输方式各有其优势运距，因此出行距离对旅客的方式选择有着较大的影响。从表4-6可以看出，通过旅客调查得到的数据显示我国目前公路的优势竞争范围为出行距离在200km以内，但200km内也有46.4%的旅客选择铁路，随着出行距离的增大，旅客越来越倾向于选择铁路，运距达到800km时，选择铁路的旅客比例甚至超过70%。航空运输由于经济性较差，故只有当出行距离超过1100km时选择比例才有显著提高；但随着经济发展，现如今旅客对航空的偏好随着出行距离增长越发强烈，未来会有较大上升空间。京沪通道地面距离1300km，属于中长途运输，处于铁路和航空的适宜运距之内。

不同出行距离的交通方式选择倾向(%)　　　　　　　　　　　　　　　表4-6

运输方式	出行距离(km)					
	≤200	200~300	300~500	500~700	700~1100	≥1100
铁路	46.4	52.8	53.5	61.7	74.6	76.7
公路	53.6	47.2	46.1	38.0	18.5	0.3
航空	0	0	0.4	0.3	6.9	23.0
合计	100	100	100	100	100	100

(3) 收入水平对旅客运输方式选择的影响

收入水平是客运方式选择最重要的一个影响因素，或者说是限制因素（表4-7）。旅客的交通方式选择严格地受收入预算约束的限制，收入水平直接影响旅客对交通运输方式费用方面的要求。如京沪通道旅客调查数据显示，航空旅客、普速铁路、高速铁路和公路旅客的月收入分布水平明显不同,航空旅客和高速铁路旅客收入水平明显高于普速铁路旅客和公路旅客的收入水平。而普速铁路旅客和公路旅客的月收入水平基本类似,主要集中在3000元以下的区段上,说明普速铁路旅客和公路旅客的收入水平以中等偏下为主。随着我国居民可支配收入的提高,选择航空、高速铁路的旅客比例会有很大的上升潜力。

不同月收入水平的交通方式选择倾向(%)　　　　表4-7

运输方式	收入档次(元)					
	<1000	1000~2000	2000~3000	3000~4000	4000~5000	>5000
普速铁路	63.1	58.1	48.6	40.8	34.5	24.7
高速铁路	6.5	7.1	14.3	21.1	24.7	31.5
公路	25.6	27.9	23.5	17.3	15.6	10.9
航空	4.8	6.9	13.6	20.8	25.2	32.9
合计	100	100	100	100	100	100

(4)时间价值对旅客运输方式选择的影响

时间价值一般是指旅客为节约单位出行时间所愿意支付的运输费用。从更广义的角度来看,如果出行时间的节约能为旅客带来货币形式或非货币形式的收益,当这种收益不仅能够弥补所选较快方式与较慢方式之间的费用之差而且有剩余时,就是出行时间价值的具体体现。旅客的时间价值与其收入水平成正比,而且与出行目的密切相关。出行时间价值因人而异、因事而异、因不同地区而异、因不同时期而异。与收入一样,也是出行方式选择中的一个重要的限定条件。世界银行对不同收入水平下旅客时间价值分布情况的研究表明:在一定的收入水平下,低速运输方式吸引那些时间价值比较低的旅客,而高速运输方式吸引那些时间价值比较高的旅客。因此,不同运输方式的旅客,其时间价值的取向也不同。

不同类型、不同时期客运需求者对运输需求皆有不同,如因公出差的旅客较少考虑运价而更重视时间效率,学生与外出务工人员则大多会以费用较低的运输方式或工具为首选。在具体问题中,旅客选择何种运输方式,具体要看不同运输方式对旅客而言其所具有的"效用"值的大小。随着生活水平的不断提高,客运需求者对客运需求个性化要求将会越来越高。

总之,对综合运输通道需求静态特征——空间不均匀分布的分析表明,在进行运力或者运能配置的过程中,对综合运输通道上客货运需求较大或者潜能较大的地区(即经济相对发达,资源相对丰富的地区),应加大交通运输基础设施的建设,以便加强运力与运能的配置,满足较大的客货运需求。由综合运输需求动态特征——时间不均匀分布的分析可得,面对随时间轴波动的运输需求,相应的综合运输供给需要有一定的弹性能力或者运输储备能力。例如在春运、长假等期间应制定特别的策略,以满足春运、长假等期间的"超峰值"需求;对综合运输需求质量特征的解析则说明,要认识到客运需求有速度、价值等不同层级的区分,且客运需求越来越倾向于舒适性和速度性,不同层级的运输需求需要有不同层级的运输供给与之相匹配,而不仅仅是一个总量的问题;最后,对方式需求个性化特征的研究可知,随着生活水平的不断提高,客运需求者对客运需求个性化要求将会越来越高,应采取相应的措施满足其个性化、多样化的需求。

4.3.2 客运需求预测理论

1) 传统交通需求预测方法

在国民经济发展水平较低阶段,交通规划的重要性尚未凸显,此时交通需求预测技术主要针对某种单一的交通方式,由于交通供给处于紧缺型状态,此阶段主要开展的是运量和交通量预测,预测的主要方法包括趋势外推法、机理分析法、类比法等。各方法的技术思路与优缺点见表4-8。

传统交通运量预测技术简介 表4-8

项目	趋势外推法	机理分析法	类比法
预测思路	基于事物发展在时间序列上的连续性特征,对于预测对象与时间的关系进行描述,以历史状态估计未来运输状态和运量需求	基于因果关系的机理分析方法从系统分析角度入手,研究影响运量或需求的影响因素和作用机理,通过建立自变量(影响因素)和因变量(运量、交通需求)之间的关系,获得规划年对象的状态或运量需求	基于同类别事物发展历程的共性特征,根据发达地区、城市的既有经验预测研究对象的状态与运量
常见方法	移动平均法、自回归法、平滑法、灰色预测法、神经网络法等	弹性系数法、回归分析法、生成率法、增长率法、类别分析法等	类比法
优点	数据需求较小,在社会经济发展较为平稳且交通系统结构趋于稳定的状态下,可以获得较为满意的预测精度,实际应用中多用于短期运量或需求的预测	揭示了需求与影响因素之间的关系,将小系统发展趋势的高不确定性转移给大系统发展的低不确定性。在合理的模型结构中对于运量预测有较高的精度	能够解释新模式、路径投入运营后运量的变化。对于需求发展的大趋势的复杂性有一定的反映
缺点	缺乏系统自身特点的分析,使得方法的适应性较低。对于快速发展对象的中远期预测效果不佳。无法估计新模式、路径投入运营后运量的变化	预测精度对于模型结构依赖性较强,模型需要大量数据的标定测算。对于需求产生原因分析不足	城市发展所需的理想类比对象极少,取部分特征类比的效果有限

在实际应用过程中为提高预测精度,往往构建组合预测模型以弥补单一方式的预测缺陷。由于传统预测的出发点在于需求与供给的匹配产物——运量、交通量,对于居民出行需求的本质结构——出行需求的探讨和研究不足,对于系统自身结构变化带来的影响难以预测分析。

2)交通规划理论中的四阶段法

伴随城市的快速扩张和交通问题的凸显,以美国在1962年发表的《芝加哥地区交通运输研究》为标志,交通规划理论诞生。二十世纪六七十年代,交通规划理论在欧美等发达国家得到了长足的发展、实践和完善。交通规划理论以居民出行需求预测理论——"四阶段法"为核心在城市交通层面上对交通需求分析理论进行了重大的变革。

四阶段法模拟城市居民出行的全过程,从交通发生与吸引(Generation,G)、交通分布(Distribution,D)、方式选择(Mode Split,MS)与交通分配(Assignment,A)四个阶段对城市居民出行进行分析和预测(图4-10)。该方法从居民出行形成的各个环节上分析其影响因素与机理,有较好的解释能力与预测精度,同时对于交通系统中新模式、新路径的运营影响有较好的分析能力。

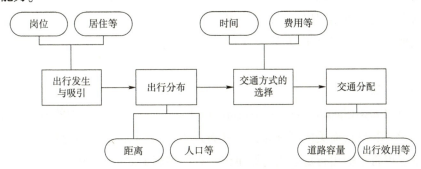

图4-10 四阶段法流程与主要影响因素示意图

交通规划中的四阶段法需求预测技术是"数据+模型"的预测理论体系,其效能的发挥高度依赖于通过居民出行调查、机动车调查等获得的反映居民出行特征的数据的容量与可靠性,同时对于系统的海量数据处理一般需要借助大规模运算设备(计算机)。从交通规划多年发展的经验来看,一套行之有效的四阶段法预测体系的基本运行条件是,具有能够反映居民出行特点的数据库以及适合当前城市的出行预测模型体系。

(1)交通的发生与吸引

发生与吸引交通量的预测是交通需求预测四阶段法预测中的第一阶段,是交通需求分析工作中的基本部分之一。在本阶段的任务是求出对象地区的交通需求总量,即交通生成量(Trip Production)。然后,在此量的约束下,求出各个交通小区的发生与吸引交通量。

交通生成量是对象区域交通的总量,它通常作为总控制量,用来预测和校核各个交通小区的发生交通量(Trip Generation)与吸引交通量(Trip Attraction)。而出行的发生与吸引是指研究区域内各交通小区的交通发生与吸引量,它们与土地利用和设施有着密切的关系。发生与吸引交通量预测精度的高低将直接影响以后阶段乃至整个预测过程的精度,因此精确地预测出行发生与吸引交通量,对交通规划工作十分重要。

图4-11 表示了交通小区i的发生交通量和交通小区j的吸引交通量。O_i表示小区i的发生交通量(小区i到各小区的交通量之和),D_j表示小区j的吸引交通量(各小区到小区j

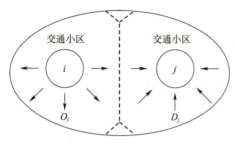

图 4-11 交通小区的发生与吸引交通量示意图

的交通量之和)。相反,小区 i 的吸引交通量和小区 j 的发生交通量依次类推。

交通生成量的预测方法主要有原单位法、聚类分析法和个人分类法。除此之外还有利用研究地区过去的交通量或经济指标的趋势法和回归分析等方法。

①原单位法

原单位的求解方法通常有两种,一是用常住人口或就业人口每人平均的交通生成量来进行推算的个人原单位法,另一种是以不同用途的土地面积或单位办公面积平均发生的交通量来预测的面积原单位法。不同方法选取的原单位指标不同,主要有:

a. 根据人口属性以不同出行目的单位出行次数为原单位进行预测。

b. 以土地利用或经济指标为基准,即以单位用地面积或单位经济指标为原单位进行预测。

②聚类分析法

聚类分析(Cross-Classification or Category Analysis)是交通生成预测的另一个可选用的模型,英国称为类型分析,而美国则称为交叉分类方法,它突出以家庭作为基本单元,用将来的出行发生率求得将来的出行量。它与原单位法有很多相似之处,但又存在很大不同。

20 世纪 70 年代后,交通生成量的预测产生了从应用交通分区统计资料的回归分析到个体(非集计)资料的聚类分析的发展趋势。美国普吉湾(Pugdsound)区域的交通调查中首先采用了聚类分析,是一个基于土地利用的交通生成模型。基本思想是把家庭按类型分类,从而求得不同类型家庭的平均出行率。该研究认为小汽车拥有量、家庭规模和家庭收入是决定出行发生的三个主要影响因素。因此,根据这些变量把家庭横向分类,并且由家庭访问调查资料计算每一类的平均出行发生率,预测时以将来同类型家庭的预测值乘以相应的出行串。

聚类分析法必须服从的假定:一定时期内出行率是稳定的,家庭规模的变化很小,收入与车辆拥有量总是增长的,每种类型内的家庭数量可由该类家庭的收入支出、车辆拥有量和家庭结构等资料所导出的数学分布方法来估计。

构造聚类分析模型的步骤:

a. 有关家庭的横向分类。澳大利亚根据其中西部的交通调查,规定按家庭大小、家庭收入各分为 6 类,按家庭拥有小汽车数量分为 3 类。上海则曾以住宅类型、家庭人口及自行车拥有量作为分类项目研究出行交通模型。

b. 每个家庭定位到横向类别。对家庭访问调查资料进行分类,把每个家庭归入其所属类别。

c. 对每一类家庭计算其平均出行率。用调查的每类家庭出行发生量除以每类家庭的总数,可分别得出每类家庭的平均出行率。

d. 计算各分区的出行发生量。用分区中每类家庭的个数乘以该类家庭的出行发生率,并将分区中所有类别家庭的出行量进行加和,可得到出行总量。

$$\hat{P}_i = \sum_{c=1}^{n} \overline{Q}_c N_{ci} \tag{4-14}$$

式中:$\hat{P}_i$——i 区交通生成量;

$\overline{Q}_c$——c 类家庭的平均出行率;

N_{ci}——i 区内的 c 类家庭数;

n——家庭分类数。

③个人分类法

个人分类法是对基于家庭的分类模型的一种替代方法。如果令 t_j 表示出行率,即在某一段时间内 j 类人中平均每人的出行次数;T_i 表示 i 小区各类居民的总出行数;N_i 为 i 小区的居民总数;a_{ji} 为 i 小区的 j 类居民的百分率。可得到 i 地区的出行发生量为:

$$T_i = N_i \sum_j a_{ji} t_j \tag{4-15}$$

与交通生成量的预测方法类似,发生与吸引交通量的预测方法分为原单位法、增长率法和函数法。

①原单位法

利用原单位法预测发生与吸引交通量时,首先需要分别计算发生原单位和吸引原单位,然后根据发生原单位和吸引原单位与人口、面积等属性的乘积预测得到发生与吸引交通量的值,分别可用下式表示。

$$O_i = bx_i \tag{4-16}$$

$$D_j = cx_i \tag{4-17}$$

式中:i、j——交通小区;

x——常住人口、白天人口、从业人口、土地利用类别、面积等属性变量;

b——某出行目的的单位出行发生次数[次/(日·人)];

c——某出行目的的单位出行吸引次数[次/(日·人)];

O_i——小区 i 的发生交通量;

D_j——小区 j 的吸引交通量。

②增长率法

增长率法考虑了原单位随时间变动的情况,它是用其他指标的增长率乘以原单位求出发生与吸引交通量的方法。

$$O_i^N = F_i \cdot O_i \tag{4-18}$$

式中:F_i——发生与吸引交通量的增长率,其计算公式见式(4-19)。

$$F_i = \alpha_i \cdot \beta_i \tag{4-19}$$

$$\alpha_i = \frac{\text{目标年度小区 } i \text{ 的预测人口}}{\text{基准年度小区 } i \text{ 的人口}} \quad (4\text{-}20)$$

$$\beta_i = \frac{\text{目标年度小区 } i \text{ 的预测人均交通工具(机动车)拥有量}}{\text{基准年度小区 } i \text{ 的人均交通工具(机动车)拥有量}} \quad (4\text{-}21)$$

式中：α_i——人口增长率；

β_i——人均拥有交通工具(车辆数)的增长率。

③函数法

函数法是利用函数式预测将来不同出行目的的原单位的方法,是发生与吸引交通量预测中最常用的方法之一。函数法中人们多采用多元回归分析法,所以有时被直接称为多元回归分析法,其模型如下：

$$O_i^p = b_0^p + b_1^p x_{1i}^p + b_2^p x_{2i}^p + \cdots \quad (4\text{-}22)$$

$$D_j^p = c_0^p + c_1^p x_{1j}^p + c_2^p x_{2j}^p + \cdots \quad (4\text{-}23)$$

式中：b、c——分别为回归系数；

p——出行目的；

x——自变量,常取变量有交通小区内的平均收入、平均汽车保有量、家庭数、人口、就业人数、土地利用面积等。

(2)交通分布

交通分布预测是交通规划四阶段预测的第二阶段,是把交通的发生与吸引量预测获得的各小区的出行量转换成小区之间的空间 OD 量,即 OD 矩阵。

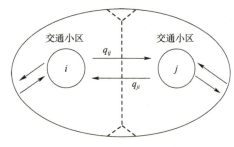

图 4-12　交通分布示意图

图 4-12 表示了交通小区 i 和交通小区 j 之间交通分布的示意图。q_{ij} 表示由交通小区 i 到交通小区 j 的交通量,即分布交通量。同样,q_{ji} 则表示交通小区 j 到交通小区 i 的交通量。

交通分布中最基本的概念之一是 OD 表,O 表示出发地,D 表示目的地。交通分布通常用一个二维矩阵表示。一个小区数为 n 的区域的 OD 表,一般表示成如表 4-9 所示形式。表中,q_{ij} 为以小区 i 为起点、小区 j 为终点的交通量,O_i 为小区 i 的发生交通量,D_j 为小区 j 的吸引交通量,T 为研究对象区域的生成交通量。

交通小区 i、j OD 表　　　　　表 4-9

O \ D	1	2	…	j	…	n	发生量
1	q_{11}	q_{12}	…	q_{1j}	…	q_{1n}	Q_1
2	q_{21}	q_{22}	…	q_{2j}	…	q_{2n}	Q_2
⋮	⋮	⋮	⋱	⋮	⋱	⋮	⋮
i	q_{i1}	q_{i2}	…	q_{ij}	…	q_{in}	Q_i

续上表

O\D	1	2	...	j	...	n	发生量
⋮	⋮	⋮	⋱	⋮	⋱	⋮	⋮
n	q_{n1}	q_{n2}	...	q_{nj}	...	q_{nn}	Q_n
吸引量	D_1	D_2	...	D_j	...	D_n	T

分布交通量的预测方法一般可以分为两类,一类是增长系数法,一类是综合法。增长系数法假定将来 OD 交通量的分布形式和现有的 OD 表的分布形式相同,在此假定的基础上预测对象区域目标年的 OD 交通量,常用的方法包括增长系数法、平均增长系数法、底特律(Detroit)法、福莱特(Fratar)法、佛尼斯(Furness)法等;综合法从分布交通量的实际分析中,剖析 OD 交通量的分布规律,并将此规律用数学模型表现,然后用实测数据标定模型参数,最后用标定的模型预测分布交通量,其方法包括重力模型法、介入机会模型法、最大熵模型法等。

①增长系数法

在分布交通量预测中,增长系数法的原理是,假设在现状分布交通量给定的情况下,预测将来的分布交通量。

增长系数法的算法步骤如下:

a. 令计算次数 $m=0$。

b. 给定现状 OD 表中第 m 次的小区 i 至小区 j 的交通量 q_{ij}^m、小区 i 的发生交通量 O_i^m、小区 j 的吸引交通量 D_j^m、研究对象区域的生成交通量 T^m 及将来 OD 表中的发生交通量 U_i、吸引交通量 V_j、生成交通量 X。

c. 求出各小区的发生与吸引交通量的增长率 $F_{O_i}^m$、$F_{D_j}^m$。

$$F_{O_i}^m = \frac{U_i}{O_i^m} \tag{4-24}$$

$$F_{D_j}^m = \frac{V_j}{D_j^m} \tag{4-25}$$

d. 求第 $m+1$ 次分布交通量的近似值 q_{ij}^{m+1}。

e. 收敛判别。

$$O_i^{m+1} = \sum_i q_{ij}^{m+1} \tag{4-26}$$

$$D_j^{m+1} = \sum_j q_{ij}^{m+1} \tag{4-27}$$

$$1-\varepsilon < F_{O_i}^{m+1} = \frac{U_i}{O_i^{m+1}} < 1+\varepsilon \tag{4-28}$$

$$1-\varepsilon < F_{D_j}^{m+1} = \frac{V_j}{D_j^{m+1}} < 1+\varepsilon \tag{4-29}$$

上述式中：U_i——将来 OD 表中的发生交通量；

V_j——将来 OD 表中的吸引交通量；

$F_{O_i}^m$——i 小区的第 m 次计算发生增长系数；

$F_{D_j}^m$——j 小区的第 m 次计算吸引增长系数；

ε——任意约定的误差常数。

若满足要求，则停止迭代；否则，另 $m = m + 1$，返回步骤 b 继续迭代。

②重力模型

重力模型法是一种最常用的方法，它根据牛顿的万有引力定律，即两物体间的引力与两物体的质量之积成正比、与它们之间距离的平方成反比类推而成。

重力模型法出行分布预测考虑了两个交通小区的吸引强度和它们之间的阻力，认为两个交通小区的出行分布与两个交通小区的出行发生量与吸引量成正比，与交通小区之间的交通阻抗成反比。

Casey 在 1955 年提出了如下重力模型，该模型也是最早出现的重力模型：

$$q_{ij} = a \frac{P_i P_j}{d_{ij}^2} \tag{4-30}$$

式中：P_i、P_j——分别表示 i 小区和 j 小区的人口；

d_{ij}——i、j 小区之间的距离；

a——系数。

此模型为无约束重力模型，模型本身不满足交通守恒约束条件：

$$\sum_i q_{ij} = aP_i \sum_j P_j d_{ij}^{-2} = O_i \tag{4-31}$$

$$\sum_i q_{ij} = aP_j \sum_i P_i d_{ij}^{-2} = D_j \tag{4-32}$$

根据交通守恒约束条件可演变出单约束重力模型和双约束重力模型。

(3)交通方式划分

在人们的日常生活中，一般通过各种交通方式的组合来完成一天的工作和生活。因此各种交通方式之间有着很强的相互关系，离开了对这种关系的讨论，交通规划就难于成立。所谓交通方式划分（Modal Split）就是出行者选择各种交通方式的比例，它以居民出行调查的数据为基础，研究人们出行时对交通方式的选择行为，建立模型从而预测当基础设施或服务等条件发生变化时，交通方式间交通需求的变化。以往的道路交通规划多采用除交通方式划分以外的三阶段法。然而，现代交通网络是一种立体化、多种交通方式共存的综合性网络，因此交通方式划分已经成为主要组成部分之一。

图 4-13 所示为具有铁路和道路两种交通方式时铁路和汽车的交通方式划分示意图。图中，q_{ij}^{RAIL} 为交通小区 i 和交通小区 j 之间铁路的划分交通量，q_{ij}^{CAR} 为交通小

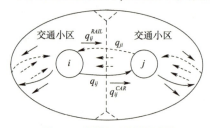

图 4-13　交通方式划分示意图

区 i 和交通小区 j 之间汽车的划分交通量,它们之间满足 $q_{ij} = q_{ij}^{CAR} + q_{ij}^{RAIL}$。

交通方式划分模型的建模思路有两种:其一是在假设历史的变化情况将继续延续下去的前提下,研究交通需求的变化;其二是从城市规划的角度,为实现所期望的交通方式划分,如何改扩建各种交通设施引导人们的出行,以及如何制定各种交通管理规则等。

交通方式划分模型根据对象地区或交通可分为全域模型、出行端点模型、TI 模型和路径模型四大类,下文主要介绍前两种模型。

①全域模型

全域模型考虑规划对象区域整体的交通方式划分情况,常用于宏观交通规划。由于涉及全地区的划分率预测,故其影响因素是与全地区有关的城市规模、人口、土地使用状况、小汽车拥有率、公共交通及道路建设水平等指标。

②出行端点模型

出行端点模型利用对象区域内交通小区的固有性质说明其划分率,因此便于从交通的角度研究各交通小区的土地使用。此时划分率可从发生端或吸引端考虑,而多数属于发生端出行端点模型。此外,此模型的划分率不唯一给定,而是按出行端点(家庭和非家庭)、交通目的(出勤、上学、业务等)、交通方向(流向市中心的交通及其他)、土地开发强度(市中心及其他地区)等进行分类,再用聚类分析法详细预测。有时也使用衡量出行方便性的可达性指标模型。小区 i 的可达性指标用下式表示:

$$A_i = \sum_i^n \frac{D_j}{d_{ij}^\gamma} \tag{4-33}$$

式中:A_i——小区 i 的可达性;

D_j——小区 j 的出行吸引量;

d_{ij}——交通小区 i、j 之间的通勤时间;

n——小区数;

γ——系数。

(4)交通分配

城市交通网络上形成的交通流量分布是两种机制相互作用直至平衡的结果。一种机制是,系统用户即各种车辆试图通过在网络上选择最佳行驶路线来达到自身出行费用最小的目标;另一种机制是,路网提供给用户的服务水平与系统被使用的情况密切相关,道路上的车流量越大,用户遇到的阻力即对应的交通阻抗越高。两种机制的交互作用使人们不易找到出行的最佳行驶路线和最终形成的流量分布结果。用一定的模型来描述这两种机制及其相互作用,并求解网络中的交通流量在平衡状态下的合理分布,即交通分配。

如图 4-14 所示,交通分配就是将预测得出的交通小区 i 和交通小区 j 之间的分布(或 OD)交通量 q_{ij},根据已知的道路网描述,按照一定的规则符合实际地分配到路网中的各条道路上去,进而求出路网中各路段 i 的交通流量 x_i。一般道路网中,两点之间有很多条道路,如

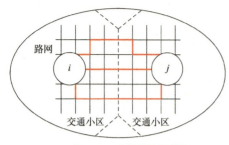

图 4-14　交通分配示意图

何将 OD 交通量正确合理地分配到 O 与 D 之间的各条道路上即是交通分配要解决的问题。

交通分配方法分为平衡分配和非平衡分配两大类。非平衡分配方法按其分配方式可分为变化路阻和固定路阻两类,按分配形态可分为单路径与多路径两类。

全有全无分配法(All-or-Nothing Assignment Method,简称 0-1 分配法)是最简单的分配方法,该方法不考虑路网的拥挤效果,取路阻为常数,即假设车辆的路段行驶速度、交叉口延误不受路段、交叉口交通负荷的影响。每一个 OD 点对的 OD 交通量被全部分配在连接 OD 点对的最短路径上,其他路径上不分配交通量。

全有全无分配法算法思想和计算步骤如下:

①算法思想

将 OD 交通量加载到路网的最短路径树上,从而得到路网中各路段流量。

②计算步骤

a. 初始化,使路网中所有路段的流量为 0,并求出各路段自由流状态时的阻抗。

b. 计算路网中每个出发地 O 到每个目的地 D 的最短路径。

c. 将 O、D 间的 OD 交通量全部分配到相应的最短路径上。

由于全有全无分配法不能反映拥挤效果,主要是用于某些非拥挤路网以及没有通行能力限制的网络的情况。因此,在城际之间道路通行能力不受限制的地区可以采用全有全无分配法,而一般城市道路网的交通分配不宜采用该方法。在实际中由于其简单实用的特性,一般作为其他各种分配技术的基础,在增量分配法和平衡分配法等方法中反复使用。

(5) 四阶段法总结

由于各阶段的相对独立和分割,经典的四阶段法在使用过程中表现出信息量需求巨大、预测工作量大,成本高昂,推广困难等问题。为合理控制预测精度和实施成本,交通规划研究人员基于不同研究目标的侧重点不同,对传统四阶段法进行了一定的调整和合并,即三阶段法和两阶段法。Muerhland(1966)、Tomlin(1967)等学者首先对此进行了尝试,Evans(1976)提出了交通分布与交通分配的组合模型,黄海军(1992)等人则对 Evans 的算法进行了优化改进。一般认为,四阶段法改进的需求预测组合模型主要有以下 4 类,见表 4-10。

交通需求预测组合模型的应用　　　　　　　　　　　　表 4-10

组合模型类型	模型特点	主要应用对象
G、MS、(D+A)	减小预测工作量,减小误差的传递和扩大,可提高预测精度和效率	适用于车种比较单一的交通网络,经改进后也应用于具有混合交通特点的我国城市交通网络
(G、D、MS)+A	预测速度快,模型标定所需数据量较小,总量不易控制	多用于交通运输通道总量需求的快速预测

续上表

组合模型类型	模 型 特 点	主要应用对象
G、D、(MS + A)	能够有效反映流量与各种服务水平间的关系,预测效果较好	适用于城市客运交通需求预测和公交线网规划
G + (D、MS、A)	需要采用数学规划模型多次迭代求解	仅用于交通需求预测理论研究

20世纪80年代末,伴随着微型计算机的应用和普及,以TransCAD为代表的规划软件逐渐应用到交通规划领域,规划软件的大量应用降低了城市交通规划的开展难度,缩短了实施周期,加快了调查数据处理速度与城市模型库的建立。因此,许多学者认为,现代交通规划软件的出现和大规模应用是现代交通规划区别于传统交通规划的标志。

3)非集计模型理论

(1)个体选择理论

非集计模型属于个体选择行为模型,其理论基础主要来自两个相关领域:一是经济学中的消费者行为,二是心理学中的选择行为,目前一般常用的是由消费者行为导出的理论。消费者个体选择模型的基本假设为随机效用及效用最大化原则,随机效用理论假设所有的选择方案对消费者皆有一定的效用,当消费者面对多种选择方案时,依照效用最大化的原则进行选择。例如,当个人 t 面对 j_t 种选择方案时,选择方案 i,即:

$$U_{it} > U_{jt} \quad (i,j \in A_t, j \neq i) \tag{4-34}$$

式中:U_{it}——选择方案 i 所能带给个人 t 的效用;

U_{jt}——选择方案 j 所能带给个人 t 的效用;

A_t——个人 t 所能选择的选择方案的集合,$A_t = 1,2,\cdots,j_t$。

效用函数可用两种变量来加以表示:

$$U_{it} = \varepsilon(Z_{it}, S_t) \tag{4-35}$$

式中:Z_{it}——选择方案 i 对个人 t 的属性向量;

S_t——个人 t 的社会经济特性。

一般假定效用函数 U 为随机变量,因为效用函数中经常存在一些不可量化的部分,所以随机效用函数 U 包含可量测的系统项 $V(Z_{it}, S_t)$ 与不可量测的随机项 $\varepsilon(Z_{it}, S_t)$,即:

$$U_{it} = V(Z_{it}, S_t) + \varepsilon(Z_{it}, S_t) \tag{4-36}$$

为方便起见,一般都假定效用函数为线性函数,因此上式可改写成:

$$U_{it} = \beta_t X'_{it} + \varepsilon_{it} \tag{4-37}$$

式中:X'_{it}——可量测变量的向量;

β_t——可量测变量的参数向量;

ε_{it}——随机项。

若将 β_t 表示为平均值 β 与离差 δ 的和代入上式,则可得到下式:

$$U_{it} = \beta X'_{it} + \delta_t X'_{it} + \varepsilon_{it} \tag{4-38}$$

其中,平均效用为 $V = \beta_t X'_{it}$,而无法观测的随机效用为 $\varepsilon(Z_{it}, S_t) = \delta_t X'_{it} + \varepsilon_{it}$,若对随机

项 $\varepsilon_t=(\varepsilon_{1t},\varepsilon_{2t},\varepsilon_{3t},\cdots,\varepsilon_{jt})$ 的分布分别做不同的假设,则可导出不同的个体选择模型。当随机项 ε_t 服从多维正态分布时,导出 Probit 模型;当随机项 ε_{it} 服从二重指数分布时,导出 Logit 模型。Logit 模型由于在计算上较为方便且比其他模型具有更好的预测能力,因此广为交通规划者所运用,本书将主要对 Logit 模型进行讨论和研究。

(2)多项 Logit(Multinominal Logit,MNL)模型

Logit 模型除了遵从随机效用理论和效用最大化原则这两个基本假设以外,还假定效用函数的随机项 ε_t 彼此独立且服从相同的分布,即具有独立同分布(Independent and Identical Distribution,IID)特性。

由效用最大化原则,如果选择方案 i 能带给个人最大的效用,则个人 t 将选择 i,其公式如下:

$$P(i|A_t)=prob\ (U_{it}>U_{jt},j\neq i\in A_t) \tag{4-39}$$

将 $U_{it}=V(Z_{it},S_t)+\varepsilon(Z_{it},S_t)$ 代入上式,为简单起见,将 $V(Z_{it},S_t)$ 写成 V_{it},将 $\varepsilon(Z_{it},S_t)$ 写成 ε_{it},则可得:

$$P_{it}=prob(V_{it}+\varepsilon_{it}>V_{jt}+\varepsilon_{jt},j\neq i\in A_t)=prob(\varepsilon_{jt}<V_{it}-V_{jt}+\varepsilon_{it},j\neq i\in A_t) \tag{4-40}$$

式中:P_{it}——个人 t 选择方案 i 的概率。

对上式进行微分推导,可得:

$$P_{it}=\frac{e^{Y_{it}}}{\sum_{j\in A_j}e^{Y_{jt}}} \tag{4-41}$$

上式即为标准的 MNL 模型,若只有两种选择方案时,则称为二项 Logit(Binary Logit)模型。

估计 Logit 模型参数 β 的方法很多,如线性最小平方法、非线性最小平方法、极大似然估计法(Maximum Likelihood Method)等,但使用最广的是极大似然估计法,目前 SPSS、STATA 等专业统计软件,巢式 Logit、Alogit、Biogeme 等 Logit 模型专用参数标定软件以及 TransCAD 等交通规划软件都可进行 Logit 模型的参数估计。

MNL 模型具有非相关选择方案相互独立(Independence of Irrelevant Alternatives,IIA)特性,由式(4-41)可导出式(4-42):

$$\frac{P_{it}}{P_{kt}}=\frac{e^{Y_{it}}}{e^{Y_{kt}}} \tag{4-42}$$

由此式可以看出,两个选择方案的选择概率的比值仅受到两方案的效用或属性的影响,不因其他方案而改变。IIA 特性的存在也给 MNL 模型的应用带来了优点,如当选择方案很多时,理论上只要随机选择其中几个选择方案来建立模型,预测结果与考虑全部选择方案所获得的预测结果相同。但 IIA 特性也存在不足,如要求假设各选择方案间必须完全独立,但事实上并不可能,所以如何决定"不同的选择方案"成为难题("红蓝巴士问题"可说明此难题)。经过研究,一般采用市场细分法(Market Segmentation)解决方案间非彼此独立的问题,但对于 IIA 特性,更好的解决方法是使用巢式 Logit 模型。

(3)巢式 Logit(Nested Logit,NL)模型

由于 MNL 模型在模型参数估计上所具有的便利性,因此被广泛应用于各种领域的个体选择研究中。MNL 模型最大的应用限制在于其假设方案间具有 IIA 特性,亦即所有方案间彼此相互独立或相关程度皆相同,这种假设很难应用于现实环境中,例如著名的"红蓝巴士问题":当备选方案实际上并非完全相互独立,此时假设其相互独立会使得模型预测结果出现偏误。为解决 MNL 模型的 IIA 问题,许多改进模型应运而生,包括巢式 NL 模型、Mixed Logit 模型、PCL(Pair Combinatorial Logit)模型等,其中应用较广、比较具有代表性的便是 NL 模型。

NL 模型将具有相关性的备选方案置于同一独立的巢层(Nest)中,利用包容值(Inclusive Value)计算这些方案之间的相关性,同时计算效用函数,由此表示巢内备选方案间的相似程度,或用以解释巢层内各备选方案的预期最大效用(Expected Maximum Utility)指标,再与其他独立的备选方案构建模型,以达到各方案间相互独立的效果,让模型的预测结果更为准确。

假设 NL 模型中有 m 个巢,替选方案 i 在巢 m 内被选择的概率可表示为 P_i,则:

$$P_i = P_m \times P_{i/m} = \frac{e^{\theta_m \Gamma_m}}{\sum_{k=1}^{m} e^{\theta_k \Gamma_k}} \times \frac{e^{V_i}}{\sum_{j \in N_m} e^{V_j}} \qquad (4\text{-}43)$$

$$\Gamma_m = \ln \sum_{j \in N_m} e^{V_j} \qquad (4\text{-}44)$$

式中:P_m——巢 m 被选到的概率;

$P_{i/m}$——在巢 m 内选择 i 的条件概率;

Γ_m——巢 m 的包容值变量。

McFadden 通过 GEV 模型(Generalized Extreme Value Model)对式(4-43)、式(4-44)进行了修正,如式(4-45)、式(4-46)所示,两者的区别仅在于条件概率 $P_{i/m}$ 与包容值 Γ_m 是否经尺度的修正。

$$P_i = P_m \times P_{i/m} = \frac{e^{\theta_m \Gamma_m}}{\sum_{k=1}^{m} e^{\theta_k \Gamma_k}} \times \frac{e^{\frac{V_i}{\theta_m}}}{\sum_{j \in N_m} e^{\frac{V_j}{\theta_m}}}; \qquad (4\text{-}45)$$

$$\Gamma_m = \ln \sum_{j \in N_m} e^{\frac{V_j}{\theta_m}} \qquad (4\text{-}46)$$

式(4-46)中的 θ_m 为巢 m 的包容值参数(Inclusive Value),用以表示巢内方案间的相似程度;该数值合理范围为 0~1。数值越接近 0 表示巢内方案的相似度越高,反之表示相似度越低。因此当包容值为 1 时,NL 模型可简化为多项 MNL 模型,即 MNL 模型是 NL 模型的特例。

对于 NL 模型的参数标定,目前有程序性(Sequential)与一次性(Simultaneous)两种方式。前者将下巢层的包容值变量设定为一个解释变量代入上巢层进行参数估计,统计上具有一致性但不具有效性;后者则是对上下巢层的各项变量同时进行参数估计,兼具一致性与

有效性。对于多层次对外或城际出行需求模型(其形态即为巢式 Logit 模型),为了反映出各个层次对相邻层次的反馈作用,体现出行行为决策的相互影响及关联性,一般采用程序性参数标定方式,下层所有选择项效用值的对数和 Logsum 代表下层所有选择项的总吸引度,与其他变量一起作为上层模型的变量,表示下层模型对上层模型的影响和反馈。

(4) Logit 模型的变量

①选择方案特定常量(Alternative Specific Constant)

该变量的主要目的在于吸收所有指定效用函数时所造成的误差,对模型中无法解释的因素和效用随机项,皆归纳于特定常量内。若有 N 个选择方案,则最多只能有 $N-1$ 个方案特定常量,否则会造成共线性。另外,对于选择方案特定虚拟变量为选择方案特定常量的特例,其值只有 0 与 1 两种。当该变量存在于某一选择方案时,其值为 1,否则其值为 0,当选择方案有 N 个时,则指定虚拟变量最多只能有 $N-1$ 个,否则也将产生共线性。

②选择方案特定变量(Alternative Specific Variable)

当某个变量对所有不同选择方案具有不同的重要程度时,则该变量对所有选择方案的效用函数将产生不同的效果,此时,该变量虽存在于所有选择方案的效用函数中,但其参数值并不同。即该变量 X_{it} 仅存在于选择方案 i 的效用中,而在其他选择方案中皆为 0,即 $X_{jt} = 0, j \neq i \in A_t$,此种变量即为选择方案特定变量。

③共生变量(Generic Variable)

当某个变量对所有不同选择方案具有相同的重要程度,该变量对所有选择方案的效用函数将产生相同的效果,此时所有选择方案的效用函数中均具有该变量且其参数值均应相同,此种变量为共生变量。

④社会经济变量(Socioeconomic Variable)

即与个人本身有关的属性。由于同一个人在不同选择方案中的社会经济特性均相同,所以若将社会经济变量指定为共生变量,则无法显示该变量对方案选择的影响。因此通常将社会经济变量指定为选择方案特定变量,另外也可与属性变量 X_i 相结合,如:出行成本/收入。

(5) Logit 模型的统计检验

①拟合优度(Goodness of fit)

极大似然估计法可通过计算一个似然率指标(Likelihood Ratio Index)来衡量 Logit 模型的拟合优度,此指标定义如下:

$$\rho^2 = 1 - \frac{\ln L(\beta)}{\ln L(0)} \tag{4-47}$$

式中:ρ^2——拟合优度;

$\ln L(\beta)$——所估计模型的参数估计值为 β 时的对数似然函数值;

$\ln L(0)$——所有参数均为 0 时的对数似然函数值。

ρ^2 介于 0~1 之间,其值越大表示模型与数据间的解释能力越强,模型精度越高,当 ρ^2

在 0.2~0.4 之间时,一般认为该模型的配适度已达到要求。

②似然率统计量(Likelihood Ratio Statistics)

似然率统计量用来检验模式中所有参数的显著性,其定义如下:

$$\lambda = \frac{当假说 H_0 : \beta = \beta_0 时, L(\beta) 的最大值}{在所有 \beta 值中, L(\beta) 的最大值} \quad (4\text{-}48)$$

当样本数够大时,似然率统计量 $-2\ln\lambda$ 为卡方分布(Chi-Square χ^2),自由度为所有估计参数的数量。当 $-2\ln\lambda$ 的值大于显著水平为 $a\%$、自由度为 k 的卡方临界值时,我们有 $(1-a)\%$ 的信心认为所检测的模型比假说的模型更佳,亦即拒绝假说,否则即表示所检测的模型与假说的模型无显著差别。

③t 检验(t-test)

t 检验适用于判断某个变量的参数对模型的影响是否显著,以检验这个变量的参数是否有效。当 $|t|>1.96$ 时,置信度为 95%,即有 95% 的把握判断对应的影响变量是影响选择概率的主要因素之一。相反,当 $|t| \leq 1.96$ 时,在 95% 的可靠性水平上认为相应的变量不对选择概率产生影响。这时,需要将该变量从效用函数的影响变量中排除后,再重新进行参数估计。但是,若已确定某一变量对选择概率有一定影响,并且该变量有较大的解释意义,也可在效用函数中保留该变量。

4)城市区域一体化的需求分析

生产生活资料在区域内的加速流动推动了城市与区域的一体化发展。区域交通规划逐步得到重视,以城市对外出行需求预测为代表的城市及区域交通需求分析在国内快速发展。从已有的规划资料来看,多数研究方法表现为城市交通规划的延伸,即将城市交通规划的方法借鉴到区域交通需求的分析中。由于区域与城市用地结构、居民出行结构存在较大的不同,城市交通规划的方法在区域中的推广存在一定的问题。

以"放大化"的城市交通需求分析方法对区域出行需求进行的研究主要表现出以下两个特征:①在城市外部区域划分与市区类似的交通小区;②用城市交通规划模型结构对城市对外交通需求进行分析(图 4-15),将城市及区域出行需求统一在一套完整的模型体系下。此类方法在使用中出现了模型通用性不高、需要采用修正参数对 OD 矩阵进行调整以及"零出行"不易处理等问题。为克服上述问题,区域交通规划提出了基于对外出行"总量控制"和"方式—路径"选择的对外出行需求分析方法,形成了较为完整的适用于区域交通规划的需求预测理论。

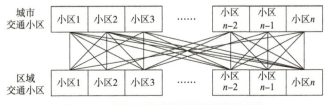

图 4-15　传统区域交通需求预测思路示意图

4.3.3 客运需求预测思路

区域对外出行需求分析的核心思想在于：借鉴城市交通规划思路，通过构建区域对外出行数据库和适合区域居民出行特征的模型体系，为综合运输客运通道规划、区域交通规划等提供支撑和依据。

城市交通规划的核心思想是：基于现状居民出行特征，结合规划年社会经济以及交通运输环境对规划年居民出行需求进行分析。其基本流程如图4-16所示，"四阶段法"即是依托现状调查数据获取现状居民出行需求分析模型的过程。

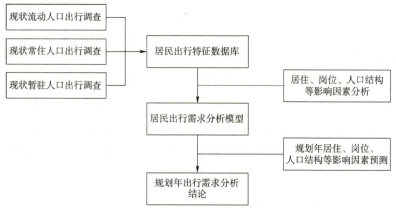

图4-16 交通规划需求分析基本思路示意图

基于总量控制的区域综合运输通道对外交通需求预测技术流程主要包括以下六步，详细分析技术流程图如图4-17所示。

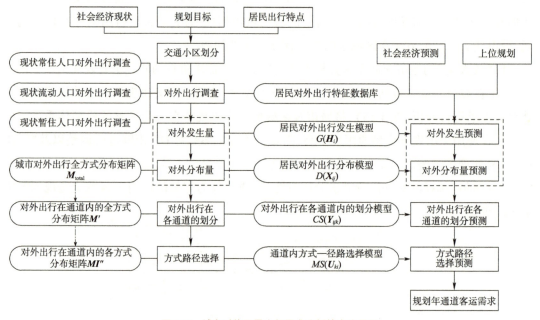

图4-17 城市对外居民出行需求分析技术流程图

(1) 结合城市对外交通联系及区域交通节点特征划定交通小区

为保证规划的有效性和实用性,在土地、居住等社会经济资料的支持下,结合规划目标和规划对象的《城市总体规划》《土地利用总体规划》等上位规划,适当地划分交通小区作为基本的研究单位。由于城乡间用地、居民出行特点差异和对外出行自身的特点,对外需求分析的小区划分在方法和分类上应当体现对应的差别。

对外出行只占城市居民出行的小部分,为避免大量"0"在结果矩阵中出现,市区对外小区一般划定范围要大于城市交通规划中的小区划分。在区域或城市外部交通小区的划分中,本书认为:对于城市对外客运通道,其城市外部小区的划分与它和市区交通联系的强度密切相关,即应考虑单位面积出行强度 P_i 和对外出行占总出行的比例 K_i。

$$P_i = \frac{Q_{i-t}}{S_i}, \quad K_i = \frac{Q_{i-e}}{Q_{i-t}} \tag{4-49}$$

$$Q_{i-t} = \sum_{j=1}^{3} Q_{ij-p} \times P_{ij-ave} \tag{4-50}$$

式中:P_i——第 i 大(中)区单位面积出行强度;

S_i——第 i 大(中)区面积;

K_i——第 i 大(中)区对外出行系数;

Q_{i-t}——第 i 大(中)区总出行量;

Q_{i-e}——第 i 大(中)区对外出行量;

Q_{ij-p}——第 i 大(中)区第 j 类人群(本地居住人口 $j=1$、暂住人口 $j=2$、流动人口 $j=3$)的总人数;

P_{ij-ave}——第 i 大(中)第 j 类人群的人均出行强度[次/(日×人)]。

交通小区面积 $S \propto \frac{1}{K_i}$。当一个交通节点与市区交通联系密切时可适当增加交通小区的划分数量,反之可以减少小区的划分数量直至抽象为一个节点或小区。

(2) 调查城市居民对外出行的频率,形成对外出行总量的控制

鉴于交通小区与城市外部小区间的 OD 点对存在波动较大的特点(发生和吸引量的方差较大),实际规划中常存在规划年对外出行预测量过大的问题。部分国内研究人员提出,应结合交通规划中城市及区域宏观交通参数稳定性好、便于预测的特征,对城市各类人群对外出行频率进行预测,从而形成城市对外出行的总量控制体系。

由于居民对外出行强度远低于居民在市区内的出行强度,借助类似于居民出行调查的入户调查方法获取对外出行强度资料的方法一般会存在有效抽样偏低、成本较高的问题。随着大数据时代的来临,手机信令数据凭借实时、完整、高精度等特点在交通规划中应用广泛。手机信令数据字段中包含时间和空间位置属性,还有通话和信息记录等信息,通过上述信息的关联可以反推用户的出行轨迹,是用于研究城市居民行为与空间分布较好的数据源。此外,在实际规划中可借助城市对外出行的有限性,通过干线交通方式对外的发送量以及主

要对外道路交通量的调查获取城市对外总出行量,反推小区居民对外出行强度,建立交通对外发生模型 $G(H_i)$, H_i 为影响小区 i 出行发生量的影响因素向量。考虑到小区对外发生量受外部小区的影响巨大,实际应用中可根据需要合并 G、D 阶段。规划年对外出行总量预测的常见方法有增长率法、神经网络以及回归分析等。

(3) 结合城市居民对外出行调查确定对外出行的 OD 分布

通过在城市主要对外交通换乘枢纽站、对外主要出入口进行居民出行调查,获取居民出行的主要目的地、目的、时间、个人属性等信息,得到城市 i 的居民对外出行的出行分布矩阵 M_i(O 点在所调查城市内,D 点在所研究的影响区域内的交通节点上,只考虑城市发生不考虑吸引)。通过对研究范围内主要交通节点对外出行表的组合可以近似得到城市交通影响区的城市或交通节点对外出行 OD 矩阵 M_{total}。

基于 OD 数据以及交通小区社会经济、人口等数据建立城市对外出行发生模型 $D(X_{ij})$, X_{ij} 为小区 i 到小区 j 出行发生量的影响因素向量。

$D(X_{ij})$ 常见的形式为重力模型的改进型,如式(4-51)。

$$D_{ij} = K \frac{Q_i^\alpha Q_j^\beta R_i^\gamma R_j^\chi}{Cg_{ij}^\theta} \tag{4-51}$$

式中: Q_i、Q_j——城市 i 和城市 j 的人口;

R_i、R_j——城市 i 和城市 j 的地区生产总值;

Cg_{ij}——城市 i 和城市 j 间的广义交通费用;

K、α、β、γ、χ、θ——模型待定系数。

也有研究人员采用非集计模型对分布机理进行描述,常见的为 Logit 模型的改进型。

(4) 对外出行在通道内的划分

将区域交通节点对外出行 OD 矩阵 M 按照方向划分到城市对外客运通道中,形成通道出行量。

由于城市交通影响区交通结构网络化明显,OD 矩阵在通道内的划分常遇到多通道分配问题。此类问题在城市交通中常采用平衡或非平衡分配方法处理。在对外出行需求预测中,因为已知现状 OD 点对关于通道的选择,可基于调查数据建立对外出行对于通道的选择模型(Model for Corridor Split,CS) $CS(Y_{ijk})$, Y_{ijk} 为小区 i 到小区 j 出行发生量在通道 k 内分布的影响因素向量。常见的模型结构有考虑通道容量的平衡网络模型和不考虑容量限制以出行者效用为目标的非集计模型等。

(5) "方式—路径"选择

按照出行者一般的出行行为逻辑,在选定目的地与通道之后,需要在通道的多方式、多路径对象中进行选择,故需求分析需要对应的建立出行者"方式—路径"选择模型 $MS(U_{ki})$, U_{ki} 为出行者 k 选择方式 i 的广义效用值。

通道干线方式选择的方法有很多,大多基于个体选择出行理论。其基本假设在于:所有

的出行方案对出行者皆有一定的效用;出行者面对多种选择方案时,依照效用最大化的原则进行选择。面对方案集 $\{A|a_1,a_2,\cdots,a_n\}$,出行者 k 的选择方案 a_{choice} 则有:

$$U_{a_{\text{choice}}} = \max\{U_{a_1}, U_{a_2}, \cdots, U_{a_n}\}$$

U_{a_i} 为第 a_i 个方案给出行者 k 带来的效用。

从模型结构来说,常见的模型有 Logit、Probit、MD(Modal Demand)、分担率曲线等。同样,由于 Logit 模型在计算上较为简便,且比其他模型具有更好的预测能力,因此相对于其他模型具有更为广泛的应用。Logit 模型的一般形式如下:

$$\begin{cases} P_i = \dfrac{e^{U_i}}{\sum\limits_{1}^{n} e^{U_i}} \\ U_i = U(\boldsymbol{X}_{ik}, \boldsymbol{Y}_k) \end{cases} \quad (4\text{-}52)$$

式中: P_i——出行者 k 选择方式 i 的概率或对于 k 类出行者交通方式 i 的分担率;

U_i——交通方式 i 的广义效用值;

$\boldsymbol{X}_{ik}$——交通方式 i 对出行者 k 的属性向量;

$\boldsymbol{Y}_k$——出行者 k 的社会属性向量;

n——交通方式的个数。

在实际应用中,为强化模型效率、克服模型的缺陷,Logit 模型衍生出较多改进型,其中 MNL 模型和 NL 模型在方式选择中较为常见。

由于居民出行是一个多方式相互衔接而成的链条,在出行效用不能忽略的情况下(如中短通道出行),方式选择考虑的是完整的链条,而非仅考虑其中的干线方式。

现状研究成果处理的基本都是固定 OD 间的方式、路径的选择问题,故对于路径选择同样可以转化为出行效用的比选,应采用方式选择的方法处理。

对于规划年研究的方式路径参数,一般通过出行意愿调查(Stated Preference Survey, SP 调查)获取数据进行标定,进而供规划年新增方式的选择提供依据。

(6)规划年需求预测

结合规划年研究对象城市社会经济发展预测、《城市总体规划》和《土地利用总体规划》等上位规划,预测规划年居民出行特征变动,对模型体系参数适量调整后代入规划年模型各阶段的预测值,对居民出行需求进行分析。

4.4 区域综合运输通道货运需求分析方法

与客运需求分析不同,运输通道货运需求除了在时空上表现出不均衡外,在整体上还呈现客观性、普遍性、阶段性等特征,传统货运需求分析方法一般是通过对历史数据进行分析得到货运需求变化趋势。为了达到将货物经济、准时、快速、方便地运达目的地的目的,本书对 Logit 模型进行了改进并应用于区域综合运输通道货运需求分析。

4.4.1 货运需求特征

随着区域空间分布、产业结构、资源状况及经济水平的不均衡性发展，货运需求在整体上呈现某些特点，本节归纳出区域综合运输通道货运需求特性如下：

(1) 客观性

在一定的区域社会经济条件下，运输需求是客观存在的，它是人类物质和精神需要的一部分，不因运输供给和运输价格的变化而发生改变。无论运输服务品质或运输供给价格等是否能引发消费者的支付意愿，这部分的位移需求始终存在，不以人的主观意志为转移。

(2) 普遍性

人们在生产、分配、交换、消费各个生活环节均离不开人和物的空间位移，货运需求产生于人类生活、消费等活动的各个角落，其中绝大部分货运需求都由货运企业来完成。因此，货运需求产生于经济社会活动的各个方面，人类生产生活的各个环节都离不开货物的运输过程，与其他产品和服务相比，货运需求具有广泛性和普遍性。

(3) 阶段性

其特征集中表现在货运需求层次的变化和增长过程上。经济活动的初期其特点表现为量小、功能需求相对单一；伴随区域经济的健康稳步发展、贸易和经济活动日趋活跃，货运需求规模逐步壮大，对货运服务质量和功能等要求更高。

(4) 运输属性差异性

这种差异性主要表现在由于货物属性的不同而对运输过程提出了不同的要求，提供货运服务的商家面对的是种类繁多的货物，不同的运输货物其数量、体积、质量、性质、形状、容积等各不相同，对于温度、湿度、路况、交通的适应条件均各不相同，因此在运输过程中采取不同的技术措施，选择不同的运输线路和运输方式。同时，不同货物类别对运输速度要求不同，对运输质量管理水平要求不同以及对运价水平承受力不同。如海鲜等鲜活易腐类货物同一般货物相比要求更快的运输速度；煤炭、石油、电器类产品对运输质量管理水平的要求有着较大差别；高附加值产品比低附加值产品能承担更高的运输费用等。因此，充分把握区域货运需求特性有利于提高货运需求预测准确性，满足货主对货运质量方面多层次的运输要求，为后续通道的规划和配置提供科学依据。

4.4.2 货运需求影响因素

由于货物运输需求与产业部门生产及社会消费需求之间的密切关系，影响未来运输需求的因素主要在于区域经济发展水平、自然资源空间分布、生产力布局、产业结构、交通基础设施以及管理体制。这些因素具有明显的时代特征，因此，在进行货运交通需求预测之前，必须首先对运输通道内货运需求影响因素进行具体分析，构建运输通道货运需求预测的环境框架，如图4-18所示。

(1) 区域经济发展水平

货运需求属于派生性需求,其流量的大小主要取决于区域经济发展水平。所以说,区域经济的发展是区域货物运输产生及其发展的基础,区域货物运输是伴随区域经济的产生而产生的。区域社会经济的发展增加了区域对能源、原材料、矿物等资源的需要,这些货物都需要运输,从而产生了大量的货物运输需求。例如,在经济结构相近的情况下,在一些经济发展水平较高、实力雄厚的地区,货运量规模通常都比较大,同时也具有较强空间经济势能,且对外界环境有较强的辐射力和吸引力。同一地区经济发展的不同时期,对货运的需求结构也不同,见表4-11。

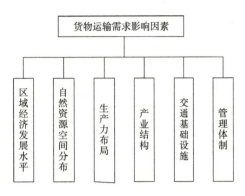

图4-18 货运需求影响因素

不同经济发展时期的货运需求结构　　　　表4-11

经济发展时期	货运需求结构
经济发展初期	需运送大量的原材料和初级产品(铁矿石、煤炭等大宗、笨重类货物),货运量激增,货运弹性系数较大
经济迅猛发展时期	原材料运输继续增长,但增长速度较慢,由于具有多样化运输需求特点,对运输质量和速度方面的要求不断提高
经济结构转型时期	经济增长对原材料的依赖明显减少,总体货运需求减少,产业结构转向技术密集型,产品运输向轻、小、高附加值方向发展
全球化的经济发展阶段	多样化货运需求特点越来越显著,技术密集型产品、高价值产品比重增大,对运输质量需求越来越高

区域经济发展水平的提高,使得物质生产部门的产品种类和数量逐渐增多;例如促进了农业的发展,从而增加了对农用品及农产品等的运输。这都促使货运需求快速增加,因此,区域社会经济的发展会对货物运输需求具有重要影响。

(2) 自然资源空间分布

自然资源空间分布不均衡是一种常见的自然现象,在世界范围内广泛存在。例如,中东地区的石油储存量占全世界已探明石油储量的60%以上;中国、俄罗斯、加拿大、美国、巴西五国拥有世界60%以上的木材蓄积量;而澳大利亚、巴西、加拿大是世界上主要的铁矿石出口国。世界范围内的自然资源空间分布不均衡现象导致了大规模的以初始原材料为运输对象的货物运输。另一方面,蕴藏丰富自然资源的地区,其经济发展模式多为资源输出型,为加速本地区经济的发展,必须努力开拓资源销售市场,以扩大本地区资源的利用效果,实现资源类产品在更大范围和程度上的输出。这就从供给和需求两个方面对区域之间自然资源类货物的运输提出了客观需求。

(3) 生产力布局

由于货运需求植根于社会生产活动,生产力布局情况对货运需求特征具有显著的影响。

生产力布局作为社会生产力发展和社会生产力分工在空间上的体现,决定着货物生产与消费的空间距离,对货物运输需求的流量、流向和运距等都具有决定性的意义,是社会存在的基本形式。一定的生产力布局在较短时期内,其内部构成要素(流量、流向、运距、结构等)会因材料产地、加工地以及销售市场的确定而表现出稳定的特征,故此时生产力布局相对静止,区域货运需求变化不大;但在较长时期内,由于材料产地、加工地以及销售市场会经历资源枯竭、同行竞争以及运输方式提质增效等生产力布局的变化,货物运输的特征也会相应发生显著的变化。因此,在分析较长时期内的货运需求时,区域生产力布局的变化情况是不可忽略的重要影响因素。

(4)产业结构

所谓产业结构是指不同产业在整个国民经济中的比例以及它们之间的联系。生产不同的产品需要不同的原材料和能源,同时运输不同产品所需采用的运输方式及利用各运输方式的产运系数也不同,因此不同的产业对货运需求在质和量上的要求是不同的。例如,因为轻工业、加工制造业等具有较低的单位产值货运量水平,所以在一定国民经济发展水平下,若传统的低附加值、高能耗产业在产业结构中占据较大比例,则交通运输部门的运输需求总量必定保持在较高水平;与之相反的是新兴产业(电子、生物工程、信息等高新技术产品),其对运输总量的需求很小,却对运输质量要求很高,这就需要交通运输部门保持较高的运输质量。综上,不同的产业结构会建立起不同的产品结构,而不同的产品结构则意味着不同的货物结构,不同的货物结构最终产生的货物运输需求也不尽相同。同时,产业结构的变化必将导致一些行业的高速发展和一些行业的衰落,与之对应的是生产要素在产业部门间的重新配置。

(5)交通基础设施

由于货物的空间"位移"必须以交通基础设施(如运输网络布局和规模、交通枢纽、运输设备技术性能等)为载体,因此交通基础设施的建设水平对货物需求的总量和分布有着重要影响,如图4-19所示。

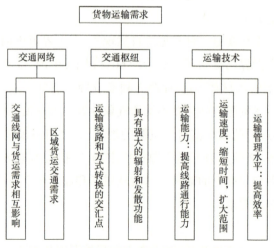

图4-19 交通基础设施建设水平对货运需求影响

由图 4-19 可以看出,交通线网是货物运输得以实现的必要条件,发达的交通线网在满足既有货运交通需求的同时会诱发大量的新的货运需求,而滞后的交通线网建设水平会大大抑制交通需求的发展;交通枢纽对货运需求的影响主要表现在交通枢纽的聚集和发散功能上;而运输技术对货运需求的影响则是通过提高运输能力、运输速度和运输管理水平,即通过提高运输效率来实现的。

因此,先进的交通基础设施建设水平可促进交通运输业的发展,进而会影响生产力的发展,从而促进货物运输需求的发展。

(6) 管理体制

管理体制和经济政策的变化在一定程度上诱导了货物运输需求。在市场经济体制的进程中,旧的体制不断摆脱现有体制的束缚,向新的体制方向转变,制定与货物运输发展变化相协调的经济政策,在很大程度上能够有效促进货物运输业的发展。宏观经济政策在一定程度上影响货物运输需求的发展。例如,近年来国家的经济政策使得我国东部沿海经济快速发展,货物运输需求剧增,与此同时,西部及东北部也加快了经济的发展,货物运输需求随之增长。国家管理体制对于运输需求的影响如图 4-20 所示。

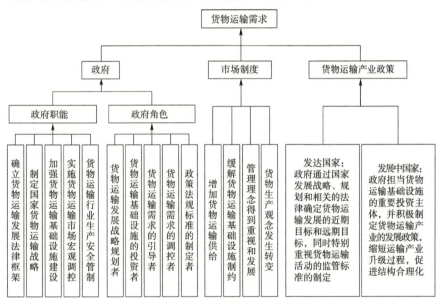

图 4-20 管理体制对运输需求的影响

由货运需求影响因素分析可知,货运需求是区域经济发展水平、自然资源空间分布、生产力布局、产业结构、交通基础设施以及管理体制共同作用的结果。货流的各种特性会随着时间的推移在诸多影响因素作用下发生变化,其中,自然资源和生产力布局是货运需求产生的最直接的原因,且自然资源和生产力布局情况随时间变化缓慢,对货物运输的流量、流向、流距和结构的影响在较长时间内会相对稳定。因此,在运输通道吸引范围内,货运需求的内部物质层次结构即货流特性在一定时间和空间范围内不会因整体运动形式的缓慢变化而受到破坏,为货运需求预测提供了可能性。

4.4.3 既有货运需求预测分析方法概述

现有货运需求预测理论和方法通常是在对历史运输数据进行处理与分析的基础上,结合货运量发生、发展的外部环境,对货运需求未来的发展趋势进行系统分析,从而归纳出货运交通需求发生、发展、变化的规律。然后选择与其发展规律相适应的定量预测模型,并通过参数标定过程对模型参数进行标定和修正,最后利用调整后的模型对目标年货运需求总量进行预测。概括地讲就是以定量预测模型为工具,以定性分析方法为指导,侧重于货运需求的宏观总量预测。

现有货运需求预测理论和方法中的定量预测方法包括产值系数法、产运系数法、弹性系数法、时间序列平滑法和灰色预测法等,这些方法各具特点,在应用于货运需求预测时,分别在某些方面具有一定的适应性。

1)产值系数法

将原单位法应用到货运预测中,则变成产值系数法,即根据预测期国民经济的总量指标(如工农业总产值、社会总产值、国民生产总值或国民收入等)和确定的每单位产值所引起的货运量来预测总运量的方法。所采用的公式为:

$$Q_t = M_t \beta \tag{4-53}$$

式中:Q_t——预测期总运量(t);

M_t——预测期产值指标(万元);

β——产值系数(t/万元),也可称为货运强度。

这种方法的关键是合理地确定产值系数,因为不同地区之间、不同总量指标之间、不同运输方式之间以及不同时期之间的产值系数都可能存在很大的差异,必须对其变动趋势进行合理的分析。

2)产运系数法

产运系数法是根据某种货物的运量随其生产总量发生变化的规律性,预测货运量的方法。无论是在全国范围内还是在某些地区,一些主要货物的发送量与其生产总量的比值(即产运系数)总是相对比较稳定的,这些货物包括煤炭、石油、钢铁、金属矿石等。这就可以根据它们的未来产量预计未来运量。产运系数的计算公式为:

$$\alpha = \frac{Q}{M} \tag{4-54}$$

$$Q_t = M_t \alpha \tag{4-55}$$

式中:α——某年产运系数;

Q——某种货物的年发送量;

M——该年的总产量;

Q_t——预测期总运量;

M_t——预测期产值指标。

一般来说,产运系数相对稳定,但是,生产力布局的改变、运输结构的变动等都会使产运系数发生变化,所以也需要合理分析变化趋势,确定产运系数。预测期内各主要品类货物的产运系数确定以后,就可以依据前述公式求算各类货物的运量,还可汇总得到货物总运量的预测值。该方法是货物运输所独有的方法。

3) 弹性系数法

弹性系数法是指因变量的百分数与自变量变化的百分数之比,它反映了自变量对因变量的影响程度。如果在一定的范围内假设弹性系数是一个常数,则由自变量的变化就可以推测出因变量的变化。这也是一种比较常用的预测方法,关键在于弹性系数的选取以及自变量未来值的预测。

在货运需求预测中弹性系数是交通运输量的增长与国民经济增长的比值。其计算公式为:

$$\alpha = \frac{VT/T}{VG/G} = \frac{VT}{VG}\frac{G}{T} \tag{4-56}$$

式中:α——为弹性系数;

T、VT——分别表示某一时期内的货运量及其增量;

G、VG——分别表示同一时期内的国民经济总产值及其增量。

若 $\alpha>1$,表示这一时期运输量增长速度高于社会经济增长速度;若 $\alpha=1$,表示两者同步发展;若 $\alpha<1$,则表示运输量增长速度低于社会经济增长速度。α 可以判断货运量与社会经济之间的相互关系,也可反映货物运输的发展是否适应国民经济总量的发展以及适应程度的大小。

在进行预测时,需要先根据历年数据求出弹性系数 α,然后根据社会经济指标的预测,利用弹性系数 α 预测未来的货运需求总量。

弹性系数法计算简单,但是合理的弹性系数的确定难度较大,且工作量大,只考虑某个经济指标单一因素的影响,对预测精确度的影响较大。可以考虑较多的影响因素,从而组合出较为复杂但更加合理的模型,如:

$$D = [(G_P W_P) + (G_A W_A) + (G_L W_L) + (G_H W_H)]E \tag{4-57}$$

式中: D——某一种货物运输需求的年平均增长率;

G——目标年度的增长率;

W——影响货运需求诸多因素的权重;

E——某货类的运输需求弹性系数;

下角标 P、A、L、H——分别表示人口、农业(包括农业和渔业)、轻工业、重工业;

$W_P + W_A + W_L + W_H = 1$。

弹性系数法适用于对预测对象的其他影响因素变化不大的情况,关键影响因素的发展变化规律能够准确把握的短期及中长期预测。

4)时间序列分析法

时间序列分析法就是从原始资料所组成的时间序列当中找出其发展变化的规律,为达到预测目的,按照过去的情况延续至未来的可能性推测未来一段时间的状况。若能掌握过去可靠的原始统计资料,如数量和时间性,就可对今后一段时期内的变化趋势和变化的程度进行预测。本书主要介绍移动平均法和指数平滑法。

(1)移动平均法

移动平均法是逐项推移时间序列的原始资料,按顺序计算特定项数的时序平均值来反映长期变化方向的一种方法。移动平均法能够消除受不规则变动和周期变动对时间序列产生的数值影响,当时间序列的数值起伏很大,难以显示出变化趋势时,此方法可以用来分析并预测序列的长期变化趋势。

①简单移动平均法

如果未来一段时间的情况和临近它的时期的情况有关,但和较远时期情况的关系不是很大时,就可用移动平均法预测货运量。

假定时间序列为 $y_1, y_2, \cdots, y_t$,该方法的计算公式为:

$$Q_t = \frac{y_t + y_{t-1} + \cdots + y_{t-N+1}}{N} \quad (t \geq N) \tag{4-58}$$

式中:Q_t——预测期总运量;

N——移动平均的项数。

预测公式为:

$$\hat{y}_{t+1} = Q_t \tag{4-59}$$

即第 $t+1$ 期的预期值就是第 t 期的移动平均值。

利用移动平均法预测简单易行,但受计算期数的影响比较明显,预测结果只是和近期相关,同计算期之前没有关系,这不符合客观情况。另外,其计算期数在很大程度上影响预测结果。

②加权移动平均法

在简单移动平均法的基础之上,把不同的权重系数给予对问题重要性不同的每期资料,然后求出每期数据和其相应的权重系数乘积的和,最后再除以权重系数的和,就可以求得预测值。

其计算公式为:

$$Q_{t\omega} = \frac{\omega_1 y_t + \omega_2 y_{t-1} + \cdots + \omega_N y_{t-N+1}}{\omega_1 + \omega_2 + \cdots + \omega_N} \quad (t \geq N) \tag{4-60}$$

式中:$Q_{t\omega}$——预测期加权移动平均数;

ω_i——y_{t-i+1}的权重系数。

预测公式为:

$$\hat{y}_{t+1} = Q_{t\omega} \tag{4-61}$$

即第 $t+1$ 期的预期值就是第 t 期的加权移动平均值。

加权移动平均法能够将现实状况较为准确地反映出来,但在 ω_i 的选择上具有一定的经验性。

③趋势移动平均法

若时间序列出现直线下降或上升的变化趋势,通过简单移动平均法或者加权移动平均法预测会出现滞后偏差,需要用二次移动平均的方法来修正,这种方法就称为趋势移动平均法。

一次移动平均值为:

$$Q_t^{(1)} = \frac{y_t + y_{t-1} + \cdots + y_{t-N+1}}{N} \quad (t \geq N) \tag{4-62}$$

所谓的二次移动平均就是在一次移动平均的基础之上进行第二次移动平均,其计算公式为:

$$Q_t^{(2)} = \frac{M_t^{(1)} + M_{t-1}^{(1)} + \cdots + M_{t-N+1}^{(1)}}{N} \quad (t \geq N) \tag{4-63}$$

直线预测模型为:

$$\hat{y}_{t+T} = a_t + b_t T \tag{4-64}$$

$$\begin{cases} a_t = 2M_t^{(1)} - M_t^{(2)} \\ b_t = \frac{2}{N-1}[M_t^{(1)} - M_t^{(2)}] \end{cases} \tag{4-65}$$

式中:t——当前时期数;

T——由 t 至预测期的时期数;

a_t——截距;

b_t——斜率。

a_t 与 b_t 又称平滑系数。

趋势移动平均法能够同时进行近期和远期预测,但远期预测误差大,且时间序列需要有较明显的线性变化趋势。

(2)指数平滑法

指数平滑法是移动平均法的发展,通过计算预测指标的指数平滑值,结合一定的时间序列预测模型,对预测对象未来发展趋势进行科学预测。

指数平滑法能减少数据的存储量,避免了移动平均法数据存储大的缺陷,且仅需最近一期的预测值即可预测下一期的数值。

① 一次指数平滑法

假定时间序列为 $y_1, y_2, \cdots, y_t$，一次指数平滑公式为：

$$S_t^{(1)} = \alpha y_t + (1-\alpha) S_{t-1}^{(1)} \tag{4-66}$$

式中：$S_t^{(1)}$——一次指数平滑值；

α——加权系数，$0 < \alpha < 1$。

预测模型为：

$$\hat{y}_{t+1} = \alpha y_t + (1-\alpha)\hat{y}_t \tag{4-67}$$

即 $t+1$ 期的预测值是第 t 期指数平滑值。

加权系数的选择是使用该方法进行预测时的难点，在实际应用时，需多取几个 α 值进行试算，选取预测误差最小的 α 值作为权重。

② 二次指数平滑法

虽然一次指数平滑法摆脱了移动平均法的两个不足，但是当时间序列的变动趋势呈直线变化时，其预测结果就会出现明显的滞后偏差，此时就需要用二次指数平滑对模型进行修正。通过滞后偏差呈现出的规律建立直线趋势模型，这种建立模型的方法就称为二次指数平滑法。其计算公式为：

$$S_t^{(1)} = \alpha y_t + (1-\alpha) S_{t-1}^{(1)} \tag{4-68}$$

$$S_t^{(2)} = \alpha S_t^{(1)} + (1-\alpha) S_{t-1}^{(2)} \tag{4-69}$$

式中：$S_t^{(1)}$——一次指数平滑值；

$S_t^{(2)}$——二次指数平滑值。

预测模型为：

$$\hat{y}_{t+T} = c_t + d_t T \tag{4-70}$$

$$\begin{cases} c_t = 2S_t^{(1)} - S_t^{(2)} \\ d_t = \dfrac{\alpha}{1-\alpha}[S_t^{(1)} - S_t^{(2)}] \end{cases} \tag{4-71}$$

③ 三次指数平滑法

当时间序列的变化趋势为二次曲线时，预测方法需选三次指数平滑法。该方法建立在二次指数平滑法的基础之上，在原有基础上再进行一次平滑，其计算公式为：

$$S_t^{(1)} = \alpha y_t + (1-\alpha) S_{t-1}^{(1)} \tag{4-72}$$

$$S_t^{(2)} = \alpha S_t^{(1)} + (1-\alpha) S_{t-1}^{(2)} \tag{4-73}$$

$$S_t^{(3)} = \alpha S_t^{(2)} + (1-\alpha) S_{t-1}^{(3)} \tag{4-74}$$

式中：$S_t^{(3)}$——三次指数平滑值。

三次指数平滑法的预测模型是：

$$\hat{y}_{t+T} = c_t + d_t T + e_t T^2 \tag{4-75}$$

其中：

$$\begin{cases} c_t = 3S_t^{(1)} - 3S_t^{(2)} + S_t^{(3)} \\ d_t = \dfrac{\alpha}{2(1-\alpha)}\left[(6-5\alpha)S_t^{(1)} - 2(5-4\alpha)S_t^{(2)} + (4-3\alpha)S_t^{(3)}\right] \\ e_t = \dfrac{\alpha^2}{2(1-\alpha)^2}\left[S_t^{(1)} - 2S_t^{(2)} + S_t^{(3)}\right] \end{cases} \quad (4\text{-}76)$$

5) 多元线性回归法

多元线性回归模型就是利用历史数据，找出预测对象和其影响因素间的统计规律，从而建立如下的多元回归模型：

$$y = a_0 + a_1 x_1 + a_2 x_2 + \cdots + a_n x_n + \varepsilon \quad (4\text{-}77)$$

式中：y——预测对象，又称因变量；

x_i——预测对象影响因素，又称自变量；

a_i——回归系数；

ε——随机误差项。

在进行货运需求量预测时，将相关社会经济指标，诸如地区生产总值、人口、工业生产总值、社会消费品总额等影响因素作为自变量进行预测。具体选用何种指标要根据各影响因素与货运需求量相关指标关联度的大小来确定。多元线性回归模型是一种比较科学合理的预测方法，预测精度较高，但该模型需要大量历史数据和现状资料，模型计算复杂，不易操作。

6) 灰色预测法

灰色预测法克服了回归分析法的缺陷，在对随机性很大的变量进行分析预测时预测精度较高。

灰色系统预测模型是基于灰色系统理论思想把离散变量连续化，然后用微分方程代替差分方程，通过生成数序列将原始时间序列进行替代，使得原始时间序列的随机性弱化，最后建立生成数序列的数学模型。该模型克服了回归分析法的缺陷，在对随机性很大的变量进行分析预测时预测精度较高，但是只适用于短期和中期预测。灰色预测模型是既具有差分性质又具有微分性质的近似微分方程，最常用的是 GM(1,1) 模型，它是 GM(1,N) 在 $N=1$ 时的特例。其基本计算式为：

$$X^{(0)} = [X^{(0)}(1), X^{(0)}(2), \cdots, X^{(0)}(m)] \quad (4\text{-}78)$$

式中：$X^{(0)}(t)$——原始数列。

两者满足关系式：

$$X^{(1)}(t) = \sum_{t=1}^{m} X^{(0)}(t) \quad (4\text{-}79)$$

式中：$X^{(1)}(t)$——生成数列。

$X^{(1)}(t)$ 为一次累加生成，记为 1-AGO；经 n 次累加生成 $X^{(n)}(t)$，记为 n-AGO。

累加生成有下列关系：

$$X^{(n)}(t) = X^{(n)}(t-1) + X^{(n-1)}(t) \tag{4-80}$$

所以有：

$$\begin{aligned}X^{(1)}(t) &= [X^{(1)}(1), X^{(1)}(2), \cdots, X^{(1)}(m)] \\ &= [X^{(0)}(1), X^{(1)}(1) + X^{(0)}(2), \cdots, X^{(1)}(m-1) + X^{(0)}(m)]\end{aligned} \tag{4-81}$$

所以，$X^{(1)}$可以建立下述一阶微分方程：

$$\frac{dX^{(1)}}{dt} + aX^{(1)} = b \tag{4-82}$$

式中：$\frac{dX^{(1)}}{dt}$——灰导数；

$X^{(1)}$——背景值；

a、b——微分方程参数。

式(4-80)即为 GM(1,1)模型。

参数 a、b 的判断是 GM(1,1)模型的关键，通常采用下述方法求解：

构造矩阵 $\boldsymbol{B}$ 和向量 $\boldsymbol{Y}_n$：

$$\boldsymbol{B} = \begin{pmatrix} -\frac{1}{2}[x^{(1)}(1) + x^{(1)}(2)] & 1 \\ -\frac{1}{2}[x^{(1)}(2) + x^{(1)}(3)] & 1 \\ \cdots & \vdots \\ -\frac{1}{2}[x^{(1)}(n-1) + x^{(1)}(n)] & 1 \end{pmatrix} \tag{4-83}$$

$$\boldsymbol{Y}_n = [x^{(0)}(2), x^{(0)}(3), \cdots, x^{(0)}(n)]^T \tag{4-84}$$

用 MATLAB 最优化工具箱求出系数 a、b。

$$p = \begin{Bmatrix} a \\ b \end{Bmatrix} = (\boldsymbol{B}^T \boldsymbol{B})^{-1} \boldsymbol{B}^T \boldsymbol{Y}_n \tag{4-85}$$

最终得到的 GM(1,1)模型为：

$$\hat{x}^{(1)}(k+1) = \left[x^{(0)}(1) - \frac{b}{a}\right] e^{-ak} + \frac{b}{a} \tag{4-86}$$

$$\hat{x}^{(0)}(k+1) = \hat{x}^{(1)}(k+1) - \hat{x}^{(1)}(k) \tag{4-87}$$

式中：$\hat{x}^{(0)}(k+1)$——预测值；

$\hat{x}^{(1)}(k-1)$——式(4-82)一阶微分方程的解。

在对灰色系统模型预测精度进行检验时，通常采用后验差检验、残差大小检验和关联度检验这三种方法。灰色预测法理论较完善，预测精度高，应用经验较成熟，但其计算复杂，需要借助软件进行，适用于限制条件少、通用性强的短期和中长期预测。

第5章
区域综合运输通道规划基础

本章首先对区域综合运输通道规划的内容和目标进行了阐述，并总结了其规划影响因素。其次，说明了区域综合运输通道吸引范围，并将其分为了直接吸引范围、间接吸引范围、联合吸引范围。同时介绍了路径经济带平均半径法、节点覆盖度法以及最短路径法的基本原理以及各方法求解间接或直接吸引范围的思路。然后，对常用的运输通道规划方法进行了系统性的分析，着重介绍了四阶段法、节点重要度法、交通区位法的基本思想、特点、使用范围等。最后，引入了出行行为分析理论，对于区域综合运输通道内的出行过程进行了分析，针对区域综合运输通道的特点分析了出行方式选择的影响因素、出行问卷调查的设计思路和出行方式建模等问题。

5.1 运输通道规划概述

5.1.1 规划目标

区域综合运输通道规划属于中远期发展规划,旨在从区域的层面上,分配有限的资金、土地等资源,使运输通道发挥最大的效益,使稀缺性资源投向最需要和使用效率最高的部门和产业,从而提高通道效益和效率。区域综合运输通道规划有以下基本目标:

(1) 服务区域客货流输入与输出需求,满足区域间客货交换的需要。

区域作为一个经济地带,在区域内部以及区域之间必然存在大量的客货流输入与输出。满足区域内部和区域间的客货交换是区域综合运输通道规划的最基本目标。运输需求包括"质"和"量"两方面。在"质"上主要是满足区域内多样化、层次化的出行需求;目前来看,我国客运在"量"上的矛盾主要为需求的时间分布不均,货运在"量"上的主要矛盾为空间分布不均。

(2) 合理布局运输通道走向,引导和支撑区域经济空间结构发展及国土开发。

区域经济空间结构是指在一定的地域范围内经济要素的相对区位关系和分布式,它是长期经济发展过程中人类经济活动与区位选择的结果。按区位特征和发展阶段区分,区域经济空间格局有极核式、点轴式和网络式三种形态。在极核式区域经济空间格局中,交通线上的各点如铁路枢纽、港口等,由于交通便利,区位条件优越,对各种经济活动具有较强的吸引力,往往形成区域经济发展的增长级。在点轴式区域经济空间格局中,交通线(铁路线、公路线、航线)本身就是沿线上各点的联系通道,各种经济要素和产业沿交通线扩散,形成了以交通干线为依托,融合人口、工业、城镇、物流、能流、信息流的线状空间地域综合体,即交通经济带。随着交通运输和经济的不断发展,区域经济空间向网络化发展。在规划区域内的交通运输网络时要合理布局运输通道走向,以确保区域经济空间网络结构的形成。

(3) 合理规划通道建设时序,推动区域一体化进程。

区域综合运输通道的规划以区域发展为准则,伴随着区域的发展是一个动态的过程。在区域各综合运输通道的建设过程中,合理安排区域综合运输通道建设时序可提高建设资金的利用效率,优化资源配置,扩大运输通道的整体效益;反之,容易导致资源浪费,因有限的建设能力条件而影响区域运输供给水平,降低区域经济运行效率。

(4) 引导和支撑区域产业布局,促进各产业带的产业结构整合与升级。

区域综合运输通道是影响区域产业结构的诸多因素之一。区域产业结构是区域经济中各类产业的构成和产业间量的比例和质的联系等关系的综合,同样的生产要素在各产业间的分配比例不同,经济效率存在较大的差异。区域综合运输通道的变化直接影响着区域产业布局的变化,进而影响区域产业结构的变化。

譬如：为追求低成本优势，运费占较大比重的重型原材料工业大都集中在港口或铁路交通枢纽附近。而航空所具有的优势能满足产品特征为"轻、薄、短、小"的新兴工业的需要，从而形成了临空型的新型工业区。因此，由于区域综合运输通道条件的不同，不同区域对不同产业的吸引力不同。随着运输条件的改善，区域产业结构的层次也将随之提高。在规划区域综合运输通道的过程中，应注意区域产业布局与运输通道的配合，以提高区域产业结构的层次。

(5) 服务区域城镇体系规划，促进城镇聚合轴形成。

区域城镇化体系的建设是社会经济发展战略的一部分，区域综合运输通道的规划与发展应适应社会经济的发展战略，以及在各阶段所要达到的经济发展目标；同时还应该为实现战略目标达到相应的经济方位，以满足各经济区需求规模的需要。一方面，交通运输通道的建设要服务于区域城镇体系规划，以促进城镇聚合轴的形成，为经济发展战略的实现提供必要互助设施，同时还要为社会经济的发展创造良好的时机。另一方面，社会经济的发展同样也会诱发新的交通流，与运输通道的建设形成良性循环。运输通道建设的好坏在一定程度上决定了是否会产生新的交通流，也决定了能否充分发掘潜在的经济发展机会。

5.1.2　规划内容

按照现代交通经济理论，一个地区和国家的经济发展需要依托贯通全境的交通运输主通道，一旦大通道形成并发挥作用，将改变区域或地区的生产力布局，并沿通道形成新的经济增长点，形成通道产业密集带，进而促进区域乃至全国经济的发展。区域综合运输通道的规划主要包括布局规划和建设规划两个层次，分别从不同角度对区域综合运输通道的资源优化发挥关键性作用。其中，布局规划面向运输通道数量及空间结构的优化问题，而多个通道的建设时序则主要通过建设规划进行优化。

区域综合运输通道布局规划是指在规划区域内，根据生产力布局、自然资源分布情况及区域内的客货需求等影响通道的相关因素，确定通道的合理线路走向及数量，以保证有效连通，满足运输需求，同时有效联系主要经济中心、城市密集带和资源富集地，发挥好其对沿线经济的带动作用。其布局结果是区域未来交通运输网络发展的战略蓝图。

本书在现有线路的基础上，对通道布局线位进行确定，通道分析结果可用于验证和分析现有运输通道的合理性与不足之处，同时为将来的通道规划工作提供指导和依据。

5.1.3　规划的影响因素

区域综合运输通道作为区域综合运输系统的骨架，涉及面广，对其产生影响的外部环境因素众多，包括自然条件、社会、经济、文化、国防等方面，这些因素既影响区域综合运输通道的形成与发展的全过程，也对其构成要素、功能定位等产生影响。

(1) 区域自然地理条件。不同的地理区位环境，会产生不一样的交通需求。运输通道所在的区域的地理位置及自然条件，会对通道内客货交流产生很大的影响。自然地理条件对通道的形成有不同的影响,既有正面的也有负面的。区域内有河流时,河流一般为区域对外联系的便捷通道,如西江就成为广西联系广东地区的一条重要的对外通道,长江更是西南地区对外联系的主通道。有高山阻隔时,需绕行或凿建隧道。李白在《蜀道难》中写道:"噫吁嚱,危乎高哉!蜀道之难难于上青天。蚕丛及鱼凫,开国何茫然。尔来四万八千岁,不与秦塞通人烟。西当太白有鸟道,可以横绝峨眉巅",形象地描绘出因受地理条件影响,古时四川对外交通的不便。

(2)资源分布。不同或者同一资源在地理分布上都存在着差异性、不均衡性,一方面,衍生了运输需求,促进了运输通道的形成;另一方面,影响了通道的层次、等级、决策等,例如对于国民经济意义重大的矿产资源开发,国家会优先考虑通道的规划发展等。

(3)社会经济发展水平。一个地区的社会经济发展水平决定着该地区内部或与外界的供给和需求水平,也就决定着该地区内部与外界的客货交流数量,从通道形成源的角度对运输通道产生深远影响。交通与经济发展间存在着相互引导、相互促进的关系。现代化的区域综合交通运输系统建设,特别是大运量快速交通运输系统,如高速铁路和区域轨道交通的发展建设都需要强大的经济实力做支撑。区域经济社会的发展水平决定着区域交通运输系统以及区域综合运输通道内运输总量和运输结构,同时区域经济社会的发展水平也在一定程度上决定了社会普遍群体的购买能力以及经济承受能力。经济的飞速发展加快了居民生活节奏,人均出行次数增多,居民的时间观念也不断增强,出行目的不再是派生性需求,本源性交通需求增多,出行需求呈现出多样性,不同经济社会群体对出行服务质量要求也不同,这都必然影响区域出行总量以及出行者对出行方式的选择,所以社会经济因素是影响区域综合运输通道规划的重要因素之一。社会经济因素又包括经济总量、产业结构、人口等。

(4)文化环境背景。社会环境和文化背景对所处其中的人的价值观和人生观影响深远,出行者所处的文化环境也对其出行行为影响较大,主要表现在选择出行方式时的价值观,即对安全性、舒适性、快速性、便捷性、准时性、经济性这六个衡量交通运输服务质量的指标重要性的排序和取舍,同时,文化环境背景对出行者的心理影响包括享受心理、炫耀心理、从众心理等也会影响其对出行方式的选择,而出行者出行方式的选择将直接影响运输通道的形成。

(5)城镇化的发展。区域内的生产要素最初总是在若干优势点集聚,通过在两点之间建立交通线,产生的便利交通条件吸引着资金、技术、信息、人才、产业等生产要素在此集聚,并逐渐形成具有一定规模的经济中心。经济中心形成后,便具有一定的自我发展能力,不断为自身的发展创造条件,吸引交通沿线生产要素向其集聚。随着节点规模的扩大,节点间的联系逐渐加强,原有的单一交通线发展为多方式、多路径构成的综合运输通道。由于通道周围具有较强的区位优势,生产要素也逐渐聚集到通道周围。因此,运输通道的形成与沿线城镇的发展是一个共生的过程,既相互促进又相互制约。随着城镇化水平的提高,城市对周边农村的人、财、物的辐射和吸引不断增强,农村人口向城镇流动,经济落后地区的人口向较发达地区流动,各经济中心之间劳动力互移,这将会增加地域间人口的流动和货物交流,从而带来更大的交通需求。

(6)国家政策。区域综合运输通道是综合运输系统的重要组成部分,综合运输系统支撑社会经济发展,而社会经济系统又是综合运输系统赖以存在的大环境,两者相互支持、相互作用、共同发展。市场主导与政府引导的方式是区域社会经济以及交通运输系统发展的思路。为了满足随经济发展和市场变化的运输需求,政府常常会制定指令性的条文规定或政策方针(包括运费、税收、信贷、投融资以及政府补贴等方面)实现交通与经济相互协调、相互促进的目标。这些政策都不可避免地会对区域综合运输通道的建设发展进程以及运输比例结构产生影响。如国家对汽车产业的鼓励政策、对地区建设高速铁路和区域轨道交通在信贷和税收上的支持等,这必定对国家和区域交通发展战略及相关区域综合运输通道规划产生重要影响、改变地区交通运输系统的发展重心和完善程度。

5.2 区域综合运输通道吸引范围

作为一个服务系统,区域综合运输通道的吸引范围反映了通道的服务水平,另一方面也反映了区域内通道服务的覆盖程度。确定区域综合运输通道的吸引范围是进行通道规划的基础。

5.2.1 吸引范围分类

本书按运输联系的性质对吸引范围进行分类。将运输通道的吸引范围分为直接吸引范围、联合吸引范围和间接吸引范围。前二者同线路的地方运量相联系,后者则同线路的通过运量相联系。

(1)直接吸引范围

包括所有与该路径有直接运输联系的区域所组成的完整地带。这些区域的客货流的全部或局部调入或调出,都经过该路径的客货中转、接发站点。如图 5-1 中 a 点的客货通过 AB 线运往 b 点,属于直接吸引范围内的运输联系,均不与其他相连的路径发生关系。

(2)联合吸引范围

与该路径相联系的其他同级路径的直接吸引范围,其中的物资利用该路径联运,并在该路径的客货中转站及接发站到发。则其他路径的直接吸引范围,称为该路径的联合吸引范围。如图 5-1 中 AB 线范围的 a 点将客货流运往 CD 线范围的 c 点。则 CD 线的 c 点成为 AB 线的联合吸引范围。该路径联合吸引范围内的运输联系,只有部分运输距离和装卸、到发环节之一经由该线,其他则由其他线完成。

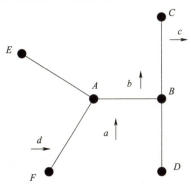

图 5-1 通道运输示意图

(3)间接吸引范围

另外两同级路径直接吸引范围的经济单位互有运输联系,虽由该路径通过,但不在该线的站、港装卸,则其他两线的直接吸引范围,被称为该线的间接吸引范围。图 5-1 中 EF 线的 d 点客货流需经 AB 线运往 CD 线的 c 点,则对 AB 线来说,d 点及 c 点均属其间接吸引范围。路径间接吸引范围内的运输联系,只有部分运输距离经由该线,而客货流的到发作业则与该线无关。

路径各类吸引范围具有一定的等级序列。联合吸引范围与间接吸引范围,都是对各条同级路径而言的,干线在其支线上的联合或间接吸引范围,则仍是干线的直接吸引范围。

5.2.2 路径经济带平均半径法

单一路径条件下的直接吸引范围研究,对于整体运输通道的吸引范围研究具有重要意义。路径影响区域是以出入口为中心且有一定的半径长度的影响范围,影响半径的测算是界定路径经济带边界的关键。

如图 5-2 所示,AB 是运输通道中的一条路径,而 CA、CB 都不是,C 点可以通过 CAB 与 B 发生交通运输联系,路径起间接影响作用,C 点也可以直接通过 CB 与 B 发生交通运输联系,与 A 点无关,所以 AB 段路径对 C 点不产生任何影响。对于存在不同交通路线与路径相邻的两个出入口相连的情况,我们可以将运费和时间作为决定性变量测算某一个出入口的影响半径。

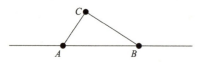

图 5-2 通道对沿线区域影响方式

设 l 为交通线路长度,则 CA、CB、AB 的线路长度分别为 l_{CA}、l_{CB}、l_{AB};设 C 为平均单位货物运输成本,则 CA、CB、AB 线路的单位运输成本分别为 C_{CA}、C_{CB}、C_{AB};设 V 为平均运输速度,则 CA、CB、AB 线路的平均运输速度为 V_{CA}、V_{CB}、V_{AB};设 R_A 为路径出入口 A 点的影响半径,则以运费决定的影响半径为 R_c。以时间决定的影响半径为 R_t。设 CA、CB 为 C 到 A、B 的最佳运费、运时路线,基于运费和时间的路径出入口影响半径决定的模型为:

$$optR_A = \max(R_c, R_t) \qquad (5\text{-}1)$$

$$C_{CA}R_c + C_{AB}l_{AB} \leq C_{CB}l_{CB} \qquad (5\text{-}2)$$

$$\frac{R_t}{V_{CA}} + \frac{l_{AB}}{V_{AB}} \leq \frac{l_{CB}}{V_{CB}} \qquad (5\text{-}3)$$

约束条件:从运输费用最小角度衡量了运输费用决定的 A 点影响半径 R_c;从运输耗时最小的角度衡量了运输耗时决定的 A 点影响半径 R_t。目标函数则是从运费影响半径 R_c 和时间影响半径 R_t 中选择较大者作为 A 点的影响半径 R_A。

单纯以路径相邻的两个出入口决定影响半径,则影响半径理论上可变得无穷大,但是现实条件下路径出入口之间的交通网络有一定的发展限度,从一些主要的交通线路中可以测算出一定的影响半径。模型所需要的数据可以从统计资料和经验中获取。对路径不同出入点影响半径的测算最终可以勾画出路径影响区域的带状形态。

设测算得 n 个出入口的影响半径，则路径经济带的平均半径为：

$$\overline{R} = \frac{1}{n}\sum_{i=1}^{n} R_i \tag{5-4}$$

以上方法是从通道线的角度考虑，大致地将通道线两边一定半径范围内的区域划为通道线的吸引范围。一般情况下，任何路径都要放在全网进行研究。因此，基于区域网的通道，不便分割出它的具体的吸引范围，应放在整个区域系统中进行分析。通道的吸引范围则因其具有特殊的交通性质不便具体划分，可以从区域中各个点的角度考虑是否将其纳入通道线的吸引范围。

5.2.3 节点覆盖度法

节点覆盖度指通道对区域内节点的吸引强度，不同的覆盖度表示通道对改变该节点的交通区位作用的大小不同。

对于区域中的某个节点，它在区域中的位置不同，距离通道的远近不同，通道对它的覆盖度也不同。历史表明，通道周边区域的经济较其他地区要发达，特别是沿江、沿海、沿铁路、沿高速公路等区域的经济近几年发展特别快。正是通道对该部分区的覆盖度较之其他地区要大，改变了这些区域的交通区位，使得生产要素重新分布，从而促进了经济的发展。由于通道的吸引范围在区域中不便分割，在区域很大时，工作量会相当大。通过考察节点覆盖度的大小，可以根据工作的具体要求，确定是否将该节点纳入通道的吸引范围，从而有效地减小工作量，提高工作效率。

通道内有诸多的路径，每条路径各有自己的特性，吸引或所适应的出行人群或货物种类也不同，而每个节点本身又包含众多的不同出行需求的出行群体。因此确定通道对节点的覆盖度显得相当复杂。

假定将一条交通大动脉模拟成一条载流导体，将交通流量模拟成电流，将所研究地区的环境模拟成空间介质，将所研究的具体地区模拟为一点，运用物理学中的电磁场理论来评价交通对经济的促进作用的思想，采用电磁场理论来研究通道对节点的覆盖度（图5-3）。

根据电磁学理论，载流导体将在节点 P 处产生磁场，而 P 点就具备了产生势的条件，在不考虑 P 点本身性质的情况下，可以用 P 点的场强来表示势的大小。设节点 P 适合经由路径 K 运输的交通量为 Q_k，P 点到路径 K 的最短距离为 l_k。

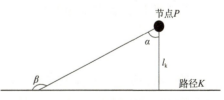

图 5-3 路径对节点覆盖度的磁场模拟图

对于路径 K，广义地说，它本身即是区域网中的一部分，也是广域网中的一部分，因此其长度远大于它所吸引的节点至本身的最短距离。依据毕奥—沙发尔—拉普拉斯定律，节点 P 处的场强为：

$$B_{pk} = \frac{\mu Q_k}{2\pi l_k} \qquad (5\text{-}5)$$

式中：B_{pk}——节点 P 处的模拟场强；

Q_k——节点 P 适合经由路径 K 运输的交通量；

l_k——P 点到路径 K 的最短距离；

μ——节点 P 处的空间磁导系数，此处反映节点 P 对交通大动脉的敏感程度，是节点本身的特性。这一特性是许多因素的综合反映，如资源丰富程度、市场发育状况、投资能力大小、人的观念以及现有产业状况等。其中，以人均国内生产总值效果最好。

当通道中有多条路径时，不考虑磁场方向，则节点 P 处的场强为：

$$B_p = \sum_{k=1}^{n} \frac{\mu Q_k}{2\pi l_k} \qquad (5\text{-}6)$$

式中：B_p——节点 P 处的总场强。

由于在实际情况中，出行者出行时一般是综合考虑各种因素选择广义费用最小的路径；且通道内各路径的交通流量必须采用统一标准表示。因此，需对本公式进行修正。修正后的公式为：

$$B_p = \sum_{k=1}^{n} \frac{\mu(\rho Q_{1k} + Q_{2k})}{(\omega C_k)^\lambda} \qquad (5\text{-}7)$$

式中：B_p——通道在节点 P 处的覆盖度；

C_k——P 点到路径 K 的最小广义费用；

Q_{1k}——客流量；

Q_{2k}——货流量；

ρ——客货运量之间的换算系数，一般取 10；

ω——与环境有关的系数，可根据地理条件取值，如平原地区取 1、丘陵地区取 2、山地取 3；

λ——出行者对 C_k 的敏感系数，一般取 2。

式(5-7)就是通道对节点覆盖度的测算公式。但是本公式运算前提是所计算节点为本通道线的吸引点，而非不相关的点。

5.2.4 最短路径法

最短路径法一般用于间接吸引范围的求解。路径的间接吸引范围：除去直接影响范围和无关范围后的剩余区域称为路径的间接影响范围。如果节点 A 为某路径间接影响范围的内点，则称节点 A 为该路径的间接吸引点。无关节点和直接吸引点的并集的补集为路径的间接吸引点集 Z。

求间接吸引范围的任务是：找出相邻线网上的站、港，找出哪些货物运输应当通过该线，将这些站、港的直接或联合吸引范围连在一起,即间接吸引范围。

间接吸引范围的求解可引入运筹学中最短路径的方法。最短路径问题是指在一个带权图的两个顶点之间找出一条具有最小权的路径,是图论研究中的一个重要问题。目前,对最短路径求解的方法有很多,主要可以分为两类:经典 Dijkstra 算法以及基于该算法的优化算法;基于遗传算法的智能搜索算法。

最短路径法是求网中任意两顶点之间的最短路径的算法,主要有 Dijkstra 和 Floyd 两种算法。其中 Dijkstra 提出了按路径长度递增的顺序产生最短路径的方法,即:把图中所有顶点分成两组,第一组 S 包括已经确定最短路径的顶点,初始时只含有源点;第二组 V-S 中包括尚未包括最短路径的顶点,初始时含有图中除源点以外的所有其他顶点。按路径长度递增的顺序计算源点到各顶点的最短路径,逐个把第二组中的顶点加到第一组中去,直至 $S = V$。

Dijkstra 算法的计算步骤:

第 1 步:$dist$ 初始存放源点到各顶点的权值;

第 2 步:$\{dist(i)lvie(V-S)\}$ 中最小值对应的顶点就是从源点 V 到其他顶点的最短路径中最短的一条所对应的顶点,即 $dist(j) = rain\{dist(i)lvie(V-S)\}$;

第 3 步:对于所有顶点 $V_k[V_k \in (V-S)]$,修改 $dist(k)$ 的值:

$$dist(k) = \min\{dist(k), dist(j) + \text{cost}[j,k]\}$$

再在修改后的 $dist(k)$ 中进行第 2 步,求得第二个 j,顶点 V_j 加入 S 集合中,第二条最短路径产生。重复第 2 步、第 3 步,直至求得从源点 V_i 到各顶点的最短路径为止。

对各类方法在确定区域综合运输通道吸引范围时的适用范围、影响因素及主要优劣势总结见表 5-1。

各吸引范围求解方法 表 5-1

吸引范围求解方法	路径经济带平均半径法	节点覆盖度法	最短路径法
适用范围	直接吸引范围	运输通道网络的吸引范围	间接吸引范围
影响因素	运输费用、运输时间	交通量、距离、地理条件等	运输距离、运输时间等(根据具体网络图权值确定)
主要劣势	不便划分区域网的通道吸引范围	工作量大,计算复杂	—

5.3 常用交通规划方法与适用性

5.3.1 系统分析法

系统分析法是 20 世纪 60 年代以后,随着现代区域运输网络规划方法的形成和发展而产生的一类方法。系统分析法是一类方法的总称,并没有一套完整的规划体系,而是根据具体情况由规划者选取适当的数学模型进行规划应用。目前常用的方法有节点规划法、最佳规模法、逐步调整法、动态规划法、最优树法等。下面着重介绍节点规划法、最佳规模法、逐步调整法三种方法。

节点规划法起源于美国,其核心研究内容是确定线路连接的控制点。应用于运输通道规划时,即为寻求运输通道中控制节点的过程。节点规划法的关键是节点和线路的选择标准,如用人口指标作为选择结点的标准,美国把5万人口以上的城市列为运输网节点,日本则把10万人口以上的城市作为运输网节点。线路选择的标准应从定性和定量两方面来把握。定性方面主要根据区域特定的经济状况和自然地理条件而定,如美国在规划国家级公路干线时,规定线路应尽可能通过人口稠密的城市和农村、尽可能通过工业集中区和汽车保有量较高的地区、尽可能包含军事交通路线和交通繁忙的线路。定量方面主要采用网络流量分析和其他优化方法。选择节点的方法包括经验法、重要度法、聚类法等。

路网最佳规模规划法是在节点规划法基础上进行的。假定节点规划法确定的节点数为 M,分两个层次考虑通道规划:首先确定 $M-1$ 条线路构成的最优树,把 M 个节点连起来;其次,以此最优树为基础进行通道线路的扩充,寻求运输网络整体布局效率最高的运网最佳规模。

逐步调整法首先是根据路网规划的原则,直接确定通道规划的初始方案,然后将预测交通 OD 用交通分配预测方法分配到网络上,根据分配的结果进行通道交通运输质量分析评价,分析各通道段、交叉口的饱和度及服务水平是否满足规划需求。如满足则该方案为可行方案;否则对初始方案根据通道规划的原则进行修改,再进行交通分配,直至通道交通运输质量满足规划要求,成为可行方案。

系统分析法包含的一系列规划方法在运输通道规划中有着重要的借鉴意义,为其他规划方法提供了重要的计算理论依据。但系统分析法并不完善,就其本身而言,节点选取过程考虑因素过少,选定标准较为单一,以定性选取为主,与通道规划目标的贴合度差;且系统分析法并没有形成一套标准的规划流程,在实际应用中规划者难以从中找到一套最合理的规划技术路线。

5.3.2 四阶段法

四阶段法是一种基于交通流量预测的交通规划方法,起源于城市交通规划,是目前国内外交通规划主要采用的一种方法。四阶段法以居民出行调查为基础,由交通生成、交通分布、交通方式划分、交通量分配四个阶段组成。

(1)交通生成

交通生成预测即研究未来年对象地区内发生的总出行量及各交通小区的发生、吸引交通量。出行发生量考虑的因素主要包括住户的社会经济特征、人口特征、收入特征、车辆的拥有特征。出行吸引量主要考虑的因素包括土地使用的形态、土地面积和性质、建筑面积和性质。方法有增长率法、原单位法、函数模型法(多元回归分析法)、弹性系数法、移动平均法、指数平滑法、专家预测法等。

(2)交通分布

交通分布预测是根据现状的OD分布量、交通小区的经济特征、土地利用的发展变化,求得未来各交通小区间的出行量。预测方法有增长率法和重力模型法,其中增长率法分为常增长率法、平均增长率法、底特律法、福莱特法;重力模型法分为单约束重力模型和双约束重力模型、最大熵模型等,常用的预测方法为重力模型法。

增长率法适用于短期的交通分布研究,比较简单,在进行迭代运算时,收敛速度比较慢,主要应用于交通网络没有发生重大变化的短期预测。重力模型法可以用于长期的研究或者短期研究中交通网络有较大变化的情况。

(3)交通方式划分

交通方式划分就是出行者出行时选择交通工具的比例。综合运输规划中的交通方式分为:铁路运输、公路运输、水路运输、航空运输、管道运输。城市交通规划中的交通方式分为:步行、公共汽车、地铁、出租车、自行车、摩托车、私家车等。

影响交通方式选择的因素包括:

①出行者特性。分为:个人属性,包括职业、年龄、性别、收入、驾照持有与否、汽车保有与否、出行习惯等;家庭属性,包括婚否、有否小孩、是否与老人同居;地区特性,包括人口规模、区内人口密度、交通设施水平、地形、气候等。

②出行特性。分为:出行目的,包括上班、上学出行、业务出行、自由出行;出行距离;出行时间。

③运输设施特性。分为:量化因素的影响,包括行驶时间、费用、等待时间等;质化因素的影响,包括舒适性、方便性、安全性、可靠性、规律性。

(4)交通量分配

交通量分配是指把各个交通小区之间的不同交通方式的出行分布量具体地分配到各条线路上的过程。交通量分配分为以下三种模式:

①将现状OD交通量分配到现状交通网络上,以分析目前交通网络的运行状况,如果有某些路段的交通量观测值,还可以将这些观测值与在相应路段的分配结果进行比较,以检验模型的精度。

②将规划年OD交通量预测值分配到现状交通网络上,以发现对规划年的交通需求而言现状交通网络存在的缺陷,为交通网络的规划设计提供依据。

③将规划年OD交通量预测值分配到规划交通网络上,以评价交通网络规划方案的合理性。

四阶段法具体规划流程如图5-4所示。

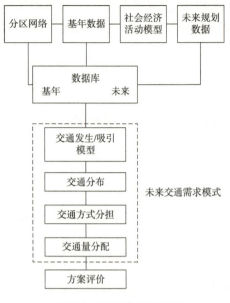

图 5-4 四阶段规划模式流程

四阶段法的出现推动了交通规划理论的发展，它在将传统的定性规划转变为定量规划的过程中发挥了极大作用。四阶段法的建模过程是以交通预测为核心的，在区域综合运输通道布局规划过程中，可以充分利用交通调查数据及丰富的实践经验，预测未来的区域综合交通运输水平，适当地规划运输通道。

但是四阶段法仍存在以下几点缺陷：

(1) 难以适应大规模交通规划

四阶段法的应用起源于城市交通规划。在城市交通规划中应用四阶段法，可以有效地对市内土地利用加以控制，将其划分成交通小区，通过研究不同交通小区之间的交通量和交通联系性强弱来布局交通线路。但是在大区域的运输通道布局背景下，四阶段法的可行性将会严重降低。大区域的交通现象复杂多样，运输集散点非常多，且四阶段法的交通小区划分过程受人为因素影响很大，划分交通小区的可行性极弱。

(2) 适用范围小，预测过程数据量大、耗时长

运用四阶段法进行交通规划需要 OD 表作为数据基础，这就需要进行大规模的交通调查。同时，处理这些调查数据需要花费大量的时间和经费，而且组织大规模的 OD 调查不仅耗时耗力，还要进行周密的组织和安排，调查项目多，调查过程受欢迎性影响大，且实际调查中的区域综合交通运输状况在不断变化，实际操作中难以获取准确的预测值。时间越长准确性反而降低，难以适宜中远期交通规划。为弥补该缺陷，手机信令数据的应用逐渐在交通规划领域推广，基于手机信令数据能够节省大量时间和精力，数据覆盖面广，数据精度高，所以基于手机信令的交通出行估计逐渐成为研究热点。

(3) 通道布局功能模糊

用区域交通运输量分配结果作为依据进行区域综合运输通道布局，仅仅反映了土地利用—交通运输状态之间的关系，而忽略了区域综合运输通道本身的发展对土地利用和通道交通状态的影响，使得运输通道网络这个"慢变量"被区域交通运输这个"快变量"所支配和控制，这与区域综合运输通道布局的目的相违背，缺乏正确的理论依据。

5.3.3 节点重要度法

节点重要度法引入了节点这一概念，从对区域内节点分析入手，通过节点重要度、路线重要度的计算，完成由点到线、由线到面的布局过程，符合区域经济学中以点带面，逐层辐射的经济发展规律。其具体规划过程如下：

首先,选择节点,计算节点重要度的大小。通常采用几个指标的线性加权合成,根据交通节点可能是城市、资源点、大型工业厂矿的规律,纳入重要度的指标可以是人口、国内生产总值等。节点重要度计算出来以后,根据系统聚类分析原理及各节点重要度,将节点分成不同的层次,其目的是确定节点功能的强弱,从而确定不同层次路线的主要控制点。然后根据聚类分析结果,分层拟定各类节点间联系线路的走向,划分其功能和作用,进行网络的平面轮廓设计。

节点重要度法是通过对目标规划区域的运输集散分析,选择交通运输节点,并运用与交通密切相关的多个指标来综合评价节点的重要程度,重要度是对区域内各节点相对重要性的一种综合量度,重要度越高,说明该区域的生产潜力大,将是未来主要的交通量生成区间。运输通道的形成、发展与区域社会经济有密切的关系,一个运输集散点的功能强弱,与区域政治、经济、文化、商业等方面都有联系,与人口、国内生产总值、人均收入等指标相关,是综合诸多方面的结果。人口是节点规模大小的直接反映,国内生产总值、人均收入反映了节点的经济发展水平,其值高的节点,说明该区域的发展潜力大。建立在这一基础上,采用节点重要度评述运输通道交通网络经济节点的相对重要性比较合理。

运输通道的规划一般应保证大的重要节点之间的联系,建成运输通道;然后再将小的节点与大的节点或运输通道连接,最终形成网络。即应将节点按照重要度大小分层,优先布置重要度较大点之间的联系通道段,然后再在此基础上,使下一层次节点之间、下一层次节点与优先布置通道之间密切联系,形成整体,实现通道网络的较优配置。

重要度布局法从区域综合经济规模与运输需求关系出发,重视运输的宏观成因,相对于四阶段法而言,交通调查数据收集的工作量大幅度下降,具备一定的可实施性,尽管如此,其在运输通道布局中仍存在一定的不足:

①节点选取受主观因素影响大,节点重要度衡量的指标体系难以统一。区域综合运输通道涉及地域范围广,囊括其中的交通运输方式多样,而不同的运输方式之间的技术经济特征不同,因此在选择运输通道布局节点时,不同的运输方式需考虑的影响因素各不相同。在对不同的运输节点进行重要度计算时,评价体系难以统一。

②规划研究时期的局限性大。规划过程仅考虑到规划期当前区域内各节点的技术经济因素,没有考虑到产业结构变动、政策转变等因素带来的影响,缺乏前瞻性。

③研究系统封闭。基于重要度法的运输通道布局研究,是将研究区域视为一个封闭系统,不考虑区域外经济、交通格局对区域内运输通道布局的影响,缺乏区域外经济、交通格局对区域内通道布设的影响的分析。而外部经济协作区、区域过境交通联系对运输通道的形成及发展有重要的影响,因此基于节点重要度法的通道布局结果与实际有一定偏差。

5.3.4 交通区位法

交通区位论认为,在研究包括交通在内的复杂系统现象时,无论有多少因素共同参与、系统的综合反应得到多少系统特征,都可以根据一条简单有效的系统定律去分析:系统的任何一种特性都只是由一种支配性的主因素贡献的,且这种特性与主因素的偶对关系都遵从变化速度相等或约相等的规律,偶对间的本质是因果关系,而表现则只是高度相关,这是因为特性除受主贡献因素支配外还受一些非支配因素的联合作用。

在交通现象中,地理因素、社会经济因素和科技因素是决定交通网络布局规划的三个主贡献因素。地理因素贡献交通网络的地理联系特性;社会经济因素贡献交通网络的运输方式、线路等级特性;而科技因素则是贡献交通网络的效率和质量特性。其中,地理因素对交通网络具有支配地位。交通区位线是交通线在地理上的高发地带,是运输通道的原理线,其分布格局揭示了运输通道的格局。交通区位布局法是以交通区位理论为基础发展起来的一种路网布局方法,是一种本体论的规划方法。它把交通运输线看作某些条件集合下一定地域内发展与社会经济相适应的交通有优势地带内的外化结果,认为区域交通网的布局规划主要是考虑地域空间经济、政治、安全等相对稳定的需求结构,通过对规划区域的经济地理特征、经济发展模式和资源的分布、需求情况的分析,结合规划区域在全国的地位,从根本上找出规划区域内交通产生的高发地带,即所谓的交通区位线,并以此作为路线布局走向的依据来布局交通干线。通过这种方法布局的路线不仅在运输上是必要的,而且在经济上也是运费最低的。

交通运输行业具有运输需求的快变性与供给的慢变性这一特点。一般商品的生产与销售可以靠仓储来实现供需均衡的平衡,而运输产品则是一种实现客货位移的服务过程,是不可储存的。而且客货的流量还是随时间、地点等条件的变化而快变的,即运输需求是快变的。但由于运输业所需投资大,且建设周期长,一旦投资,其设施就很难移作他用,故交通运输投资具有沉没成本特性,可见交通运输的供给是慢变的。运输供给的这种慢变特性不可能使运输及时地对运输需求中随时随地的快变特性做出反应,而表现得完全无弹性。特别又因路、站等固定设施建设的周期长,会使供给特性之中的无弹性到缺乏弹性的时间很长,其中甚至几乎不存在或极少存在富于弹性的时候。运价变化时路网供给的弹性变化过程为:运价变化后要经过长时间路网的供给才会变得有弹性,这就是路网供给的慢变性造成的。所以交通运输之中的均衡不能等需求出现时再去进行均衡操作,只能预期需求将出现而超前地进行操作,才有可能实现均衡。

综上所述,交通固定设施形成生产能力的周期很长,使运输供给具有慢变特性,但运输需求又是快变的。故只有大幅度地提前操作供给才能使运输之中的供需均衡;交通固定设施投资具有沉没成本特性,因而要求决策中不能允许投资失误的差错。

因而在区域综合运输通道规划中对地域进行交通区位分析时,最要紧的就是将社会需求反映到地域的交通区位线区划之中,也就是在交通区位线区划时,充分考虑各种社会需求时交通区位线的驱动,才能发现、凸显一些潜藏的交通区位线,以及根据需求对一些古代交通线进行回采。

交通区位线的概念中有一点即交通区位线只是一条产生交通线的可能性大的原理线。因此在常规的地图上不会出现这种交通区位线,它只是一种以意识形态化的、非实物的方式存在的线。只有我们对某个地域进行交通规划时，才有必要分析这个地区支配交通区位线产生的一些必然因素，如城市、大能源基地等经济地理因素，山文、水文等自然地理因素，城市中心、军事基地等人文地理因素，再对地域交通区位线进行定线。同时对一些影响交通区位线的偏离因素进行分析并修正其区位线，如此绘制出地域交通区位线后，就要考虑将交通区位线应用到运输通道的规划中去，这时只要将每一条交通区位线在不同的时期变成所需的交通线即可。转换过程中我们将根据一套转换方法进行操作。确定地域交通区位线及将交通区位线转换成交通线的操作步骤为：

①对自然地理、经济地理、人文地理等资料进行分析，得出地域中可作为交通节点的有关参数及(规划)年限时节点的参数。

②根据基年及规划年限的节点情况以及地域中的地理约束条件及偏离因素确定地域交通区位线，并且不与交通区位线网络区划图冲突。

③根据地域周边地区的交通区位背景确定地域外部交通区位线，也就是过境的交通区位线。

④根据产业社会背景及交通吸引特性确定交通区位线图上的哪几条区位线在规划年限内要转换为交通线，并确定每条交通线需配置什么运输方式(一种或几种)。

⑤根据国民经济统计资料进行预测，并参照有关标准确定每条交通线的技术等级。

⑥根据所在地区经济发展规划或制定的发展战略确定交通线路建设项目先后的次序。

尽管交通区位布局法是从运输产生的源头出发，强调了交通对经济发展的引导作用，与区域综合运输通道布局规划的要求十分相符，但是此方法主要还是以定性分析为主，量化程度较差，较容易受到规划人员主观意识的影响，潜在因素对于路网布局具有不确定性，仍需要一定的改进。

上述三种方法适用性及特点见表5-2。

三种通道规划方法对比 表5-2

比较项目	规划方法		
	四阶段法	节点重要度法	交通区位法
规划起点	小区划分及OD调查	规模总量预测	节点及线路区位分析
主要分析工具	各种数学模型	重要度计算聚类分析	背景变换分析法历史回采
主要优势	具体线路交通量预测	布局和建设规划并重	布局规划
规划目的	主要均衡	主要均衡	本体的预期规划
适用范围	短期城市交通规划	中长期通道规划	长期通道规划

5.4 出行行为分析理论

5.4.1 区域综合运输通道出行过程分析

区域综合运输通道内的出行与城市出行和区域间的长距离出行有所不同。其出行过程中会涉及多种出行方式的换乘,按照不同出行方式在出行过程中的作用,可将出行方式划分为区域出行方式和接续出行方式。区域出行方式是完成整个运输过程的主体,区域出行方式的特点是在整个运输过程中运距最长。接续出行方式是指为了换乘区域出行方式而采用的出行手段,通常为市内出行方式,如公共汽车、步行、自行车、出租车、城市轨道交通等。除此之外,少部分道路客运或者私家车也可作为接续出行方式。

区域综合运输通道内的出行属于中短途出行,在中短途出行当中,出行者对出行方式的选择,不仅仅考虑区域出行方式票价、可靠性、舒适性、安全性等,接续出行方式的舒适性和方便性也是需要考虑的要素,特别是由于换乘引起的舒适度降低和时间的浪费。在重视出行者因接续出行误点造成未能及时换乘的同时,还应注意出行者对耗费在接续出行方式上的时间比耗费在区域出行方式上的时间更敏感。因此,在对短通道出行的出行方式选择时,需要从出行全过程的角度对其进行深入的研究。基于出行全过程的出行根据区域出行方式选择的不同可分为两类:选择公路客运和铁路客运作为区域出行方式和选择私家车作为区域出行方式的出行。为了描述的方便,将公路客运和铁路客运统称为区域公共交通。在区域出行中,当选择区域公共交通作为区域出行方式时的出行全过程如图 5-5 所示。

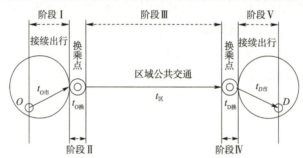

图 5-5 区域综合运输通道出行全过程分析

(1) 出发地的接续出行

出发地的接续出行是指出行者从出发地 O 点,到区域出行方式换乘站点的换乘出行过程。当出发地在市内时,出行者采用城市交通进行接续;当出发点在城市外围时,采用短途道路客运或私家车进行接续。

(2) 出发地换乘

出发地换乘是指出行者从出发地到达区域交通换乘站点后,为了换乘区域交通完成的一系列活动过程。其过程为:下车(接续出行方式)—出站(接续出行方式)—购票(区域出行方式)—等待(区域出行方式)—上车(区域出行方式)—离去(区域出行方式)。

(3) 区域出行方式出行

区域出行方式出行是在区域交通工具上的在乘过程,即通过购票获得区域交通过程当中的运输服务。

(4) 目的地换乘

目的地换乘是指出行者采用区域出行方式到达目的地的换乘站后,为到达最终目的地,需要离开区域交通系统换乘接续出行而完成的一系列活动。其过程为:下车(区域出行方式)—出站(区域出行方式)—购票(接续出行方式)—等待(接续出行方式)—上车(接续出行方式)—离去(接续出行方式)。

(5)目的地的接续出行

目的地的接续出行是指出行者从区域交通换乘点到目的地 D 点的出行过程。当目的地在市内时,出行者采用城市交通进行接续;当出发点在城市外围时采用短途道路客运或则私家车进行接续。

基于公共交通的出行全过程总出行时间 T_{it} 为:

$$T_{it} = t_{O市} + t_{O换} + t_区 + t_{D换} + t_D \tag{5-8}$$

式中:T_{it}——基于区域公共交通出行全过程的总出行时间;

$t_{O市}$——从出发地到区域公共交通换乘点的接续出行时间;

$t_{O换}$——在出发地换乘点的换乘时间;

$t_区$——区域公共交通方式的在乘时间;

$t_{D换}$——目的地换乘站的换乘时间;

t_D——从区域公共交通换乘点到目的地的接续出行时间。

区域公共交通的出行全过程还可划分为换乘出行、接续出行和区域交通出行三个阶段。将出发地的接续出行和目的地的接续出行统称为接续出行;将出发地和目的地的换乘统称为换乘。

5.4.2 出行方式选择影响因素

出行选择的影响因素较多,总的来说可划分为出行者特性、出行特性、出行方式特性。

1)出行者特性

出行者特性因素包括出行者的性别、年龄、学历、职业、收入等,这是影响出行的个性因素。这些因素对出行者的出行行为有一定的影响,它们是通过影响出行者对衡量交通运输服务质量五个指标重要程度的不同认识,以及对五个指标的期望值,从而达到影响出行者的出行方式选择行为。出行者的经济收入是出行者出行行为的决定性因素。经济收入代表了个体的购买力,而购买容量和购买意愿在很大程度上取决于购买力。因而,收入属于不同阶层的出行者的出行行为是有较大差异的。出行者正是在本人经济承受能力与出行需求之间寻找平衡点,其具体的表现主要是影响出行者对出行方式及出行路线的选择,有时也会影响出行者对出行目的、出行目的地的选择。

2)出行特性

出行特性因素包括出行目的、出行距离等。

(1)出行目的

短途出行的目的主要包括上班、上学、公务、休闲购物、文娱体育、探亲访友、看病、回程等。

长途的出行目的一般包括开会、出差、采购、探亲、旅游等。不同出行目的出行者的出行需求是不一样的。就衡量交通运输服务质量的五个指标(安全性、舒适性、快速性、便捷性、经济性)而言,出差的出行者属公费出行,因而其对经济性的需求会弱一些,对舒适性、快速性、便捷性的需求会强烈一些;而自费出行的一般出行者对经济性的需求往往是比较强烈的刚性需求。

(2) 出行距离

不同出行目的和不同出行方式的出行距离也不同。由于出行时间主要由出行距离和各种出行方式特性决定,针对不同的出行距离,出行者相应会采取不同的出行方式,以确保出行耗时在可接受的范围之内,出行耗时与出行目的的关系反映了各种设施之间的时距、出行便利程度、城市设施的空间分布。出行具有时间和空间上的分布特点。

3) 出行方式特性

出行方式特性主要体现在出行方式的经济性、快速性、方便性、安全性和舒适性。

(1) 经济性(Fa)

经济性主要是指出行过程中的花费,包括票价和额外费用开支,如餐饮。额外开支随机性较强,因此采用票价(Fa_m)来衡量出行方式 m 的经济性。已知出行方式 m 的票价率 f_m 与出行方式的里程 L_m,则经济性 Fa_m 表示为:

$$Fa_m = f_m \cdot L_m \tag{5-9}$$

(2) 快速性(F)

快速性是反映交通工具速度的指标,通过出行时间来反映,即用出行方式 m 的运输里程 L_m 与其平均速度 V_m 的比值表示,即:

$$F_m = \frac{L_m}{V_m} \tag{5-10}$$

(3) 方便性(Co)

方便性主要是指花费在接续出行上的时间,出行方式 m 的方便性(Co_m)为换乘出行方式 m 的平均接续时间 T_m,即:

$$Co_m = T_m \tag{5-11}$$

(4) 安全性(C)

安全性反映的是安全程度,出行方式 m 的安全性采用下式计算:

$$S_m = 1 - \frac{Ca_m}{CA_m} \tag{5-12}$$

式中:Ca_m——地区内第 m 种出行方式事故伤亡数;

CA_m——地区内第 m 种出行方式的总运量。

(5) 舒适性(S)

舒适性反映的是运输过程中的舒适程度,票价在一定程度上反映了出行方式的舒适程度,推荐舒适度的舒适率取出行方式 m 票价的 5%~10%。

$$S_m = f_m \cdot L_m \cdot rate_m \qquad (5\text{-}13)$$

式中：$rate_m$——出行方式 m 的舒适率，在区间[5%，10%]内取值。

5.4.3 出行调查

出行行为分析是从定量的角度分析出行者特性、出行特性和出行方式特性对旅客出行方式选择的影响。出行方式选择建模需要解决三个问题，一是出行原始数据的获取，即出行调查，在出行调查里需要解决的关键问题是调查方式和调查表格的制定；二是出行方式选择模型的选择；三是如何结合区域综合运输通道出行特点进行建模。

1）调查方法

关于出行调查现在研究比较成熟，本书在现有研究成果的基础上做相应的综述。一般用于针对出行行为分析的调查方法有两种，一种是已完成的选择性行为的调查，称作行为调查，即 RP(Revealed Preference)调查；另一种是在假设条件下，选择主体如何选择的以及如何考虑的选择意向调查，称作意向调查，即 SP(Stated Preference)调查。

(1) RP 调查

RP 调查是针对某些已经实施的政策或者已经存在的对象进行相关调查，请调查对象根据他们的实际行为填写调查表或问卷，在此调查结果基础上建立相关的概率或其他模型的调查方法。由 RP 调查的定义可知，RP 调查是对已实现的选择行为的调查，获得的调查数据可以真实地描述客观世界，是现实事物的概念映射，可靠性非常高，然而 RP 调查最大的缺点是研究者不能根据研究需要对选择对象的影响因素进行随意的组合，对于现实中不存在的选择方案也不能使用 RP 调查方法。

(2) SP 调查

SP 调查是在假设条件下，选择主体希望如何选择及如何考虑选择的意向调查。SP 调查起源于经济学，最近 20 年交通研究中的应用越来越普遍，目前被广泛应用于出行方式选择、泊车选择以及路线选择等方面的研究。

在 SP 调查中，根据实际问题和专业经验确定需要调查的属性(选择变量)，并根据实际情况设定各属性的多种可能取值(水平)。SP 调查可以为调查对象提供广泛的选择属性，这些属性可以包括政策措施及现实中的各种新生事物等。在此基础上利用数学方法设计出 SP 调查情境来减少甚至消除属性之间的相互依赖性，让调查对象以评分、等级排序或离散选择的方式判断其对各种情境下各备选方案的整体偏好。通过这种方法，调查人员能够灵活掌握各变量对调查对象所做选择产生的影响。SP 调查克服了 RP 调查的许多缺点，但由于在调查过程中考虑的属性较多，可能会导致调查对象无法回答，或拒绝合作的现象。除此之外，调查对象是在非现实非体验的情况下进行方案选择的，容易受到问卷提示因素的干扰，影响了判断的真实可靠性，造成 SP 数据和实际选择行为之间不符合的情况。RP 调查与 SP 调查的区别见表 5-3。

RP 调查与 SP 调查的区别　　　　　表 5-3

SP 调查	RP 调查
★可以处理当前不存在的替代方案	☆不能处理当前不存在的方案
★可以将某一属性的效果和其他属性的效果分开	☆属性间的作用存在多重共线性
★可以自由设计属性、水平值及属性间的转换关系	☆属性、水平值及属性间的转换关系已经确定
★可以完全控制选择方案	☆分析人员必须假定存在选择方案
★可以从一个调查对象得到多个数据	☆从一个回答者只能得到一个数据
★能用小样本进行有效统计分析	☆需要进行大规模的调查
☆调查数据未必与实际行动一致	★调查数据不会存在误差

注:符号☆表示对应项为缺点,★表示对应项为优点。

2)试验设计

试验设计主要研究方案属性水平之间的搭配关系,在出行方式 SP 调查设计中通常采用几种试验设计方法,主要包括全面设计、正交设计和均匀设计三种。

(1)全面设计

全面设计是将每一个属性的每个水平进行一次完全组合,要求调查对象对每一次组合做出相应的选择。全面设计的优点是能够对属性的所有水平进行全面完整的研究,如在出行调查中考虑 m 个属性,它们各有 $l_1 \times ,\cdots, l_m$ 个水平,则全面设计通过调查对象做 $l_1 \times l_2 \times \cdots l_m$ 次判断后,便能全部掌握调查对象对影响因素所有水平组合的影响;但全面设计的缺点也是显而易见的,即随着研究属性和属性水平数的增加,组合数量极速增长,如考虑 5 因素 3 水平的调查,其组合数为 3^5 个,在实际调查中,调查对象不太可能会对如此多的组合数进行判断。因此在出行方式 SP 调查情景设计中一般不会采用全面设计方法。

(2)正交设计

由上文可知,当考虑的属性较多时,全面设计的组合数太多,实际应用中较为困难。那么是否存在减少组合数但又不影响调查数据全面性的方法呢?答案是肯定的。正交设计利用数理统计学观点,应用正交原理,从全面设计的点中挑选具有代表性的点进行数据收集。它的主要特点是各个试验点在试验范围内"均匀分散、整齐可比"。"均匀分散"是使试验点均衡地分布在试验范围内,让每个试验点都有充分的代表性;"整齐可比"则是使试验结果的分析十分方便,易于估计各变量的主效应和部分交互效应,从而可分析各变量对指标的影响大小和变化规律。

正交试验设计具有以下优点:

①考察因素及水平合理、分布均匀。

②不需进行重复试验,误差便可估计出来,且计算精度高。

③找出了最主要因素,便于进一步试验。

④因素越多,正交设计的作用越大。

正交设计方法由于其"均匀分散,整齐可比"的特点,实际应用非常广泛。需要注意的是正交设计比全面设计在组合数上要有所下降是有前提的,即当影响因素较多时,正交设计比全面设计在试验组合数上将减少很多。但是当水平数增加时,正交设计的组合数呈指数增加,对于水平数较多的交通 SP 调查来说,正交设计并不适用。

(3)均匀设计

我国数学家方开泰和王元将数论与多元统计相结合,在正交设计的基础上,创造出一种新的适用于多因素、多水平试验的设计方法。均匀设计和正交设计都是依据数学原理从大量的试验点中挑选适量的具有代表性、典型性的试验点。但在均匀设计中,不考虑试验点"整齐可比"的特点,只是让试验点在试验范围内充分"均匀分散",因此需要的试验点数目较少,数据的代表性较强,能很好地弥补正交设计的不足。均匀设计数据处理工作虽然不如正交设计那样可以进行直观分析,但借助回归分析,在实际应用中对于水平数相同的多变量问题,研究人员通常可利用制作好均匀设计表来设计试验方案。

正交设计具有"分布均匀,整齐可比"的特点,因此采用正交设计进行调查时可采用直观分析、极差分析、方差分析和回归分析进行定性、定量的研究。均匀设计只考虑了"分布均匀"而不满足"整齐可比"的特性,因此均匀设计的调查结果不能采用极差分析和方差分析进行数据分析,通常只能采用回归分析进行数据研究。在使用中无论是正交设计还是均匀设计都由事先设计好的正交设计表和均匀设计表安排试验。

5.4.4 出行方式建模

1)离散选择模型

出行行为分析模型按照其特点,可分为集计模型和非集计模型。

(1)集计模型

集计模型是以一批出行者作为研究对象,将有关他们的调查数据进行统计处理,给出平均意义上的期望值,然后以这些量为依据进行规划和设计。

常用的集计模型包括线性回归模型、类型分析模型、转移曲线模型、损失最小模型、转换后的重力模型等。集计模型缺乏完整的理论假设,在应用中需要大量地收集数据才能保证数据分析结果的精度,同时集计结果在时间和空间上的转移性较差,也不能反映出交通运输需求与交通服务水平之间的定量关系。集计模型在现在交通方式选择中应用较少。

(2)非集计模型

非集计模型是以个人作为研究对象分析不同出行者对出行方式影响因素的反应。非集计模型的特点为:

①非集计模型以个人效用最大化原理为理论基础,有明确的行动假说,说服力强。

②以交通出行者为分析单位,从而可以用较少的样本标定模型,并可对所标定模型进行统计检验,易于对模型的预测精度进行分析。

③可以选用大量的与个人决策相关的因素作为自变量,从而能够对各种交通规划、交通政策进行效果评价。

④模型具有较好的时间转移性(在某个时点标定的模型可以在其他时点应用)和地区转移性(用某个地区的数据标定的模型可以在其他地区中应用)等。

关于非集计模型与集计模型的优缺点相关文献对其进行了深入的分析,见表5-4。

非集计模型与集计模型的优缺点　　　　　　　　表5-4

项　目	集　计　模　型	非集计模型
调查单位	个体出行	个体出行
分析单位	小区	个人
因变量	小区统计量(平均值)	个人变量(离散值)
自变量	不同小区数据	不同的个人数据
标定方法	回归分析等	极大似然法等
适用对象	特定区域	任意
数据表现	区域平均值变化	个人自变量的变化

2)出行行为分析建模

区域综合运输通道提供中短途运输服务,其出行特点与城市交通和区际长途出行存在较大的差别,城市交通的出行接续以步行为主,当采用城市轨道交通出行时,有少量的常规公交接续。区际长途运输服务需要城市交通等短途运输提供接续,但就接续时间和花在接续出行上的费用与长途运输时间和运输费用相比可以忽略。因此,区域综合运输通道的中短途运输出行方式的选择与城市交通和区际长途交通存在较大的差异。针对区域综合运输通道出行特点,区域综合运输通道出行方式的选择分析可采用三种思路。

(1)采用 MNL 模型

采用 MNL 模型时,根据处理接续出行和区域交通出行特性的区别,可分为两类 MNL 模型。

①MNL 模型 1

根据接续出行在计算区域出行方式选择中的特点,将接续出行特性,并入到区域出行方式特性里面。采用下式计算其经济性和快速性:

$$Fa_m = f_m \cdot L_m + C_1 + C_2 \tag{5-14}$$

式中:Fa_m——采用区域出行方式 m 出行的总费用;

L_m——出行方式 m 的出行距离;

f_m——出行方式 m 的出行费率;

C_1、C_2——出发地与目的地端产生的接续出行费用。

$$T_m = \frac{L_m}{V_m} + t_1 + t_2 \tag{5-15}$$

式中：T_m——采用出行方式 m 出行的总时间；

L_m——出行方式 m 的出行距离；

V_m——出行方式 m 的旅行速度；

t_1、t_2——出发地与目的地端产生的接续出行时间。

采用该思路的特点如下：

a. 该方法主观将接续出行与区域交通出行特点等同对待，不能客观表达接续出行与区域出行方式选择的相互依赖、相互作用的客观关系。

b. 该方法处理方便，模型参数标定和使用均较为容易。

c. 当采用不同的交通方式进行接续时，接续时间和接续费用是不同的，采用什么样的接续时间和接续费用很难确定。

d. 模型不能解决区域出行方式之间的独立项不相关性。

MNL 模型 1 的结构如图 5-6 所示。

②MNL 模型 2

为了避免 MNL 模型 1 存在的缺点，可将接续出行特性和区域出行方式的特性分别考虑，在建立 MNL 模型时，将其特性视为独立的，分别进行参数标定。其特点为：

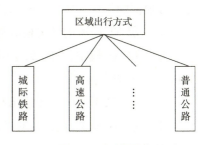

图 5-6　MNL 模型 1

a. 该方法考虑了接续出行与区域出行方式选择之间的相互依赖、相互作用的客观关系。

b. 该方法处理方便，模型参数标定和使用均较为容易。

c. 该方法只考虑了接续出行方式的特性，而不按出行方式计算接续出行的特性，很容易提取和确定接续时间和接续费用。

d. 模型不能解决区域出行方式之间的独立项不相关性。

(2) 采用 NL 模型

采用 NL 模型处理时，需要建立 NL 模型的层次结构，不同层次结构能构建出不同的模型。

①NL 模型 1

NL 模型 1 模型考虑的是双层 NL 模型，第一层考虑接续出行方式的选择，第二层考虑区域出行方式的选择。双层 NL 模型的结构如图 5-7 所示，其特点如下：

a. 双层 NL 模型的结构相对简单，参数的标定和应用比较容易。

b. 双层 NL 模型，考虑接续出行方式时，只考虑了出发地端或目的地端中一端的接续出行，没有对两端的接续出行同时考虑。

c. 该方法按接续出行方式考虑对区域出行方式的影响，操作性较强。

d. 双层 NL 模型，没有将出行方式间的相似性纳入考虑，模型不能解决区域出行方式之间的独立项不相关性。

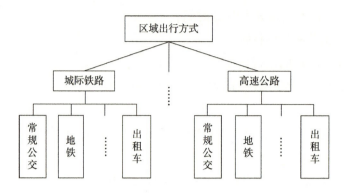

图 5-7　NL 模型 1

②NL 模型 2

NL 模型 2 考虑的是三层 NL 模型,第一层考虑接续出行方式的选择,第二层为虚拟选项,考虑的是出发地端和目的端接续出行方式的选择,第三层考虑区域出行方式的选择。三层 NL 模型的结构如图 5-8 所示,其特点如下:

a. 三层 NL 模型的结构相对复杂,参数的标定和应用比较困难。

b. 三层 NL 模型,考虑接续出行方式时,同时考虑了出发地端和目的地端,比双层 nested logit 模型更加完善。

c. 三层 NL 模型,按接续出行方式考虑对区域出行方式的影响,操作性较强。

d. 三层 NL 模型,同样没有考虑主体出行方式间的相似性,模型不能解决区域出行方式之间的独立项不相关性。

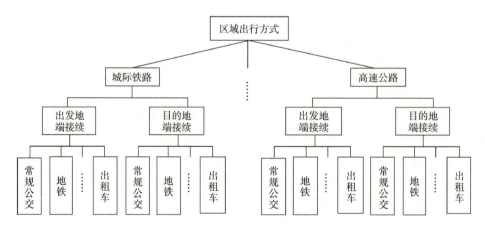

图 5-8　NL 模型 2

③NL 模型 3

NL 模型 3 模型考虑的是四层 NL 模型,第一层考虑接续出行方式的选择,第二层为虚拟选项,考虑的是出发地端和目的端接续出行方式的选择,第三层考虑区域出行方式的选择,第四层为虚拟选项,考虑了不同出行方式之间的相似性。四层 NL 模型的 TOP 结构如图 5-9 所示,其特点如下:

a. 四层 NL 模型的结构非常复杂,参数的标定和应用困难,实际应用中难以实施。

b. 四层 NL 模型,考虑接续出行方式时,同时考虑了出发地端或目的地端,比三层 NL 模型更加完善。

c. 四层 NL 模型,按接续出行方式考虑对区域出行方式的影响,操作性较强。

d. 四层 NL 模型,将交通方式间的相似性纳入考虑,模型能解决区域出行方式之间的独立项不相关性。

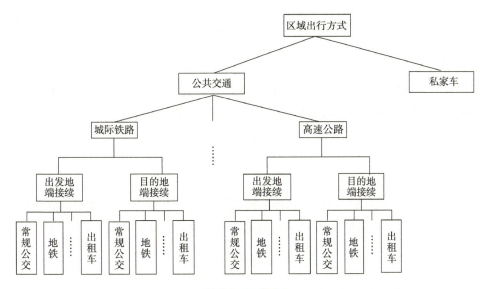

图 5-9　NL 模型 3

(3) 成对组合 Logit 模型

采用成对组合 Logit(Paired Combinatorial Logit,PCL)模型与 MNL 模型 2 的思路一样,分别考虑接续出行的特性和区域交通的特性,由于考虑了区域交通之间的替代性,因此采用 PCL 模型进行建模。PCL 模型的结构如图 5-10 所示。其特点如下:

①PCL 模型的结构相对简单,参数的标定和应用相对容易,实际应用中实施较容易。

②PCL 模型,考虑接续出行方式时,同时考虑了出发地端和目的地端。

③PCL 模型,只考虑了接续出行方式的特性,而不按出行方式计算接续出行的特性,很容易提取和确定接续时间和接续费用。

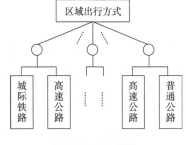

图 5-10　PCL 模型

④模型能解决区域出行方式之间的独立项不相关性。

各个模型的优缺点见表 5-5,区域出行方式选择的核心是在处理集散(接续、接驳)交通和区域交通的区别上。本书认为接续出行会影响到区域出行方式的选择,因此在建立模型时,应分别考虑。

各个模型的优缺点　　　　　　　表5-5

序号	模型	参数标定	接续出行特性	模型复杂性	能否解决IIA特性
1	MNL模型1	容易	适当考虑	简单	不能
2	MNL模型2	容易	考虑两端	简单	不能
3	NL模型1	较容易	考虑一端	较为简单	不能
4	NL模型2	困难	考虑两端	比较复杂	不能
5	NL模型3	很困难	考虑两端	非常复杂	能
6	PCL模型	较容易	考虑两端	较为简单	能

3) 模型的统计检验

本书针对区域综合运输通道出行结构的特点,应用非集计Logit模型,提出了六种可应用于区域综合运输通道出行行为分析的模型,并对其优缺点进行了分析、论证。各个模型各有优劣,如何评价各个模型的优劣,需要进行一系列的统计分析,下面就常用的统计量进行介绍。

(1) Cox和Snell的R^2

Cox和Snell的R^2试图在似然值基础上模仿线性回归模型的R^2解释Logistic回归模型,其值越大越好,但它的最大值一般小于1,解释时有困难。其计算公式为:

$$R_{CS}^2 = 1 - \left(\frac{L(0)}{L(\hat{\theta})}\right)^2 \tag{5-16}$$

式中: $L(\hat{\theta})$ ——当前模型的似然值;

$L(0)$ ——初始模型的似然值。

(2) Nagelkerke的R^2

为了对Cox和Snell的R^2进一步调整,使得其取值范围在0和1之间,Nagelkerke把Cox和Snell的R^2除以它的最大值,即:

$$R_N^2 = 1 - \frac{R_{CS}^2}{\max(R_{CS}^2)} \tag{5-17}$$

式中: $\max(R_{CS}^2) = 1 - [L(0)]^2$。

(3) McFadden的R^2

$$R_M^2 = 1 - \frac{L(\hat{\theta})}{L(0)} \tag{5-18}$$

R_M^2介于0~1之间,其值越大表示模型与数据间的解释能力越强,模型精度越高。当R_M^2在0.2~0.4之间时,表示该模型的配适度处于较好水平。

(4) Wald统计量

Wald统计量用于判断一个变量是否应该包含在模型中,Wald统计量为:

$$Wald_i = 1 - \frac{\theta_i^2}{var(\theta_i)} \tag{5-19}$$

Wald 统计量近似服从于自由度等于参数个数的卡方分布。

(5) 命中率

命中率的计算步骤为：

①将各个观测值代入模型中计算出第 n 个人选择第 i 种交通方式的概率 $\hat{P}_{in}$。

②令 $\hat{\delta}_{in} = \begin{cases} 1 & \hat{P}_{in} 在 i 中是最大值 \\ 0 & 其他 \end{cases}$

③令 $S_{in} = \begin{cases} 1 & \hat{\delta}_{in} = \delta_{in} \\ 0 & 其他 \end{cases}$

式中：$\hat{\delta}_{in}$——事件 δ_{in} 的取值结果，取值为 0 或者 1，将概率最大的出行方式作为选择的交通方式；

S_{in}——判断第 n 个个体最终是否选择第 i 种交通方式；

δ_{in}——第 n 个个体选择第 i 种交通方式事件。

则命中率的计算为：

$$\text{HitR} = \sum_{n=1}^{N} \sum_{i \in A_n} \frac{S_{in}}{\sum_{n=1}^{N} J_n} \tag{5-20}$$

式中：HitR——命中率；

J_n——个人 n 的选择枝的个数；

N——观察数据总量。

(6) 对数似然值

似然(Likelihood)即概率，特别是由自变量观测值预测因变量观测值的概率。与任何概率一样，似然的取值范围在 0 与 1 之间。对数似然值(Log Likelihood, LL)是它的自然对数形式，由于取值范围在[0,1]之间的数的对数值为负数，所以对数似然值的取值范围在 0 与 $-\infty$ 之间。对数似然值通过最大似然估计的迭代算法计算而得。因为 -2LL 近似服从卡方分布且在数学上更为方便，所以 -2LL 可用于检验 Logistic 回归的显著性。-2LL 反映了在模型中包括了所有自变量后的误差，用于处理因变量无法解释的变动部分的显著性问题，又称为拟合劣度卡方统计量(Badness-of-fit Chi-square)。当 -2LL 的实际显著性水平大于给定的显著性水平 α 时，因变量的变动中无法解释的部分是不显著的，意味着回归方程的拟合程度越好。

RESEARCH AND APPLICATION
OF REGIONAL COMPREHENSIVE TRANSPORTATION CORRIDOR
PLANNING AND SYSTEM CONFIGURATION

第6章
区域综合运输通道规划方法

本章主要解决运输通道在城市群范围内的走向问题。本章以节点重要度法和交通区位论为基础，采用节点重要度联合交通区位法进行区域综合运输通道规划，并充分考虑通道需求预测、城镇体系分布及发展规划、国家宏观政策、国家及区域上层交通规划等大背景因素对区域综合运输通道规划的影响，用改进的节点重要度联合交通区位布局法综合确定区域综合运输通道规划方案。

6.1 节点重要度联合交通区位法概述

国家发改委交通运输司的研究表明：综合运输通道内，多种运输方式之间相互竞争、协作，是承担主要客货运输任务的运输走廊，构成综合交通网的主骨架，是国家的运输大动脉。可见综合运输通道在综合运输体系中具有重要地位。

综合交通运输体系对于社会经济活动的正常进行和国民经济的正常发展具有极其重要的作用。在资源有限的条件下，如何构建符合我国社会经济发展需求的交通运输网络、合理地分布和配置交通运输通道资源十分重要。而进行区域综合运输通道规划的过程，实际就是区域内有限的交通运输资源进行优化、分配的过程。由于这一分配过程直接影响到通道建设后的交通运输的功能实现，进而影响到区域社会经济的近期和远期发展，故在进行分配时必须充分考虑到区域当前的发展状况和未来的区域发展潜力。

区域综合运输通道的合理规划是保障交通运输资源能够得到最大化利用的基础。合理地进行区域综合运输通道规划是一项系统工程，不仅要衡量区域经济发展总量水平和结构特征，保证满足现有的区域内部交通运输发展需要，同时也要充分考虑到区域未来的发展潜力，即保证一些当前发展水平低下，但是拥有特殊资源优势、地理位置优势等优势潜力的地区能够在未来时机成熟的条件下，充分发挥相应的优势，得到充分发展。

通过以上分析可知，区域综合运输通道规划需要"两步走"，首先是保证符合区域当前的社会经济发展现状，其次是充分分析区域发展结构特征及军事、地理等区位特征，保证规划区域未来发展潜能的发挥。

区域当前的社会经济发展现状是进行通道规划的首要考虑因素，这一点是区域综合运输通道与外界发展环境相互依存的必然结果。区域综合运输通道的交通需求是社会经济活动和经济结构布局的派生性需求。从区域综合运输通道特性分析可知，区域综合运输通道是依托于一定的地域实体，位于经济发达、人口密集、城市分布比较集中的经济走廊，并且能够实现人流、物流高效移动的各条可行路径的有机整体。通道对于其直接影响范围以外的辐射影响区也是通过间接的经济吸引来实现的。

一方面，要充分认识区域综合运输通道对社会经济的影响，这不仅有利于合理地进行区域综合运输通道布局，还可以为区域综合运输通道的社会效益、经济效益计算提供依据，充分体现出通道布局规划与区域现阶段发展的匹配性；另一方面，要充分认识社会经济发展对于区域综合运输通道形成和演化的影响，这也有利于正确认识综合运输通道形成的演化规律，简而言之，区域社会经济的发展水平直接影响到区域内部综合运输通道需求的总量和构成。

基于以上分析，本书采用节点重要度法进行区域综合运输通道前期规划，以充分保证区域综合运输通道规划方案满足当前的社会经济发展水平和社会经济活动特征。节点重要度法，简而言之，就是将区域中的经济聚集单元看作节点，通过进行社会经济发展水平分析衡量不同节点在整个区域中的重要程度,通过节点的聚类分析确定区域中需要优先保证通道连通的网络节点,并通过对不同节点进行两两之间的经济联系度的分析,衡量区域内部各个经济聚集单元的交通运输需求相对大小,从而充分保证规划方案能够满足现阶段的社会经济活动需要。

通过节点重要度法进行区域综合运输通道规划可较好地体现出区域社会经济活动的需求,但是区域综合运输通道规划是一个多目标决策的过程,除经济类驱动因素外,非经济类的驱动因素也同样发挥着重要的驱动作用,如政治类驱动因素、军事类驱动因素、交通类驱动因素。且区域综合运输通道的规划不应仅考虑驱动类因素,而应全面审度约束类因素,充分考虑外部环境对区域发展的要求和限制。

(1) 驱动类因素

首先,区域健康发展的重要前提之一是社会稳定。从更大的层次来讲,国家的统一、民族的团结是国家长治久安的重要基础,对于国家与区域同样重要的"硬件"之一就是国家层面和区域层面有完善的交通运输网络线路,以保证国家和区域的人员、物资、信息、能源能够顺利有效地完成交换。同时,交通方式必须与国家行政管理方式同构,以分层管理的结构进行国家行政管理时,对其起到支持作用的交通方式也必须与地域的级别对应。

其次,区域内部部分经济发展暂时落后的地区容易被忽视。但是无论从区域发展协调性角度,还是从区域民族团结和社会稳定的角度,经济发展暂时落后的地区都不应被其他经济发达区域完全孤立。同时,部分目前发展相对落后的地区具有一些潜在的优势资源,随着社会发展的推进这些潜在优势可能会慢慢凸显出来,成为经济发展过程中的新兴力量。而在通过节点重要度法计算时,这些经济发展比较落后的地区明显处于劣势,很可能会被忽略,这一问题需要通过一系列分析进行修正。

此外,一些区域内部存在着一些相对聚集的经济发达节点,这些经济发达节点可以通过城市群排布特征和产业群排布特征总结出分布规律。从城市群和产业集群的角度讲,把具有相同或者相似发展特征的城市节点连通,形成联合一体的城市带或者产业带,可以促进这些城市节点向城市圈过渡。形成城市带或者产业带是区域实现规模效益的必经之路。其中,产业带的形成能够促进地区生产力的飞跃,因为不同城市节点的产业带可以相互弥补、相互促进,在一定程度上讲,产业带所处地区的生产力水平代表了区域生产力水平的顶峰。

(2) 约束类因素

区域综合运输通道布局规划是一种长期规划,不仅需要考虑到区域中的促进因素,同时要考虑到区域中存在的约束类因素。

对区域内部综合运输通道起主要制约作用的地理因素中,以山文、水文等自然地理因素为主。这些阻隔因素对于区域的交通运输线路有着较大的影响,举例来讲,有些经济发达的城市集群分布在山脉沿线,处于山脉两边的经济发达集群直接连通对双方发展都有好处,但是由于山脉阻隔,这种直接连通并不容易形成。此外,不排除在一些特定的历史时间中,由于政治、文化等人文地理因素导致的城市集群间的阻隔。所以,在进行社会经济分析的基础上,有必要通过交通区位分析,对区域综合运输通道规划方案进行进一步的优化。

节点重要度法仅将规划区域节点的社会经济条件作为参考因素进行规划,并没有考虑到区域与外部联系以及区域中节点间相互联系的因素,所以要用交通区位法进行方案修正。同样的,一些重要节点之间相互联系程度和客货运输需求量很大,但是由于历史或者政治等其他原因并没有修建相应的运输通道进行连接,则可利用节点重要度法解决这一问题。

基于以上分析,本书拟采用节点重要度与交通区位分析相结合的方法进行区域综合运输通道规划,即重要度联合交通区位法。此方法将节点重要度法和交通区位法两种方法结合起来,共同进行区域综合运输通道的确定。联合布局法的理论基础是:节点重要度布局从已存在的节点各项指标分析出节点重要度大小,据此布设出的路网是一种基于现状经济社会条件的客观均衡性通道网。交通区位线是地理因素赋予发展交通运输的一种潜在优势,这种优势不会因社会经济发展的必然性及历史选择的偶然性丧失或增加,由这种潜在优势布设的路线有利于满足未来交通需求并有利于带动经济节点量的增长。整体研究思路如图6-1所示。

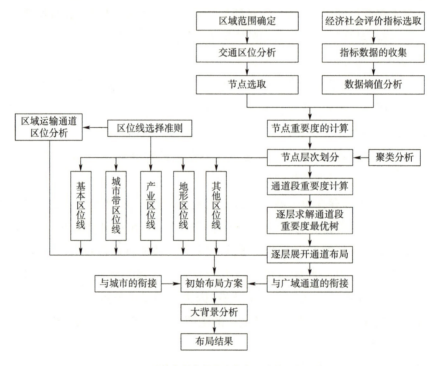

图6-1 重要度联合交通区位布局法的研究思路

6.2 区域综合运输通道规划方法步骤

改进的节点重要度联合交通区位布局法规划区域综合运输通道,首先采用节点重要度及动态聚类分析将选定的节点分层;再通过分析各种交通区位线,挖掘重要经济干线或经济联络线;最后进行区位线重要度计算和规划区域的大背景分析。运输通道的最终布局方案

是在大背景约束下,联合区位线重要度综合设计的结果。具体的步骤如下:

①分析研究区域内重要的运输集散点,选择区域内部节点作为备选节点。

②明确综合运输通道布局目标,基于规划目标选取与研究对象密切相关的评价指标,运用已选取的指标来综合评价交通节点的重要度。

③通过熵值分析及动态聚类分析对所有交通节点进行分层聚类,形成初始通道节点分层;结合交通节点的重要度进行综合研判,修正初始通道节点的聚类分层。

④基于交通区位论的观点,从交通区位分析的角度出发,进行城市带分析、产业带分析、地形分析等,找出区域内主要的交通区位线。

⑤根据节点分层和重要度评价值,综合计算备选交通区位线重要度,对区位线进行充分地分析、论证和比较,对于相近或者相似的通道线进一步分析,找出更优的区位线方案。

⑥将研究区域放在国家层面,在大区域层面背景下进行分析,研究区域内不同层面的政策、战略规划、交通规划等,并根据研究结果对已经形成的备选方案进行调整和优化,使得区域综合运输通道规划方案符合区域发展战略,符合区域发展实际情况。

⑦研究区域综合运输通道与广域运输通道和城市的衔接,使区域综合运输通道规划方案与现有的交通线路能够良好地配合。

⑧在大背景分析的约束指导下,根据区位线重要度计算结果,形成研究区域内区域综合运输通道布局的最终方案。

6.3 基于节点重要度法的通道布局

城市化进程的加快和社会经济的发展促进了运输通道的规模效应和集聚效应。交通规划学者和经济地理学者大都把运输通道作为一种节点间特定空间域和时间域的运输联系而研究其需求的分布和流动规律。运输通道需求的根源是端点和沿线社会经济发展、国土资源的利用等诸多重要相关因素,通道依托于一定的经济实体,分布于经济发达、人口密集、城市分布集中的经济走廊,以实现通道功能。

区域综合运输通道规划的首要目的就是满足社会经济发展对于运输的需求。不同的区域对于运输资源的需求量是有差别的,而这些差别往往可以通过社会经济发展水平等特征量反映出来。对区域综合运输通道而言,应优先满足运输资源需求量大的地区和运输资源稀缺的地区,保证社会经济正常发展。区域综合运输通道规划的根本目的是满足区域内部及区域与外部产生的交通运输需求,交通运输需求是社会经济活动的派生性需求,社会经济发展状况直接影响区域交通的发展。在一定程度上讲,区域综合运输通道规划的合理与否取决于规划方案是否满足了区域交通运输需求、是否符合区域社会经济发展状况。所以区域综合交通运输通道的规划与建设必须在分析规划区的社会经济活动状况的基础上进行,体现出区域交通运输需求的强弱。节点重要度法的具体步骤如图6-2所示。

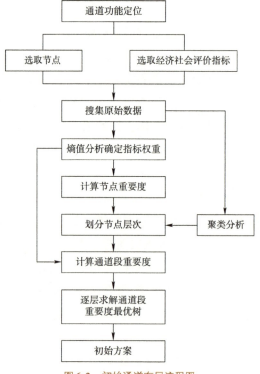

图 6-2 初始通道布局流程图

6.3.1 交通节点

在进行区域综合运输通道布局时，为了方便研究和进行图上作业，也为了方便直观地描述和计算机存储，通常要将实际的错综复杂的区域抽象为可识别的网络。具体操作时，根据区域内交通流的分布特点，将整个网络划分为若干个子区域，每个子区域都抽象为一个具有经济实体意义的点，且一般具有明显的交通流起源特性和交通流通过高发性，这样的点称为节点。节点的确定是运输通道线路布局规划的第一步，也是至关重要的一步，节点选取的质量直接影响布局规划的发展方向。节点选取过粗，会脱离实际，影响规划精度；划分过细，则会加重研究工作负担，影响突出重点。

从微观的角度分析，就交通运输领域而言，区域综合运输通道所连接的"点"具体到微观层面，实际上就是指综合运输枢纽或某种特定的运输方式的港站，是客流中转、换乘、集散，以及货流集结、换装、分配的主要场所。譬如，铁路车站可分为客运站、货运站和客货运站；按等级可分为特等站、一至五等站。公路运输的车站是汽车站，它既是公路运输的基本设施，又是汽车运输业组织公路运输的基本单位。航空运输主要是航空港站，水路运输为码头和港口等。节点在运输通道中的地位至关重要，它既决定着运输通道线路的走向，也决定着运输通道的功能和定位，是运输通道中的线路控制点。

区域交通枢纽节点是具有综合运输组织及辅助功能的系统结构，是区域内部交通运输的生产组织基地和交通运输通道中客货集散、转运及过境的微观组成部分,是区域内客货流集中产生和终止的节点,可促进节点所在城市与区域大环境的交流。按照包含的交通运输方式种类,节点可以分为以下两类:

①单式交通节点:服务于一种交通方式的节点,连接同一运输方式两条及以上的干线,例如单一的铁路节点、水路港口节点、公路节点、航空港节点等。

②综合性节点:服务于两种或多种交通方式的节点,在国家或区域综合运输网络系统中,起连接多种运输方式通道、运输干线的作用,同时节点内部的不同运输方式的场站、线路等基础设施有机组成协调统一的综合系统,促进综合交通系统效率的提高。

从宏观的角度分析,节点是指一定空间范围内交通流生成源的空间分布,通常连接相应的节点就构成了交通流的运输通道,这也就形成了一定范围内的交通网的空间布局。

交通节点是区域中交通流产生和消失的"点",一般是指区域综合运输通道所连接的城市群中的各个大中小城市。其中,运输通道起终点所连接的两个中心城市就是区域综合运输通道的"起讫点"。由于运输通道的线路经过城市群的城镇密集地带,这些有运输通道连接的交通节点通常发展成为大都市。

综上所述,在进行区域综合运输通道节点选取时,应将微观层面的交通节点并入宏观节点进行考虑。一般来讲,城市(含县乡村)是经济产业集聚地区,生产过程中既要聚集区域中大量的生产要素,又要将大量商品流向市场,由此产生极大的运输需求,应重点考虑城市节点的选取。

区域交通节点也是一个复杂的交通枢纽系统,节点内部的场站等设施对外与区域内的运输线路衔接,节点内部又与城市交通系统相联系,所以区域节点起着区域交通运输网络和节点城市内部的客货交流作用,区域交通节点内部的场站等交通设施的布局规划直接影响到节点交流作用的好坏。区域交通节点系统的组成有许多不同的划分方法,按照运输对象的差异,区域交通节点包括区域交通节点客运系统和区域交通节点货运系统;从交通方式的角度,可以将区域交通节点分为交通方式之间的换乘设施、各交通方式内部的必要设施以及辅助旅客的服务设施三部分;按照系统功能来划分,区域交通节点系统包括运送子系统、设备子系统、信息子系统、人员子系统和技术管理子系统等组成部分,这也是常见的分类方法。

区域交通节点的功能可以从区域交通节点在区域运输网络中的作用,以及区域交通节点在城市交通中的作用两个层面进行分析,即区域交通节点的内部功能和外部功能。

区域交通节点的内部功能性分析,是将区域交通节点作为一个系统对象来分析其内部各组成要素、各要素间相互关系以及区域交通节点具有的基本功能。区域交通节点作为区域运输网络中客货流集散、中转的系统组成,具有运输组织、集散与中转、联运服务、信息服务、仓储加工及辅助服务等功能。

(1)运输组织功能

运输组织包括运输工具的管理、客流组织、对外联络、节点内各场站之间的协调以及场站的管理,各种交通方式之间的有机衔接、统一协调,为旅客提供方便快捷的运输服务。

(2)集散与中转功能

区域交通节点内设置在节点城市的客运站点的交通条件便利、换乘设备完善,使得旅客在不同交通方式之间、不同线路和站点之间的中转换乘便捷,实现各种交通方式之间"零距离换乘"的目标,能够及时集散大量的到达、出发客流。节点内货运场站相关的储运、装卸、换装等货物运输设备齐全,也为货物集散、中转和因储运需要而进行的换装提供了方便,在时间、要求、物耗等方面为客户提供服务,确保中转货物安全、可靠地换装并及时发往目的地。

(3)联运服务功能

区域交通节点内具有多式联运经营人代理,通过统一协调节点内的各运输方式的场站、各运输线路,组合选择得到区域内合理的运输方案,为旅客、货物承运人提供"一次承运,全程服务"的联运服务,满足用户的多样化需求。

(4)信息服务功能

通过计算机通信技术,建立区域交通节点信息网络,使各种信息及时、准确地传递、交换,为枢纽节点内的主要场站的组织运营、内部管理、内外联络、乘客出行提供及时、准确的信息,为运输客户提供货源、运力情况、配载及通信服务。

(5)仓储加工功能

区域交通节点内的场站可以为需在节点内进行中转的暂存货物提供仓储服务,同时也可以为这些货主提供与运输过程相关的加工功能,以保证整个节点功能的顺利实现。

(6)辅助服务功能

区域交通节点内的各大场站同时作为城市标志景观而存在,为城市的各种活动提供了开放空间,同时也是大型灾害避难及驻留场所。为旅客、货主以及运输组织服务人员提供生活休息、饮食娱乐等相关辅助服务,以及运输工具的相关维护、维修等业务。

区域交通节点的外部性功能,指的是节点作为一个整体,在区域运输系统中所能发挥出来的功能,它不是节点各组成要素功能的加和,而是节点各要素间相互联系、相互影响而发挥出的孤立要素无法发挥的功能。区域交通节点从系统整体上显现的功能有以下几点:

(1)系统优化功能

根据系统科学原理,系统实现的功能大于各要素功能之和。区域交通节点从全局角度规划协调不同位置、规模、功能的站点和线路,通过宏观管理来协调站点间、站线间、线路间的整体运作,提高运输效率、降低运输成本,有效实现社会效益和企业效益的最大化。同时区域交通节点作为区域运输系统中的重要节点,将节点内综合协调的优化作用发挥到区域交通枢纽中,具有多层次枢纽的特点。

(2)运输衔接功能

枢纽节点居于区域运输网络之中,作为一个节点起到连接区域内部各运输通道的作用,由此使得整个区域内的各运输线路能够组成运输网络,从而构成一个整体,并作为更大区域内的一个子系统而存在。同时节点的运输衔接功能也体现在,将其所服务范围的运输需求节点集中起来,与区域运输网络相连接,以保证整个运输过程的完整性。

(3) 客货集散功能

区域交通节点可以利用节点内各场站及其连线,将业务覆盖到所有服务区域,实现客货在发生地和目的地的集散作用。再通过运输通道将枢纽节点场站所吸引的集中运输需求运送到其他节点,而后再以对应节点的场站为中心,向其服务范围内进行客货流的疏散。

(4) 疏导节点城市交通功能

区域交通节点的场站、线路等设施往往能够吸引大量的客货运需求,使得车流在场站周边地区汇聚。合理的节点场站和线路布局,能够分流过境客货流和节点内客货流,将不需要进入节点城市内部的客货流直接在节点周边的场站进行中转,将到节点内的客货流通过城市交通引入市区内部,这样可以有效地减弱城市交通压力、一定程度缓解交通拥堵。

(5) 带动区域经济发展的功能

区域交通节点同城市建设及城市周边区域融为一体,不仅依托于城市发展,同时也为城市经济提供了通畅便捷的交通条件,并且带动节点城市场站等节点设施周边的土地开发,从而促进城市经济发展。区域交通节点改善了节点城市的可达性,提高了区域内的出行便捷程度,而且节点的吸引和辐射范围越广,对区域经济发展的促进作用越大。

6.3.2 交通节点的选取

基于以上分析,本书将节点定义为一定空间范围内交通流生成源或交通流通过高发区的空间构成。在交通运输通道布局研究工作中,确定交通源的分布是第一步工作,也是至关重要的一步工作。准确地定位交通源,并将相应的节点连接,就构成了区域范围内的运输通道,多条线路的集合便构成了区域综合运输通道的交通流线路网。在进行节点选取时,首先应根据所要研究的运输通道的特征、地位、全局重要性以及层次、作用、发展战略目标,结合区域经济、社会、政治、国防、文化等发展的需要,选择合理范围的节点作为运输通道布局的控制点,节点选取的质量直接影响布局规划的发展方向。节点选取过粗,会脱离实际,影响规划精度;节点选取过细,则会加重研究工作负担,影响突出重点。

对于旅客运输而言,城市(含县、乡、村)是人民生活的集中区域,社会活动中绝大多数的生产、生活活动在这里进行,是旅客运输需求的集中产生地和到达地。且城市一般是经济产业集聚地区,生产过程中既要聚集区域中大量的生产要素,又要将大量商品流向市场,由此产生极大的运输需求。交通支持着城市发展所必需的人员流动、物质流动及信息流动,城市的拓展依靠交通线路的延伸,交通线路的延伸同时驱动着城市区间的拓展。这种交通与城市之间的互相驱动关系,使城市成为大量人口、物质、信息集中转换的场所,成为交通产生的源头,也是交通流汇聚的中心。因此,在综合运输通道布局研究中,在考虑旅客运输时,应以省内各中心城市或中心县为节点,强化和完善省会城市与各中心城市(县)之间以及各中心城市(县)之间的相互连接,建立完善的综合运输体系,连接重要的客货运输枢纽。同时,根据帕雷托"1/3 的因素贡献 2/3 的结果"的定律,对应于交通方面:一定地域中约 1/3 城市生成的交通数量约占对应区域中全部城市生成的交通数量总额的 2/3,因此可选取地域中 1/3 数量的城市,作为研究考虑的节点,以简化计算的复杂程度。

对货物运输而言,货运节点必须具有大量的货物运输需求产生,或是大量货物运输的集散地。节点选取过程中要综合考虑到其他行业(如旅游业、加工业等)的未来发展。一般取区域中原材料或产品的生产地与消费地,如能够产生较大物流服务需求的设备制造业、企业制造业、矿场开采企业、煤炭加工企业等,由于原材料及产品特性的原因,这些企业能够产生较大的货流交换量。但需要注意的是,节点选取须具有一定的经济规模。此外,其他节点如铁路及公路运输枢纽、车站、港口、机场等也具有大规模的货运流量,在通道规划节点选取时应注意将其纳入考虑范围。选定具有一定经济规模的运输场站后,仍应将其划归到地区层面。至于划分到何种等级(市、县、区等),要由其运输规模大小和所要规划区域的范围及通道等级决定。对于特殊用途货物集散点,如因军事、国防等需要而建设的特殊集散点,需在具体规划过程中依据其重要程度和对运输条件、便捷度、保密性的要求进行具体分析,并以相应的条件要求与大网络通道相连。

针对不同等级的通道规划目标,节点的选择应注意其尺度大小。一般情况下,国家通道或者广域城际通道的节点主要是省级重点城市的聚类,省际通道或者区域城际通道主要是县级行政区域的聚类,城市对外通道则是一般建制城市的聚类。这一点也在实际节点重要度的计算和聚类中得以体现。

综合来讲,在进行节点选择时,一般应根据运输通道的特征、地位或层次、作用以及发展的战略目标,结合区域经济社会、政治、国防等发展的需要,选择合理范围的节点作为通道布局的控制点。

除了上述原则以外,各类通道网在选取节点时还应考虑到区域及节点未来可能的经济发展状况。如某节点虽然在近期属于非重要节点,但未来将作为发展某一产业经济的重点,则该点也应在被选择的节点之列。需要注意的是,在同一等级下的通道网节点选取过程中,要避免节点之间的跨度太小,综合整体网络的节点布局特点,适当地将节点分散开,对于空间位置过于靠近的节点,可以考虑将其合并聚类成为一个点。

6.3.3 交通节点重要度

在区域综合运输通道中,节点是整个通道布局的控制点,交通节点的合理选择和评价是进行区域综合运输通道布局的第一步,节点的评价结果直接决定了区域综合运输通道布局的层次划分和布局走向。不同地位、功能的节点所产生的交通运输需求各不相同,对于运输通道的走向、功能、地位的控制力影响也各不相同。反映区域综合运输通道中节点功能大小、地位高低的综合指标叫作节点重要度。

城市节点重要度能够综合反映出城市社会和经济发展程度、客货运输量等多种相关因素,节点重要度法也需要根据现有运输枢纽节点各项指标来综合分析节点重要度的大小,据此分析进行运输枢纽布局方案的分析计算。

为便于进行节点重要度分析,需要针对节点重要度进行基础数据的搜集工作。节点重要度是一个综合性指标,为了更加准确地描述某一节点的重要性程度,要尽可能多角度、全方位地从一个地区社会经济系统的各个领域去选择指标,涵盖所有可能起到影响作用的信息。运输通道的形成、发展与区域社会经济有密切的联系,一个运输集散点的功能强弱,与该区域人口、地区生产总值、人均收入等指标相关,与区域政治、经济、文化、商业等方面都有联系,是综合诸多方面的结果。在兼顾不同层次指标的同时,应尽可能避免评价数据的重复性,使评价数据更能全面衡量节点的综合发展水平。在遵循指标体系构建完备性、功能性、可比性、层次性和可操作性的基础上,以城市为基准,选择了以下指标。

1)经济实力

经济实力用于衡量区域物质产品和非物质产品的生产能力以及科学技术的发展水平与规模。它是区域可以动员出来进一步发展经济或者同外部势力进行竞争时的经济力量,是体现一个区域的社会经济发展水平和社会经济活动强度大小的最直观、最显著的指标。为全面评价区域经济实力发展水平,应从经济总量和经济结构两个方面分别进行评价。

(1)经济总量

区域交通运输需求大小在一定程度上是区域社会经济发展水平的直接体现,两者呈现出正相关性。经济总量包括社会总需求和社会总供给,是从宏观层面上对区域经济发展水平进行的量度,反映出区域国民经济总体状况的数量指标。具体来讲,包含以下指标:

①地区生产总值

地区生产总值是指在一定时期内(一个季度或一年),一个区域的经济中所生产出的全部最终产品和劳务的价值,常被公认为衡量区域经济状况的最佳指标。它是最直观地反映区域经济发展总量水平的指标,它不但可反映一个区域的经济表现,还可以反映该区域的实力与财富,以及在周边地区中的地位大小。

②地方财政收入

地方财政收入是指地方财政年度收入,包括地方本级收入、中央税收返还和转移支付。地方财政收入由省(自治区、直辖市)、县或市(自治州、自治县)的财政收入组成。地方财政收入包括地方财政预算收入和预算外收入。

③固定资产投资总额

固定资产投资总额是以货币表示的建造和购置固定资产活动的工作量,用以反映固定资产投资的规模、速度、比例关系和使用方向的综合性指标。固定资产投资总额是影响区域经济增长的重要因素,对拉动区域经济的发展起着至关重要的作用。

④社会消费品零售总额

社会消费品零售总额是指批发和零售业、住宿和餐饮业以及其他行业直接售给城乡居民和社会集团的消费品销售额。其中,居民的消费品零售额是指售给城乡居民用于生活消费的商品金额;社会集团的消费品零售额是指售给机关、社会团体、部队、学校、企事业单位、居委会或村委会等,公款购买的用作非生产、非经营使用与公共消费的商品金额。社会消费品零售总额反映一定时期内人民物质文化生活水平的提高情况,反映社会商品购买力的实现程度,以及零售市场的规模状况。

⑤财政支出

财政支出通常指区域内为实现各种职能,由财政部门按照预算计划,将区域集中的财政资金向有关部门和方面进行支付的活动,因此也称预算支出。财政支出水平反映出区域对于区域经济运行效率、区域经济发展公平性、区域经济增长稳定性的重视程度。

⑥人均地区生产总值

人均地区生产总值是指一个地区内,在核算期内(通常为一年)实现的生产总值与所属范围内的常住人口的比值。人均地区生产总值是以人口视角体现区域经济发展密度的量度。

(2) 经济结构

经济结构是指区域经济的各种成分,各个部门以及社会再生产各个方面的构成及其相互关系。影响经济结构形成的因素很多,最主要的是社会对最终产品的需求,而科学技术进步对经济结构的变化也有重要影响。经济结构合理则能充分发挥经济优势,有利于区域经济各部门的协调发展。主要包含以下指标:

①农林牧副渔总产值

农林牧副渔总产值指以货币表现的农、林、牧、渔业全部产品的总量,它反映一定时期内区域农业生产总规模和总成果。

②工业总产值

工业总产值是以货币表现的工业企业在报告期内生产的工业产品总量。工业总产值一般以不变价格表示,用以反映一定时期内区域工业生产的总规模、总水平及发展速度。

③民营经济增加值

民营经济增加值是指在一定时期内,民营企业生产过程中创造的新增价值和固定资产的转移价值。

④建筑业总产值

建筑业总产值指建筑业在一定时期内完成的以价值表现的生产总量,是反映建筑业生产成果的综合指标。通过它可以了解区域建筑业的生产规模、发展速度、经营成果,并为区域制定经济建设计划提供依据。

⑤企业单位数

企业单位数一般是指区域内自负盈亏的生产性单位的数量。企业单位可以分为国有企业和私有企业。企业单位数量直接体现出区域经济活力的大小,区域中企业单位数量越多,则区域的经济发展稳定性越强,区域经济发展越有活力,对外经济扩张和延伸的潜力越大。

2)社会实力

区域交通运输需求的大小不仅由社会经济发展水平决定,还与区域内部分非经济因素相关。由交通运输需求的定义可知:交通运输需求是指在一定时期内,在不同的价格水平下,货主或旅客在货物与旅客空间位移方面对运输供给者所提出的具有支付能力的需要。从这一点可知,区域交通运输需求与区域人口数量、人口支付能力等因素也有明显相关关系。根据上述分析,可将社会实力定义为区域内部非经济实力发展水平的综合量度,社会实力的评价可以从人口总量和生活质量两方面进行。

(1)人口总量

人口总量是指一个区域在一定时间内的人口总和,一般以人口普查的统计结果为依据。具体包含以下指标:

①区域年末人口总量

区域年末人口总量是指每年最后一天统计得到的区域人口总和。该指标是最直观的区域人口数量水平指标。

②年末从业人口总量

年末从业人口总量是指每年最后一天统计得到的人口中参加经济活动的人口总数,不包括从事家务劳动人口、就学人口、长期患病不能工作人口、年老或退休人口等。

③人口密度

人口密度指单位面积土地上居住的人口数。它是表示区域内各地人口密集程度的指标,通常以每平方千米或每公顷内的常住人口为计算单位。

(2)生活质量

生活质量通常指社会政策与计划发展的一种结果。主要包含以下指标:

①平均工资

平均工资指企业、事业、机关单位的职工在一定时期内平均每人所得的货币工资额。它表明一定时期职工工资收入的高低程度,是反映职工工资水平的主要指标。

②人均可支配收入

人均可支配收入指个人收入扣除向政府缴纳的个人所得税、遗产税和赠与税、不动产税、人头税、汽车使用税以及交给政府的非商业性费用等以后的余额。

3)开发程度

区域开发程度是衡量地区经济发展水平的指标,通常粗略划分为发达地区和发展中地区。开发程度直接体现出区域与外部地区的互动通道发达程度,是区域经济发展潜力提升前景的重要衡量因素。开发程度可以通过区域进出口总额指标进行衡量。

(1)出口总额

出口总额是指在一定时期内从区域内部向境外出口的货物的全部价值总和。

(2)进口总额

进口总额是指区域在一定时期内(一般以年或季度计)以到岸价格(成本+保险费+运费)计算的进口货物价值的总和。

4)运输条件

此处的运输条件主要指人和物的载运和输送条件,附加一些体现区域综合运输需求的指标。单纯的运输条件包括:运输方式,如铁路运输、公路运输、航空运输等;运输工具及辅助设备,如火车、汽车、轮船、飞机、管道、运输线路等;运输能力,如装卸、运、储能力及其协调组织管理等。附加的区域综合运输需求可以直观地体现区域通道线路的建设必要性。具体包含以下指标:

(1)公路总里程

公路总里程指在一定时期内实际达到《公路工程技术标准》(JTG B01—2014)规定的技术等级公路,并经公路主管部门正式验收交付使用的公路里程数。包括区域内大中城市的郊区公路以及通过小城镇街道的公路里程和桥梁长度、隧道长度、渡口的宽度以及分期修建的公路已验收交付使用的里程,不包括大中城市的街道、厂矿、林区生产用道和农业生产用道的里程。

(2)公路旅客周转量

公路旅客周转量指一定时期内由区域内公路运输运送的旅客数与相应运输距离的乘积,用以衡量公路运输在一定时期内完成的旅客运输任务量。以旅客运输人数乘以旅客运输里程来表示。

(3)公路货物周转量

公路货物周转量指一定时期内,区域公路运输实际运送的货物吨数和其运输距离的乘积,用以衡量公路运输在一定时期内完成的货物运输任务量。以货物运输吨数乘以货物运输里程来表示。

(4)铁路旅客周转量

铁路旅客周转量指一定时期内由区域内铁路运输运送的旅客数与相应运输距离的乘积,用以衡量铁路运输在一定时期内完成的旅客运输任务量。以旅客运输人数乘以旅客运输里程来表示。

(5)铁路货物周转量

铁路货物周转量指一定时期内由区域内铁路运输运送的货物吨数与相应运输距离的乘积,用以衡量铁路运输在一定时期内完成的货物运输任务量。以铁路运输货物吨数乘以货物运输里程来表示。

(6)铁路营业里程

铁路营业里程亦称"营业长度",指在一定时期内办理客货运输业务的铁路正线总长度。全线或部分建成双线及以上的线路,以第一线的实际长度计算;复线、站线、段管线、岔线和特殊用途线以及不计算运费的联络线不计算营业里程。

5）区域面积

区域面积是衡量区域经济和社会运行范围的量度，也是经济和社会发展前景的衡量指标之一。为便于统计，可采用规划年的行政区域面积来衡量。行政区域面积是指国家为实行分级管理而划分并设立相应国家机关的区域的面积，通常以平方千米为单位。上述指标见表6-1，取值单位见表6-2。

城市节点重要度评价指标体系 表6-1

层次	二级指标	具体变量
经济实力	经济总量	地区生产总值；地方财政收入；固定资产投资总额；社会消费品零售总额；财政支出；人均地区生产总值
	经济结构	农林牧副渔总产值；工业总产值；民营经济增加值；建筑业总产值；企业单位数
社会实力	人口总量	区域年末人口总量；年末从业人口数量；人口密度
	生活质量	平均工资；人均可支配收入
开放程度	进出口总额	出口总额；进口总额
其他	运输条件	公路总里程；公路旅客周转量；公路货物周转量；铁路旅客周转量；铁路货物周转量；铁路营业里程
	区域面积	行政区域面积

城市节点重要度评价指标单位 表6-2

项目	单位	项目	单位
地区生产总值	亿元	人口密度	人/km^2
地方财政收入	亿元	平均工资	元
固定资产投资总额	亿元	人均可支配收入	元
社会消费品零售总额	亿元	出口总额	万美元
财政支出	亿元	进口总额	万美元
人均地区生产总值	元	公路总里程	km
农林牧副渔总产值	亿元	公路旅客周转量	万人公里
工业总产值	亿元	公路货物周转量	万吨公里
民营经济增加值	亿元	铁路营业里程	km
建筑业总产值	亿元	铁路旅客周转量	万人公里
企业单位数	万个	铁路货物周转量	万吨公里
区域年末人口总量	万人	行政区域面积	km^2
年末从业人口数量	万人	—	—

确定交通节点重要度总体来看可以分为以下两个方面：

1）节点重要度的计算

本书计算节点重要度按以下四个步骤进行：

步骤一：节点选取。

节点是整个通道布局的控制点，交通节点的合理选择是进行区域综合运输通道布局的第一步，它对通道规划布局有决定性作用。选取节点过多，会给规划工作带来巨大工作量，节点太少又不能起到区域交通全面发展的作用。根据规划规模，选择区县或整个城市作为节点。

步骤二：指标选取。

节点重要度的大小需要数据的支撑，因此合理的指标选取直接影响重要度的计算结果。节点重要度是一项综合性的数据，所以指标的选取要求是全方位和多角度的，既能囊括地区社会经济，也包含交通运输信息。

步骤三：节点重要度的计算。

各指标的单位和数量级各不相同，首先初始化指标，保证数据的统一性和标准性。之后使用合理的评价方法确定各指标权重，并对各指标进行线性加权计算得到节点重要度。

步骤四：节点重要度的排序。

节点计算结果反映了城市在区域中的地位等级，通过排序能直接比较各节点之间的重要度，反映节点在区域中的地位，另一方面也为后面的计算带来便利。

2) 确定初始量化指标，搜集原始数据

节点重要度的计算是一个多属性综合评价的过程，实际计算中也可利用主成分分析法、层次分析法、德尔菲法、头脑风暴法、灰色关联法、模糊综合评价法、粗糙集理论等方法进行权重确定(表6-3)，结果较为合理。

评价方法的优缺点分析　　　　　　　　表6-3

评价方法	优 势	劣 势
主成分分析法	(1) 完全无参数限制； (2) 结果容易理解； (3) 可去除噪声	(1) 特征值分解有一定局限性； (2) 非高斯分布下得出的主元可能不是最优的
层次分析法	所需定量数据信息少	(1) 定量数据少，定性成分多； (2) 指标过多时数据统计量大，权重难以确定
德尔菲法	能充分发挥各位专家的作用，集思广益，准确性高	预测结果缺乏严格的科学分析
熵值法	(1) 能够反映指标信息熵值的效用价值； (2) 客观的赋权法，可信度较高	(1) 缺乏指标间的横向比较； (2) 权数依赖样本
头脑风暴法	容易受权威、会议气氛等因素的影响	逻辑不严密，意见不全面，缺乏严格的科学分析

续上表

评价方法	优势	劣势
灰色关联度法	(1)对样本量的大小要求不高； (2)计算量比较小,与定性分析结果比较吻合	主观性强,最优值难以确定
模糊综合评价	(1)通过数字手段处理对象,评价结果科学、合理； (2)评价结果是矢量,包含信息丰富	计算复杂,对指标权重矢量的确定主观性较强
粗集理论	(1)除数据集外,无需任何信息； (2)对不确定性的描述与处理相对客观	(1)无法解决所有含糊的不确定性问题； (2)缺乏处理不精确或不确定原始数据的机制； (3)对含糊概念的刻画过于简单

本书主要介绍基于熵值法和主成分分析法的区域综合运输通道节点评价指标权重的确定及节点重要度的计算。

(1)熵值法

熵值法是在客观条件下,由评价指标值来确定指标权重的一种方法。在信息论中,熵值是对系统无序程度的表达,表现为系统的某项指标的变异度。一般来讲,系统综合评价中某项指标的差异程度越大,其信息熵越小,提供的信息量就越大,则该指标在综合评价体系中对应的权重就越大。反之,系统中某项指标的差异程度越小,其信息熵越大,提供的信息量就越小,则该指标在综合评价体系中对应的权重就越小。具体建模方法如下:

①将 m 个可行方案的 n 个指标值原始数据 $x_{ij}(i=1,2,\cdots,m;j=1,2,\cdots,n)$ 组成初始矩阵,并定义为 X。

②进行数据标准化处理。

$$P_{ij} = \frac{x_{ij}}{\sum_{i=1}^{m} x_{ij}} \quad (i=1,2,\cdots,m;j=1,2,\cdots,n) \tag{6-1}$$

③计算各指标的熵。

$$E_j = -\frac{1}{\ln m}\sum_{i=1}^{m} P_{ij}\ln P_{ij} \quad (i=1,2,\cdots,m;j=1,2,\cdots,n) \tag{6-2}$$

式中,$0 \leq E_j \leq 1$。对于给定的第 j 项指标,x_{ij} 间的差异越小,则 E_j 越大,极端情况下当各 x_{ij} 相等时,$E_j = E_{max} = 1$,此时第 j 项指标对于整个综合评价没有作用。

信息偏差度 d_j 为:

$$d_j = 1 - E_j \tag{6-3}$$

④计算评价指标的熵权 ω_j。

$$\omega_j = \frac{d_j}{\sum_{j=1}^{n} d_j} \quad (j=1,2,\cdots,n) \tag{6-4}$$

⑤在基于熵值法的节点评价权重确定过程中,纯粹地依靠统计数据进行指标权重估算会使决策结果缺乏弹性,在某些特定状况下会出现一些特例状况,如重要性较为低下的评价指标有可能会存在较大的波动性,使得熵值较大从而导致评价偏差。此时考虑采用专家打分的方式进行权重修正,根据专家对属性集偏好的不同,给出权重的修正系数 λ_j,利用 λ_j 对熵权进行修正,得到更加合理的评价指标熵权 ω_j^0:

$$\omega_j^0 = \frac{\lambda_j d_j}{\sum_{j=1}^{n} \lambda_j d_j} \quad (j=1,2,\cdots,n) \tag{6-5}$$

则节点重要度为:

$$I_i = \sum_{j=1}^{t} \omega_j^0 e_{ij} \tag{6-6}$$

式中:I_i——节点 i 的重要度,$i=1,2,3,\cdots,k$;k 为节点个数;

e_{ij}——经标准化处理后的节点 i 的第 j 项经济指标值,$j=1,2,3,\cdots,t$;t 为指标个数。

(2)主成分分析法

主成分分析(PCA)也称主分量分析,旨在利用降维的思想,把多指标转化为少数几个综合指标。通过在不损失有价值信息的情况下进行数据简化或结构简化,可将互相关联的影响因素化为相互独立的少数综合因素。在计算节点重要度的过程中,既能全面涵盖每个指标的信息,又消除了这些指标之间的相互影响,使得分析结果更加客观真实。

利用主成分分析法进行区域综合运输通道节点重要度评价的基本步骤如下:

①收集数据

根据区域综合运输通道规划这一研究问题,选取能够较好地体现区域节点运输重要度的评价指标,并根据这些评价指标收集区域节点所有的指标数据,对 m 个节点的 n 个指标进行数据采集后得到原始数据矩阵 Y。

$$Y = (y_{ij})_{m \times n} \tag{6-7}$$

②数据归一化

影响节点重要度的指标比较多,各个指标之间的量纲是不一样的,在计算节点重要度时,为了消除量纲的影响,需要对原始数据进行归一化处理。归一化后得到归一化矩阵 X,如式(6-8)所示。

$$X = (x_{ij})_{m \times n} \tag{6-8}$$

数据归一化的方法比较多,读者可以参考相关文献。

③计算协方差矩阵

协方差矩阵 C 为:

$$C = (c_{ij})_{m \times n} \tag{6-9}$$

其中 c_{ij} 为:

$$c_{ij} = \frac{\sum_{p=1}^{n} x_{pi} \cdot x_{pj}}{n-1} \quad (i,j=1,2,\cdots,n) \tag{6-10}$$

④计算特征值和特征向量

计算协方差矩阵 C 的特征值和特征向量,按照其特征值大小进行排序后的特征值向量为:

$$\vec{\lambda} = (\lambda_1, \lambda_2, \cdots, \lambda_n) \tag{6-11}$$

式中，$\lambda_1 \geqslant \lambda_2, \cdots, \geqslant \lambda_n$。

$\vec{v}_1, \vec{v}_2, \cdots, \vec{v}_n$ 为 $\lambda_1, \lambda_2, \cdots, \lambda_n$ 对应的特征向量。$\vec{v}_i$ 为 λ_i 对应的特征向量：

$$\vec{v}_i = (v_{i1}, v_{i2}, \cdots, v_{in}) \tag{6-12}$$

⑤计算贡献率和累计贡献率

第 i 个主成分的方差贡献率 α_i 为：

$$\alpha_i = \frac{\lambda_i}{\sum_{j=1}^{n} \lambda_j} \tag{6-13}$$

前 q 个主成分的方差累计贡献率 β_q 为：

$$\beta_q = \sum_{i=1}^{q} \alpha_i \tag{6-14}$$

⑥确定主成分的数量

按照特征值 λ_i 大于 1 的规则以及累积贡献率 β（即主成分解释的方差占总体方差的比例）大于 85% 的原则提取 m 个主成分因子，并计算第 p 个节点的第 i 个主成分 f_{pi} 的值。

$$f_{pi} = \vec{v}_i \cdot \vec{x}_p \tag{6-15}$$

其中：

$$\vec{x}_p = (x_{1p}, x_{2p} \cdots x_{ip})^T \tag{6-16}$$

⑦计算节点重要度

节点重要度计算，根据影响节点重要度的主成分指标及其贡献率，第 p 个节点的重要度 I_p 为各个主成分的线性加权：

$$I_p = \sum_{i=1}^{m} \alpha_i f_{pi} \tag{6-17}$$

6.3.4 交通节点聚类分析

区域综合运输通道的节点连接必须保证重要节点之间的连接互通性，然后考虑较重要节点和一般节点的连接结构关系以及自身之间的连接，体现出不同层次节点的功能强弱，因此要对已经选定的节点进行层次划分，即进行区域综合运输通道节点聚类分析。

节点聚类分析具有两个方面的作用，一是可以将区域内所有节点进行分层，体现出区域内所有节点在区域中的相对重要程度，根据通道规划层面的不同，参考通道节点的分层结果选取适当的节点。二是在进行区域综合运输通道初始布局方案优化时，参考区域节点的聚类分析结果，优先满足区域中较为重要节点的规划可达性。

1）节点初始聚类分析

节点层次划分的主要思想是选择能够反映节点社会经济等既定评价指标，依据功能相似的原则将节点划分几个层次。本书暂定将所有节点划分为三类：重要节点、较重要节点、一般节点。本书采用基于相似系数法的模糊聚类分析法。

2) 截取初始数据矩阵。初始数据矩阵 Y 见表6-4。

节点指标初始数据　　　　表6-4

序号	1	2	3	...	m
1	y_{11}	y_{12}	y_{13}	...	y_{1m}
2	y_{21}	y_{22}	y_{23}	...	y_{2m}
...	...	...	...	...	...
n	y_{n1}	y_{n2}	y_{n3}	...	y_{nm}

3) 数据标准化处理

样本数据的平均和方差是实现样本数据的标准化的必要步骤。样本数据的标准化是以数据的平均和方差为基础进行的。因为在实际应用中，往往存在指标的量纲不同，为了消除量纲的影响，必须在计算前将原始数据标准化。对数据矩阵 Y 进行标准化处理，每一个指标分量进行标准化变换，可以得到：

$$X_{ij} = \frac{Y_{ij} - \overline{Y_j}}{S_j} \quad (i=1,2,\cdots,n; j=1,2,\cdots,m) \tag{6-18}$$

其中，样本均值：

$$\overline{Y_j} = \frac{1}{n}\sum_{k=1}^{n} x_{kj} \quad (j=1,2,\cdots m) \tag{6-19}$$

样本标准差：

$$S_j = \sqrt{\frac{1}{n-1}\sum_{k=1}^{n}(Y_{kj} - \overline{Y_j})^2} \quad (i=1,2,\cdots,m) \tag{6-20}$$

4) 建立模糊相似矩阵

建立模糊相似矩阵的目的在于对节点之间进行两两比较，得出每两个节点的一致性，以及贴近度 $r_{ij} = R(x_i, x_j)$。本书采用夹角余弦法确定 $r_{ij} = R(x_i, x_j)$。

$$r_{ij} = \frac{\sum_{k=1}^{m} x_{ik} x_{jk}}{\sqrt{\sum_{k=1}^{m}(x_{ik})^2 (x_{jk})^2}} \quad (i,j=1,2,\cdots,n) \tag{6-21}$$

根据贴近度的计算可以得到相容关系：

$$R = \begin{bmatrix} r_{11} & r_{12} & \cdots & r_{1n} \\ r_{21} & r_{22} & \cdots & r_{2n} \\ \vdots & \vdots & \cdots & \vdots \\ r_{n1} & r_{n2} & \cdots & r_{nn} \end{bmatrix} \tag{6-22}$$

给定聚类水平 λ，令：

$$r = \begin{cases} 0 & (r_{ij} < \lambda) \\ 1 & (r_{ij} \geq \lambda) \end{cases} \tag{6-23}$$

5) 确定聚类水平 λ，构造聚类谱系图

聚类谱系图(龙骨图)反映出在不同聚类水平条件下的节点聚类特征(图6-3)。λ 取值范围为[0,1]，随着 λ 在该范围的取值不同，相应的聚类结果也在发生变化，得到不同的节点分类。一般 λ 的确定方法有两种：

①由专家根据丰富经验和专业知识确定。

②依据需要的样本分类数量在聚类图上调整聚类水平 λ 值。

在区域综合运输通道规划中,一般将不同节点划分为重要节点、较重要节点、一般节点三种水平,即一般在规划前就已经大致知道所需节点的分类数,所以在全局聚类谱系图的基础上由方法②,选取适当的 λ 水平进行划分。

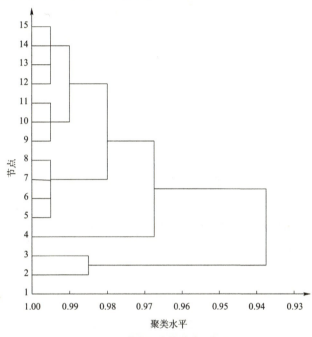

图 6-3　节点聚类的谱系示意图

6) 节点聚类水平的修正

为分析城市节点重要度并且进行节点的层次划分,除量化计算外,还需要考虑以下因素:

(1) 模型计算中指标选取对结果的影响

节点重要度的计算采用的是现状指标,是静态的,与经济社会发展、政策等脱节,同时也是城市内部指标,缺乏与其他城市节点的动态联系特性分析,这都会对城市节点的重要度计算产生一定影响。以江苏省北部城市连云港为例,连云港是全国十大海港之一,具有较强的对外贸易能力;同时拥有辽阔、稳定的经济腹地,即整个"陇海—兰新"经济地带,对中国腹地丰富的物产资源及广大的消费市场有着较强的凝聚力和消化力,其城市通过性运输需求较大,以现有的评价指标体系进行评价,连云港的这些优势在评价指标体系中体现的比较少,因而定量计算得到的重要度值会相对偏小,与其在区域综合运输通道中能够实际发挥的作用并不相符,所以在进行节点聚类时要适当考虑到这一点,将那些由于评价指标片面性所掩盖的内容挖掘出来,适当修正通道节点的分层方式。

(2) 考虑区域开发需求

现有的社会经济发展状况仅能代表现有的区域发展状况,并不能完全说明该区域在未来的发展潜力。

对于经济欠发达地区,根据运输带动经济发展的特点,交通运输资源应适当向这些地区倾斜,支持这些地区加快发展步伐,避免或减少"马太效应"。

(3)服从国家级交通运输规划

在国家层面,国家发改委、交通运输部有关交通运输规划中已经确立的区域有关城市的交通运输重要节点地位,在规划中需要予以遵从和配合。这样不仅有利于国家层面大通道规划的有效实施,同时又可以达到"借力发力"的效果,充分提升区域自身在大通道中的作用,提升发展潜力。

结合以上各个方面的因素分析,在数值计算和聚类分析的基础上,可得出区位重要城市等级划分。

6.3.5 通道段重要度的计算

在一个区域内,任何两个节点之间都没有绝对排斥通道连接的必要,除非有政治军事冲突或者不可逾越的地理阻隔。所以,在进行区域综合运输通道规划时,应将任意两点之间的通道连接都视为一种可能,作为区域综合运输通道构成通道段。

如果任意两点之间的所有的通道段全部都成立,则整个区域的通道网络就变成了一个强连通图,从经济的角度讲,这种规划显然是不合理的。比如两个距离较远的区域节点,两个节点的经济发展水平都比较落后,交通运输需求低下,且两点之间的连线周围有大量的共线或者方向大致相同的其他运输通道,在这种情况下,这两个节点之间的通道连线是没有必要的。因此,要对所有可能的运输通道段进行比选和分析。

节点进行层次划分以后,需要依据层次划分状况对节点进行连线,以形成区域综合运输通道布局的初始方案。由于每一条运输通道线位连接点的重要度不同,在运输通道网络中的功能和地位也有所不同。

区域综合运输通道是一个区域中交通运输主要线路的集合,需要体现出区域综合交通运输需求的层次性。基于交通运输需求与节点重要度的正相关性分析,结合交通节点聚类可知,在进行层次性的区域综合运输通道规划时,需要参照规划通道的层次,选取合适的节点分层。一般来讲,在资源有限的情况下,应优先选择层次较高的节点,优先满足发达节点间的交通运输需求。

(1)通道段重要度计算

区域中任意两点间都不存在绝对的不可连通,因此对区域中所有可能相互衔接的节点进行两两分析。任意两点之间可能存在的综合运输通道叫作通道段。找出这些不同节点间备选通道段的相对重要性,对于综合运输通道网络的优化具有重要意义。本书对于通道备选线的重要度计算采用重力模型的方法。

反映连接运输通道两节点间通道线功能地位的指标为通道段重要度。通道段重要度反

映了两节点间的相互吸引程度大小,定义如下:

$$IN_{ij} = \frac{I_i \cdot I_j}{f(U_{ij})} \cdot \alpha \tag{6-24}$$

式中:IN_{ij}——节点 i 与节点 j 之间的通道段重要度;

I_i——节点 i 的重要度;

I_j——节点 j 的重要度;

$f(U_{ij})$——节点 i 和节点 j 之间的通道阻抗,一般取距离的平方;

α——通道修正系数。

通道段重要度便于考虑小范围的通道段的功能地位和通道建设必要性。若通道段连接的两个节点的重要度大,且两节点之间的阻抗比较小,则两节点之间的路段连通必要性较大;反之,通道段连接的两个节点的重要度小,而且两节点之间的阻抗较大,则两节点之间的路段连通必要性就较小。

(2)通道线重要度计算

在区域综合运输通道规划的完善过程中,经常会遇到多条综合运输通道线路比较接近或者两条通道夹角很小的情况,这些情况会导致某些运输通道线路之间的替代性过强,使线路规划失去意义。为了避免此类情况的发生,需要进行相应通道线路的比选。所以,需要根据区域综合运输通道段的重要度计算通道线的重要度。

区域综合运输通道是由多个不同的通道段组成,因此通道重要度为组成通道的若干通道段的加权平均。即:

$$IM_{ij} = \sum_{k=1}^{M} IN_{ijk} \frac{L_k}{L_{ij}} \tag{6-25}$$

式中:IM_{ij}——节点 i 与 j 之间的通道段重要度;

IN_{ijk}——节点 i 与 j 之间路线中第 k 个通道段重要度;

L_k——第 k 个通道段的里程(km);

L_{ij}——节点 i 与 j 之间的通道段的里程(km)。

两个节点之间的通道段重要度反映了节点之间联系程度的强弱。基于此,按照通道段重要度大小进行通道段方案的优选,能较好地反映出区域综合运输通道需求的强弱水平。

节点重要度确定初始方案的优点在于将节点的经济情况反映在方案之中,布局方案能更加符合地方社会经济发展需要。但由于节点经济发展水平的不均衡性,在相差较大的情况下可能会导致通道布局方案较零散,或者各节点都被某一经济发展水平过高的节点吸引,形成大量的交通区位射线。交通区位射线的数量是由区域地域层次和中心节点的大小确定的,需要控制在一定范围之内。

在已经求得的区域内任意两点之间通道段重要度大小的基础上进行区域综合运输通道线路规划,需要分两步走:第一步,构造基于通道段重要度的区域综合运输通道最大树;第二步,根据区域的经济发展水平和城市群结构特征进行通道段线的叠加。

6.3.6 区域综合运输通道初始方案的构建

区域综合运输通道最大树是区域综合运输通道的骨干,通过该最大树能够反映出区域内部基本的运输通道连接状况,它也是保证区域综合运输通道最基本连通性的通道网。

构造区域综合运输通道最大树的基本思想有两种。

(1) 全局节点布局法

基于区域节点聚类分析的结果,选定区域综合运输通道规划中纳入考虑的节点,在规划过程中不考虑区域内所选节点的分层状况,直接进行区域内部通道段的分析,构造通道段最大树。

该方法的优点在于能够较好地反映区域整体运输网络的需求连贯性。在区域内大规模节点的引导下,后期通道调整时容易将区域内小型节点吸纳到大型通道内,可避免小型节点成为单独的悬挂点,使整个区域的综合运输通道网络更加连贯,资源配置效率更高。该方法的缺点在于没有针对性地分析重要节点、一般重要节点和普通节点的需求,不易直观地判断出规划通道在整个区域中的重要程度。

(2) 分层节点布局法

该方法思想是在进行节点分层选取之后,依然考虑不同节点的分层状况,按照从高级到低级的原则,首先构造最高层次的综合运输通道干线树,在此基础上根据通道线树的结构特点,将规划区进行分区,然后在分区内部进行第二层次的综合运输通道干线构建。以"小区"为单位,单独考虑该小区内部的二级节点之间以及二级节点与一级节点之间的通道段重要度,进行综合比选,得到最终的通道规划方案。

该方案的优点在于集中考虑到重要节点、一般重要节点和普通节点的交通需求,能够更有针对性地照顾到较高级别的通道节点,有明显的层次性,可以直观地看出规划通道在整个通道网络中的重要性。该方法的缺点在于,由于先期进行了一级节点的通道构建,下一层次节点的规划较大程度上受到上一级节点规划的影响,"小区"的划分和构建具有一定的盲目性,并且不同的"小区"划分容易导致下一层次节点之间的阻隔,对于低级节点的规划有较大的影响。

在分层节点布局法中,需要注意以下几点:

①在区域内对第一层重要的节点进行加边直接连通,形成区域综合运输通道第一层次网络,按照破小原则对网络进行破圈,得到区域综合运输通道网络第一层最优树,此即区域综合运输通道的基本骨架。

②在区域综合运输通道网络第一层最优树的基础上对区域内第二层次重要节点进行加边连线,其中第二层次中的重要节点与区域内第一层次重要的节点,与同一区域及相邻区域内的重要节点进行直接连通,对跨区域的重要节点不进行连通,形成区域综合运输通道第二层次网络,按照破圈原则对网络进行破圈,得到区域综合运输通道网络第二层次最优树,第二层次最优树是区域综合运输通道的主骨架雏形。

③在区域网络第二层最优树的基础上,区域内第三层次较重要节点在区域内相互连通,

形成区域综合运输通道第三层次网络,按照破小原则对网络进行破圈,得到区域综合运输通道第三层次最优树,在第三层次最优树以及区域综合运输通道网络的主骨架基础上可以得到区域综合运输通道的主骨架系统。

区域综合运输通道最大树的构造方法是多样的,主要是运用图论的基本思想。具体算法主要有破圈法、Prim 算法、避圈法等。

(1) 破圈法

破圈法原是解最小树问题的一种方法,来源于最小树定理。即若 T 是图的一棵树,则它是最小树,当且仅当对 T 外的每一条边 (V_i, V_j),有 $W_{ij} \geqslant \max\{W_{ii1}, W_{ii2}, \cdots, W_{ik-1j}\}$,其中,$\{V_i, V_{i1}, V_{i2}, \cdots, V_{ik-1}, V_j\}$ 是树 T 内连接 V_i 和 V_j 的唯一的链。W_{ij} 是边 (V_i, V_j) 上的权。

具体计算方法为:在图中任取一圈,从圈上去掉一条最大权的边,在余下的图中重复这一步骤,直到无圈时为止,即求出最小树。当遇到两条或几条边的权相等时,任意丢去其中一条边。

节点之间的通道段重要度可类比于节点之间的距离,区别在于通道段重要度最大树的破圈过程是破小圈,而基于节点间距离的破圈过程一般破的是大圈。

在全局节点布局法中,基于计算好的任意两点之间的通道段重要度,可直接运用破圈进行通道布局最大树的构造,原理较为简单。

破圈及运算过程中应注意以下问题:

① 进行层次节点间连线时应注意上下层节点连通照应,对节点间连线采用就近连通原则。如考虑对重要节点 A、重要节点 B、重要节点 C 进行加边连通,其 A-B、A-C 连通线处于同一连线主走向,且存在较重要节点 D 位于 A-B 之间,一般节点 E 处于 B-C 之间,同时 A-B、A-C、A-D、A-E 的连线夹角极小,则很重要的节点 A、重要节点 B、重要节点 C 的连通方式依照就近连通原则为 A-D-B-E-C,示意图如图 6-4 所示。

② 破圈时注意上下层次网络的主次轻重关系,下层破圈时对上层已经形成的边路进行保留,破圈时只针对同层次网络进行。

③ 破圈时根据区域地理环境将实际不可能连通的边路首先破掉,将实际连通困难的边路依据层次重要性及路段重要度考虑保留或优先破掉。

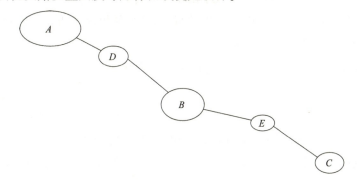

图 6-4 节点的就近连通

（2）Prim 算法

算法基本原理为：在 Prim 算法中，假设 $G=(V,E)$，其中 V 为图 G 中所有顶点集合，E 为图 G 中所有带权边的集合。设置两个新的集合 U 和 T，其中集合 U 用于存放图 G 的最小生成树中的顶点，集合 T 存放图 G 的最小生成树的边。从所有顶点分别为 $u\in U,v\in V-U$ 的边中，选取具有最小权值的边 (u,v)，将顶点 v 加入集合 U 中，将边 (u,v) 加入集合 T 中，如此不断反复直到 $U=V$，此时集合 T 中包含了最小生成树的所有边。Prim 算法的基本思想是首先将整个图上的顶点分为最小生成树顶点和它的补图顶点两个子集，最小生成树顶点集合开始只含某个顶点，然后，在这两个子集之间寻找权最小的连接边，并把该边及所关联的顶点加入最小生成树顶点集合中，直到把所有的顶点都并入最小生成树顶点集合为止，由此得到的就是这个图的最小生成树。

在分层节点布局法中，需要注意以下几点：

①区域内对第一层很重要的节点中，按照 Prim 算法依次选取相应节点及节点所连接的权值最大的边并直接连通，得到区域综合运输通道网络第一层最优树，此即区域综合运输通道的基本骨架。

②在区域综合运输通道网络第一层最优树的基础上，分析通道最优树结构，选取第二层级的规划范围，在区域内第二层次重要节点中，按照 Prim 算法依次选取相应节点及节点所连接的权值最大的边并连通得到区域综合运输通道网络第二层次最优树，第二层次最优树是区域综合运输通道的主骨架雏形。

③在区域网络第二层最优树的基础上，从区域内第三层次较重要节点中，按照 Prim 算法得到区域综合运输通道第三层次最优树，在第三层次最优树以及区域综合运输通道网络的主骨架基础上，可以得到区域综合运输通道的主骨架系统。

（3）避圈法（Kruskal 算法）

算法的基本原理为：每次添加权尽可能小的边，使新的图无圈，直至得到最小生成树为止。其主要步骤如下：

①把图 N 内的所有的边按照权的大小由小到大排列。

②按前一步排列的次序依次检查 N 中的每一条边，如果这条边与已得到的图不产生圈，则取这一条边为所求生成树的一部分。

③若已取到 $n-1$ 边，算法终止。此时以 V 为顶点集，以所取的 $n-1$ 条边为边集的图即为最小生成树。

在全局节点布局法中，基于计算好的任意两点之间的通道段重要度，可直接运用 Prim 算法进行通道布局最大树的构造，原理较为简单，在此不再赘述。

在分层节点布局法中运用 Kruskal 算法进行区域综合运输通道布局铺画时应注意以下几点：

①在区域内对第一层很重要的节点进行加边得到的边集中，按照避圈原则依次选取不

成圈的权最大的边,连通后得到区域综合运输通道网络第一层最优树,此即区域综合运输通道的基本骨架。

②在区域综合运输通道网络第一层最优树的基础上对区域内第二层次重要节点进行加边,在边集中按照避圈原则进行选取从而得到区域综合运输通道网络第二层次最优树,第二层次最优树是区域综合运输通道的主骨架雏形。

③在区域网络第二层最优树的基础上,从区域内第三层次较重要节点相互连接得到的边集中,依然按照避圈原则得到区域综合运输通道第三层次最优树,在第三层次最优树以及区域综合运输通道网络的主骨架基础上可以得到区域综合运输通道的主骨架系统。

6.3.7 区域综合运输通道方案完善

在区域综合运输通道最大树的基础上,需要对通道网络进行优化和完善。经济发展带来节点之间需求的膨胀,最优树的简单路网结构只能满足节点之间的连通,却不能满足节点之间交通需求的直达性。最优树的通道网布局没有回路,任意两个节点之间仅有一条可行链路,可靠性较低,且与局部通道网节点间存在多条路径和回路的实际情况差异较大;而两两节点之间均有通道连接的完全图式区域综合运输通道网络具有非常高的可靠性,但是,完全图式区域综合运输通道网络非常复杂,建设里程长、建设成本高,仅适用于少数重要经济中心之间具有较大流量的区域综合运输通道网络。随着路网的加密和完善,为提高直达性,网络的区域综合运输通道数目增多,造成其复杂度显著提高。介于最优树和完全图式之间的边删除法优化节点赋权网络形成多回路的区域综合运输通道网络布局,更加符合区域实际情况。

在原始的通道段最大树布局过程中,舍弃了大量重要度较高的原始通道段,这些被舍弃的通道段中有一部分是很重要的区域综合运输通道线,所以依照通道段重要度的大小,依次向图中添加。添加范围参照与规划区形态相似的较发达地区。根据经验,一般是规划区内所有节点间所有通道段重要度的八分之一,同时与区域的社会经济发展水平、区域交通区位特征等因素有关。具体应参照结构类似的发达区域通道建设(规划)状况,通过服务水平类比法或者专家打分法进行确定。

6.4 基于交通区位法的通道布局

6.4.1 交通区位的基本理论

区位理论的核心概念是区位,论域是经济地理现象。交通区位线是一种将交通线在地理上的高发地带标示出来的一条原理线。高发指的是介于定发和偶发两者之间并偏于定发侧的一种状态。定发是一种必然性，偶发是一种偶然性。因此高发应是一种准必然性，并且一定是必然性多于偶然性的综合状态。事物在高发状态之中必然性部分占支配地位，它能使事物的发生出现统计规律性，即有很大程度的规律性。

从观察角度讲，区位是某种经济地理现象（例如工业、农业、城市、运网等）在地理上的高发地区（或场所）。更准确地讲，区位就是某种经济地理现象在地理上大概率出现的地区（或场所）。从操作角度讲，为达到特定经济目标，要把研究的经济地理项目设置在能到达目标的一定范围内的地理位置上，这种一定范围内的地理位置就是一种区位。

交通区位线是进行地域交通线路布局研究经常使用到的理论，相对于纯粹的地理学线路划分方法，交通区位论有着显著特点。由于交通区位线一般是千百年来运输经济自适应过程产生的结果，所以具有极强的稳定性和抗震性。但是随着区域经济的发展，不排除交通区位线可能会随之发生微调。影响交通区位分析的因素比较庞杂，具有层次性、动态性，见表6-5。

交通区位因素一览表 表6-5

类别		国家层次	省（自治区、直辖市）层次	地市（自治州、盟）层次	县（自治县、旗）层次
非经济因素		国家统一；民族团结；地缘政治；国防、边防、海防；社会稳定；反恐	国家统一；民族团结；地缘政治；国防、边防、海防；社会稳定；反恐	国家行政与政权建设；民族团结；边防、海防、国防；社会安定；反恐	政权建设；民族团结；边防、国防；社会安定；反恐
经济因素	社会经济因素	城群圈、大城市；大陆桥；重型产业带；旅游产业；地缘经济；能源及石油安全；国家发展战略	大中城市及人口分布；大陆桥；工业中心；旅游产业；地缘经济、边境贸易；能源供给；国家及省发展战略	中小城市及人口分布；大中型企业及资源；旅游资源及线路；边境贸易；能源供给；省市发展战略	城市及人口分布；中小企业及资源；旅游资源及线路；边境贸易；能源供给；市县发展战略
	交通自身	大海港经济腹地；网络和理性（集聚与分布）	中大型海港经济腹地	中小海港集散；交通拥挤、环境保护；交通安全	小海港、渔港集散；交通安全、裁弯取直

交通区位线是一条虚拟的线，是一条交通发生概率大的原理线，其中没有任何现实存在的工程实物。正是由于它是一条并不真实存在的线，所以人们可以根据自己的研究或者改造需要随时改动，人为价值影响着交通区位线的形状和走向。也就是说，在遵从历史客观前提下，局部细节需要结合专家的取舍判断。

交通区位线并不是地面上弯曲波折的交通线(铁路、公路、河道等),而是由一些联系着相邻的节点(城镇、经济圈等)的直线构成的折线。它受制于人的价值观念,不受微观的地形地貌约束,只受到宏观地形、地貌的影响。

交通区位线是一条地理上交通发生概率高的交通运输线所在线,至于到底有没有具体的铁路、公路或者其他运输线路坐落其上并不能确定。交通区位线对于地理空间范围内的运输线路走向给出有效参考,但是在交通区位线上建设何种交通运输线路线形、制定何种线路等级、应用何种交通运输方式没有给定参考,这些受制于社会经济、科技水平、国家政策。

6.4.2 交通区位线的分类

对交通区位线本身属性按两种方法进行分类研究:一种是按研究地域(系统)分成地域(或系统)内部交通区位线和地域外部区位线,另一种是按几何特征将其分为交通区位射线、交通区位纵线、交通区位横线、交通区位环线等。之所以对交通区位线进行分类是为了更好地利用系统科学和几何学的成果对交通区位线进行结构和功能分析,用以加强交通区位线的解释性和操作性。按研究地域的内部性和外部性对交通区位线的分类很重要,在系统研究中所谓内部性,就是站在系统(地域)界面向内看问题,用内部描述法描述问题。这样可以发现结构,提高研究的解释水平和操作的有效性,而外部性则是站在系统(地域)界面向外看问题,用外部描述法描述问题,这样可以发现问题的重要性,提高观察的有效性。我们可从内部交通区位线的研究中发现交通区位线的构造,从外部交通区位线的研究发现交通区位线的重要等级。交通区位线还要按几何特征分类,是因为交通区位线的线及网络是几何属性的。按此分类能方便地引入各种几何原理,借"力"展开,不必另起炉灶。

(1)按系统内外的关系分类:地域内部交通区位线、地域外部交通区位线。

这个系统就是我们要研究的对象地域,当我们研究的地域对象(系统)为省、自治区时,省、自治区域内的交通区位线就是地域内部交通区位线,而省、自治区域以外的为地域外部交通区位线。

(2)按几何特征分类:交通区位径线(包括交通区位纵线和交通区位横线)、交通区位射线、交通区位环线(包括绕市区位环线、城群区位环线和域境区位环线和环水域交通区位环线)。

地域中交通区位径线与区位射线都是以几何线中折线的形式出现的。不同的是径线的两个端点都可向外延展长度,而射线只有一个端点可向外延展。径线中的纵线是南北向的,横线是东西向的。

对交通区位线的实际作用还可以进行如下分类:

(1)满足政治、军事需求的交通区位线。

(2)满足统一行政管理的交通区位线。上一级行政区域中心城市节点与下一级中心城市节点间的连线构成与各级行政区域相同等级的交通区位线。交通区位线的结构与行政管理结构相同,即管理有层次,交通也有相同层次,管理的各层次间有自相似性,交通各层次间也有自相似性,所以,首都与各省会城市节点间的连线构成国家级交通区位线;省会与地市级城市节点间的连线构成省级交通区位线;地市中心城市与所辖县(市)中心城市间的连线构成地市级交通区位线;县(市)中心城市与所辖乡镇节点间的连线构成县乡级交通区位线。通过这种一级接一级的渗透,实际上可完成整个区域交通通达度的要求。

(3)为维护领土完整的交通区位线。国家从首都至四面八方的领土甚至最偏远处的前沿边境地带,尤其是出现领土纷争的地区,都应有交通干线到达,即为了领土完整,国家需采用以首都为心脏的"十指连心"式交通模式。

(4)为开放民族聚集地、有力反击民族分裂势力的交通区位线。在一个多民族的统一国度里,封闭状态既影响民族的发展,也威胁着国家的安全与稳定,所以必须打破这种封闭状态,实现民族大融合与共同发展。开放就是要与外界进行物质、能量、信息和人员的交流,这些交流必须借助交通来完成,故民族聚居区与外界之间要有交通干线。

(5)为了落后地区的经济发展构造的连接落后地区与经济发达地区的交通线。因为落后地区城市规模不大,从而缺乏重要交通节点,所以根据交通线的吸引特性进行构造。

(6)满足经济需求的交通区位线。

(7)促进全球经济一体化的交通区位线。全球经济一体化的重心集中在世界经济极和能源极的一体化。考虑经济一体化和降低运输成本,要求交通运输将这些极两两直线相连,组成完全图形的交通运输网络,所以在各级中心城市间存在交通区位线。世界级的交通区位线属于洲际运输线,原来基本是由海洋运输线组成,但随着资源密集型产业形态向资金密集型产业形态的过渡,产品的价值含量上升,质量减轻,对速度的要求提高;而且随着集装箱技术的提高,洲际运输线逐渐由海洋发展到大陆桥运输。因此,世界经济极和能源极之间既有海洋交通区位线,也有大陆桥交通区位线和航空运输线。

(8)促进城群圈形成与发展的交通区位线。城群圈是我国城市发展的最高级别,也是生产力最发达的地方。大量的非农业生产力要求城群圈的生产需从全国乃至世界范围内聚集生产要素,向全国及世界销售自己的产品;由于生产的专业化程度提高,城群圈内部各城市间也需要进行大量的经济往来,因此城群圈要求强有力的交通通向其他城群圈或通向世界经济极,也需要强有力的交通联系内部各个子系统。具体来说,不同背景层次下,由城群圈出发的交通区位线有:

①自身背景:与外界接口并分化城群圈中心聚集压力的区位环线;由圈内中心城市向其卫星城市发射的交通区位射线。

②国家背景:国内各城群圈之间直通的交通区位线;大城群中各城群圈间直通的交通区位线;两大城群圈之间走廊式的交通区位线。

③世界背景:城群圈与最近的大陆桥运输线间存在交通区位径线。

(9)促进城市和地区开放的交通区位线。任何一个区域都没有先天的理由与周边城镇或地区隔开,邻近城市之间的互相连通有利于区域对外开放水平的提高,借助周边地区的经济发展提高自身的经济实力,同时还可以借助周边经济发达地区提高自身在整个区域大环境中的地位,与其他城市一起形成城市群规模效应,提高经济发展的空间和效率。

(10)拓展海港经济腹地的交通区位线。一般而言,经济腹地的大小取决于选择的运输方式的规模,连通海港的运输方式规模越大,经济腹地向纵深拓展的可能性越大,交通集散量越大,因而海港的吞吐量越大,规模经济效益越明显。大规模运输方式有内河航运、铁路等拓展经济腹地。中小型海港相应需要方便的公路运输线拓展经济腹地。内陆省份只有通过海港,才能将自己的产品低成本地散布于世界各市场,才能将生产要素聚集到地域中的某个生产点。所以,与海港相连的内河是水上交通区位线,海港与临近的内陆大型生产要素市场、大型产品市场间存在着交通区位线。

(11)拓展经济规模的交通区位线。当某条地理空间中的产业带规模较小时,经济法则促使其尽可能扩大规模,以求得规模经济效应。如集中分布或呈条带状分布的储藏量达到规模开采程度的资源产区、面积不大的盆地的长径方向,均潜藏着交通区位线。

(12)完备生产要素的交通区位线。生产所需的要素齐全才能保证生产,所以生产地所在城市与各资源点、资源带重心间潜藏着交通区位线。

(13)开发并促进旅游产业发展的交通区位线。旅游资源的开发与销售某种意义上等同于旅游线路的建设与消费。因此需要将已有的、潜藏的旅游景点组成一条包括景点多且不重复的旅游交通区位线,并与其他交通线配合、衔接,构成射环网络结构:以旅游中心点向周围散布的旅游景点辐射交通区位线,并将远离中心的景点用区位环线连接起来。另外,如果不同旅游景点分布在条带状的空间中,则该条带状空间里潜藏着走廊式交通区位线。

(14)绕环形水域、沙漠绿洲的交通区位线。绕湖(湾)、绕绿洲的区位环线能将广大水滨地区连成一片,提高机动性,达到减灾、防灾目的。还可利用向内或向外的支线连接滨湖、海湾的城镇或绿洲上的城镇,构成内棘轮型或外棘轮型的交通区位网络,提高直达性和可靠性。

(15)满足交通自身需求的交通区位线。

①可降低运输成本的交通区位线。交通线路通过密度越大,成本越低,所以地域中的大城市间、城群圈之间由于交通量极大,需构造完全图式的交通区位线。完全图形的运输网络中,任意两点间的运距最短,不中断运输的可能性越高,所以综合运输费用最省。交通量、运输量大的两城市节点间的交通需经过第三城市节点时,应保证三点连接成的两折线的夹角小于120°,否则应裁弯取直,与第三点的联系只能通过支线完成。此外,为实现区域综合运输通道的网络化,按照交通吸引特性分析,两条平行交通区位线之间存在着次一级的平行交通区位线。

②降低交通建设费用的交通区位线。在交通量大的地区,完全图式的交通区位线网络的高额建设费用由大量的运输量分担,以此达到降低运输费用的目的,但在交通量少的地区,只有靠降低建设费用来降低运输成本。建设费用最省的交通区位网络以自相似树形展开,低等级的树形交通区位线能以最短的距离连接交通量较少的各交通节点。此外,两相邻

河谷间沿分水岭山文线(干流一侧)的最低处有交通区位线。

③保证运输线路通畅、机动性好的交通区位线。线路畅通是交通运输背景中的基础性要求,所以从其本体特性上看,应该有保持主干线机动性的辅助性交通区位线,如相邻两平行的长交通线间有与其垂直的交通区位线,旨在消除断头路而增加的辅助线路等。

6.4.3 交通区位线的构造原理

由通道的形成发展过程看,通道变化是缓慢的,一旦形成,对经济发展有很大带动作用,同时在经济社会发展中逐步调整线路布局走向。区域的交通区位线是交通线在地理上的高发地带中的一些节点(城、镇等)的几何联系线,常具有不易改变的特征。依据交通区位分析这种本体论的规划方法,根据交通系统的内生属性,通过分析交通系统本身高度稳定的结构性因素来布局交通基础设施,应用其进行通道布局规划时可以满足长期相对稳定的交通需求,能在适应交通需求的同时更注重对交通需求的引导。

交通区位分析主要用于设计交通线路在地理上的几何走向。

(1)交通区位因素决定区位线。客观存在的、不受人的主观意志而转移的交通区位因素对交通区位线的出现起到了定位的作用,同时交通区位线的出现还受到偶然因素的作用,这些因素不但可能使交通区位线的定线产生偏离,甚至还有区位线潜藏而不显现。正是这些驱动因素和约束因素的综合作用才出现了地理交通线上的高发地带,这个地带用交通区位线表示。

(2)自相似分形结构。所谓自相似就是部分与整体间存在的相似性。几何分形的集合自相似是对网络而言的。省内、省际最重要的交通区位线的确定往往不是由自身背景的特征性规定,而是在国家背景中,由区位线分形层次的特征性规定。省与省之间的公路网络也应由省域内部的交通网络的特征决定。

(3)交通网络结构模式。相邻同层次两区位射线(如相邻两省份的省会到地市的区位射线)的两端节点,比其他相邻同层次中任一区位射线的两端点的距离都近时,只要山文条件许可,就应将这些距离最近的断头路连接起来,这样就可变原来的树形区位网络为多回路的区位网络。这种多回路的交通区位网络结构不仅可保证交通运作时间,还可以大大提高网络的可靠性。

(4)两平行主干线1/2处交通区位线。交通路网中常出现在已有路网(公路、铁路等)的两平行路中间距离约1/2处的地带修建一条平行线,只有当平行路间距离小到对应运输方式的极限距离时,这种过程才会终止的现象。这种现象的发生,并不是人的主观意志决定的。这些交通区位线的产生是交通聚集效应作用的结果。一般而言,与交通线路平行的区域,距离交通线越近,其被交通线路吸引的强度越大。因此,当两条平行的交通线路垂直距离大到一定程度时,两者之间就会出现交通服务"盲区",这时1/2处的交通线路就应运而生。

6.4.4 交通区位线布局方案

(1) 交通区位线一般分析方法

基于交通区位法的区域综合运输通道布局,一般采用逐次支配综合法生成交通区位网络。

(2) 地域内部交通区位线分析

①确定地域内部经济类、非经济类交通区位因素。

②分析每项经济因素生成的交通区位线,并以其中起支配作用的经济因素生成的交通区位线作为地域经济因素交通区位线的趋势图,再采用并集法,补充并入其他经济因素交通区位线,综合得出地域经济因素交通区位线图。通过支配综合法,亦可得到地域非经济因素交通区位线图。

③分析地域内部交通区位线的生成是受经济因素支配还是受非经济因素支配,这要根据地区的经济发达情况而定。在我国经济发达地区(以工业化水平为判据)多以经济因素为支配因素,在经济欠发达的地区则可能以非经济因素为支配因素。若是以经济因素为支配因素,这时地域交通区位线就应以经济因素交通区位线图为主,再将非经济因素交通区位线补充并入其中,采用逐次支配综合法合成统一的地域内部交通区位线图。若是以非经济因素为主,同样再次应用支配综合法,求得以非经济因素为支配因素的地域内部交通区位线图。

(3) 地域外部交通区位线分析

地域外部交通区位线的分析步骤与地域内部交通区位线的分析步骤相同。外部交通区位线的生成是按交通区位线分析的要求绘制的,但实际操作过程中有所不同,这是因为地域外部对地域需求的经济及非经济交通区位因素少得多,且多为重要的因素(大背景的需求因素),如经济极间的大陆桥运输需求,国家北煤南运、西煤东运的需求等。因此,在外部交通区位分析中,只需突出支配性需求因素区位线分析,故地域外部交通区位线的数量较地域内部交通位线数量少许多。但其重要性等级却高得多,同时也使地域内与其接口"借道"区位线的重要性提升。

地域交通区位线以地域内部交通区位线为基础,按外部交通区位线图及其区位线的重要性,对地域内部交通区位线进行重要性等级的划分,从而得出能突出重要性的地域交通区位线图。地域交通区位线生成步骤如图 6-5 所示。

区域交通枢纽节点是具有综合运输组织及辅助功能的系统结构,是区域内部交通运输的生产组织基地和交通运输通道中客货集散、转运及过境的微观组成部分,是区域内客货流集中产生和终止的节点,能促进节点所在城市与区域大环境的交流。区域交通节点规划布局需遵循一定的原则:

(1) 与城市总体规划相协调

区域节点场站布局是节点城市规划的一个组成部分,不仅要服务运输市场,更要服务于城市,要充分考虑城市空间布局特点、发展战略及城市经济辐射作用。因此在进行场站规划时应符合城市发展方向、布局形态,充分考虑城市组团的功能、人口、资源、开发区的分布特点,根据城市生产力布局结构,客货源分布规律及客货流流向规律合理布设客运站场,方便旅客出行和中转换乘。

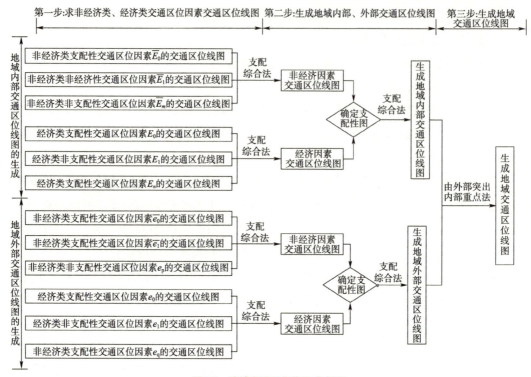

图 6-5 地域交通区位线生成步骤

(2) 与内外交通相协调

客运站场的布局需要考虑与其他城市交通方式的衔接,做到"以人为本",站址选择既要方便旅客出行又要减少对城市内部交通的干扰。站址选择在满足出行方便的前提下,尽量使客运场站远离城市,避免客运场站对内部城市交通及周边城市环境的干扰;客运节点的布置应尽量靠近城市主干道,从而达到充分利用城市主干道对场站客流进行疏散的作用。

(3) 依托区域综合运输通道、干线路网

应充分结合城市路网的结构特点及区域综合运输通道、干线路网的规划,客运场站应尽量位于节点城市各个方向的运输通道或运输干线主要出入口附近,满足客流快速疏运的道路条件要求,同时避免运输客流进入城市主城区。

(4) 新旧兼容,充分利用现有场站设施

在新建客运场站的同时,合理利用已有客运场站设施,从整体系统的角度出发,合理考虑设定各个场站的基本功能,使其系统整体效益最大化。同时场站建设用地应考虑选择拆迁难度小、征地拆迁费用低的土地,以确保征地的可行性。

(5) 减少污染,保护城市环境

节点内主要站场作为长途客运的基础设施,大量的客流在此集散,势必造成对周围环境的影响,站场布局要充分考虑空气污染、噪声干扰、交通拥挤、社会环境恶化等不利因素,做好统筹安排,减少对自然环境及场站周边社会环境的影响。

(6)统一规划,远近结合

场站布局规划一定要考虑远期与近期两方面的因素。这样才能减少资源和人力、物力的浪费。站场位置要在近期能方便旅客乘车,而在远期又不至影响到城市的发展。另外,还要考虑场站本身发展的可能,尽量做到在近期能用较少的用地满足使用要求,而在远期又留有发展余地。

合理的区域综合运输通道布局应当是保证有效连通、运输效益最大的通道网络。求得区域综合运输通道最合理布局的过程是一个逐步优化的过程。通过分层布局,在求得运输通道网的基本骨架后,加边展开,逐层优化,使运输通道网络由树状向网状扩展,最终得到较为合理的区域综合运输通道布局。

6.5 区域综合运输通道的衔接设计

6.5.1 区域综合运输通道与城市的衔接

1)衔接方式

区域综合运输通道与城市交通的衔接主要体现在不同类别交通方式的衔接。区域交通方式主要有公路、铁路、航空、水路。城市交通方式主要有公共交通[城市轨道交通、快速公交(Bus Rapid Transit,BRT)、常规公交等]、小汽车、步行、自行车等。目前,区域交通与城市交通能够相互衔接并实现交通方式转换的主要有公路、铁路与城市公共交通、小汽车等方式的衔接转换。衔接方式主要包括:

(1)公路衔接。截至2019年末,我国公路总规模里程达到501.25万km,以高速公路为骨架、干支相连的区域公路网络也日趋成熟。公路与城市交通衔接主要有两种方式:

①与城市道路直接衔接,将区域交通引入城市内。

其中,高速公路属于封闭系统,主要通过互通式立交与城市快速路或交通性主干路衔接;一、二级国省干线一般与城市主干路衔接,承担部分城市对外交通出行。

②利用客运站、交通换乘枢纽等,实现区域交通与城市交通的转换。

(2)铁路衔接。我国铁路运输速度和运能不断增加,铁路客货运场站在空间上逐步分离,同时动车组的开设和发车频率的增加提高了区域城际间的运输能力,满足了日益增长的城际通勤和商务客流需要。铁路主要依托铁路客运站与城市交通基础设施联合设置,区域铁路客运站与城市道路、城市公共交通系统相互衔接形成多方式便捷换乘的交通枢纽。铁路客运站与城市轨道交通、快速公交、常规公交的衔接,常位于城市中心区外围。

(3)航空衔接。民用机场主要分布在城市边缘地区,机场与高速公路、城市出入口道路以及城市快速路等相互衔接,空港地区依托临空产业成为城市发展又一个新的增长点。

(4)水路衔接。水路交通主要通过沿江和内河港口码头等与高速公路、干线公路以及城市疏港道路衔接,港区往往成为城市功能区之一。

2)衔接原则

(1)衔接有序化

在确定区域综合运输通道与城市交通的衔接时,要由主及次展开,逐级衔接。同时应将区域客运交通枢纽纳入城市进行统一规划,加强其与城市交通的相互衔接,构建以枢纽为核心的有序衔接体系。

(2)客货分流化

①与城市客运交通衔接

区域客运交通与城市客运交通的衔接体系以城市对外交通范畴的公路客运站、铁路客运专线、城际铁路为主体,城市轨道交通、快速公交、常规公交、小汽车、自行车和步行等城市内部交通方式为其接驳。

城市轨道交通、快速公交具有载客量大、准点率高以及速度快等特点,是城市交通衔接区域客运交通的首选方式,可与区域客运交通的速度、载客能力、服务水平、运营组织、技术标准等实现良好衔接,但其覆盖率偏低,仍需其他交通方式换乘。

目前常规公交为主要的公共交通方式,也是与区域客运交通衔接换乘的重要方式之一。常规公交的载客能力相对较小,受地面道路状况影响较大,可能导致准点率不高。与轨道交通和快速公交相比,其速度较低,但在时间和线路等方面具有较大的弹性。

小汽车可以提供门到门服务,但由于存在停车费用、运行费用较高,以及城市中心区道路通行能力限制问题,并非大众化的衔接方式。

自行车和步行只适合短距离出行,是区域客运站周边居民出行的首选方式。在理顺区域客运交通与城市客运交通衔接方式的同时,还应优化车站周边地区的运输组织,注重与货运交通的时空分离,提高居民出行的便捷性和安全性。

②与城市货运交通衔接

与城市客运交通相比,货运交通的车辆速度较慢,车辆载荷大,对城市道路交通影响较大。在使城市货运快速运转的同时,应避免增加对城市道路的交通压力,理顺区域货运交通与城市货运交通的衔接方式及运输组织,注重与客运交通的时空分离,促进区域及城市物流产业高效便捷发展。

区域货运交通与城市货运交通的衔接策略为:提升区域内交通节点的连通性,为货物运输提供多种选择方式,满足社会经济发展对货运的需求;统筹安排多层次、多元化的货运通道建设,对外货运通道布局与货物主要流向相匹配,布置在城市外围,与市内配送的城市主干路有良好衔接;货运枢纽向综合型、大容量、立体化方向发展,具备便捷的换装或换乘系统,实现货物运输在各种运输方式或不同运输线路之间的无缝衔接。

(3) 通道集约化

通道作为综合交通运输网络的主骨架，由多种运输方式的多条线路、枢纽及附属设备组成，承担着区域间大量、稳定的客货流，在区域经济发展中起着举足轻重的作用。区域复合型通道往往包括两种或多种运输方式（公路＋铁路、公路＋铁路＋水路等），其建设对城市环境改善和资源集约使用战略意义重大。通过各种运输方式建设的规模匹配、客货协调和网络整合，加强城市同区域的联系，拓展城市腹地范围，达到集体与个体运输的均衡。复合型通道一般位于城市边缘或组团之间，有多条运输线路，占地较宽，应避免对组团造成严重的分割；同时，通道内各线路平行布置时应保持足够的间距，通道两侧应设置足够的防护绿地，以确保各线路的运输安全。

(4) 模式差别化

随着高速铁路、城际铁路等重大交通设施的快速建设，原有的基于区域高等级公路的单一衔接模式将逐步发生转变。区域交通与城市交通的衔接方向应在现状的基础上，强化城际铁路与城市交通的衔接，形成区域层面的双快（高速公路、快速路和交通性主干路，高速铁路、城际铁路和大容量快速公交）衔接体系。其中，与轨道交通的衔接表现为区域轴向交通的接驳，与高速公路等的衔接表现为网络化的多点对接模式。

6.5.2 区域综合运输通道与广域运输通道的衔接

区域综合运输通道建设应与国家广域综合运输网络协调配合，在强调通道建设时，应做到通道与网络并重，不可在运输网络中造成人为交通瓶颈。

区域综合运输通道与广域运输通道的衔接问题即广域运输通道的整体决策问题，是指运用系统的观点，从通道在广域路网和广域地域系统中表现出来的整体特性进行规划。运输通道作为广域网的一个子系统，将众多的节点连接起来，承担了大量的客货运输任务，其在广域运输网络和地域系统中的整体涌现性与其在区域系统中的作用和特性有着一定的区别。韩愈诗云："天街小雨润如酥，草色遥看近却无"。在通道规划和建设时，要从通道所表现出来的整体涌现性出发，系统地研究通道对所经过区域的影响，防止"近却无草色"，影响通道的整体功能。由于广域运输通道经由区域众多，影响范围很大，如果将广域通道布设在其影响的地域内，它实际上就是一条线，通道内流动的客货运量更多的是其经过区域交通节点间的交互流量，而非两端点之间的直达流量。通道的基本功能是实现客货运输，但在实现客货运输任务的过程中，它承担的是干线部分，其自身并不能完全体现系统的行为，其功能只有通过综合交通网络才能具体体现。而综合交通网络的功能则是综合交通网络系统在综合交通运输系统、社会经济发展和地域系统中所起作用的具体体现。

因此，区域综合运输通道与广域运输通道的衔接问题是将区域综合运输通道放入广域的地域系统和交通网中，从其两端点及所经由区域的宏观经济联系出发来规划，从这个方面来说，广域运输通道规划更应该称之为宏观经济联系或战略意义上的综合规划。区域综合

运输通道与广域运输通道的衔接主要考虑以下问题:

1) 通道区段间的关联性处理技术

广域通道被分割后,各相关段落虽然可以分别看作一个独立系统进行分析,但实际上,它们并不是独立的,而是有关联的,而这种关联性正是基于各区段间的流量。另外,通道分割后,其规划域明显变小。对于这两种情况,可将各段落规划域的边界与对外交通干线的交点看作特殊节点进行处理。

2) 通道分割时 OD 量的采用

因通道与综合运输网络有众多的接口,从全域的角度来说,通道内的流量实际是全域内的 OD 在通道内的分配,而不仅是通道经由节点生成的流量。如前所述,这些客货流按其到发关系特征可分为本线流量和过线流量。过线流量仅影响通道的路径能力,但并不影响通道的段落分割。通道的段落分割由本线流量决定。因本线流量包括由通道经由集散点生成的流量和区域内其他节点经通道内各相关节点换乘的流量,所以,通道经由节点的生成客货量应该包含区域内其他集散点经该节点换乘的流量,反映出在全域 OD 表中,它实际是一个通道节点流量的简单叠加问题。如难以处理,可将通道内各相关客货运站(枢纽)作为一个节点处理。集散点流量是否经由通道换乘,可由通道是否在出行的最短路径上确定。

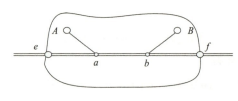

图 6-6 广域运输通道分割图

以图 6-6 所示通道为例,进行分割时,节点 a、b 的 OD 量包括集散点 A、B 经通道至其他交通小区在这个点换乘的量。如果节点 a、b 之间的通道可作为一个独立系统进行处理,则需将节点 e、f 作为特殊交通小区进行处理。

3) 通道分割后各区段的建设序列

广域通道被分割后,所形成的各个区段,既有的系统配置及其在综合路网中的功能有一定的差异,各区段能力利用情况也不一。考虑到资金的有效利用和我国交通行政管理的区域性、层次性,对于分割后的各区段应有一定的建设序列,即需按一定的原则明确优先建设的区段。在具体确定各区段的建设时序时,应结合各相关区域交通发展战略、交通需求及建设资金筹措等相关因素,并遵循以下原则:

(1) 尽量减少指令性建设计划,充分考虑交通需求,以市场为主导方向。

(2) 综合路网的协同发展,从全局性考虑广域通道、广域网、区域通道、区域网、城市路网发展的协调。

(3) 充分考虑分割后区段在路网中的功能,优先建设功能强的区段。

在现有区域综合运输通道中,运输方式主要有铁路、公路,航空由于受城际铁路的影响所占比重较少,水路由于技术经济特征,一般承运大批量货物,比如煤炭、矿石等,在区域综合运输通道中的组成比例较小。故本书只对区域综合运输通道中铁路、公路两种运输方式与广域运输通道的衔接进行探讨。

4) 通道中铁路与广域运输通道的衔接

区域铁路网布局方案完成后,需要与国家层面以及区域其他运输方式进行衔接,进一步完善区域路网布局中各条线路的功能定位。区域铁路网布局方案需要与下述规划进行衔接:

(1) 与中长期铁路网规划进行衔接

区域铁路网规划应当以中长期铁路网规划为依托,结合区域特性来补充完善。中长期铁路网规划对区域铁路网具有调控和指导功能。中长期铁路网规划中,主要客货运输通道不能为了兼顾少量地方利益而使主要干线出现过多的曲折。

与中长期铁路网规划衔接,主要是指区域铁路网布局方案与国家铁路运输通道进行衔接,目的是使区域内国家铁路干线部分既满足国家经济发展对该铁路运输通道的需求,又可适当兼顾地方经济发展的需要。

(2) 与其他运输方式的衔接

区域铁路网规划布局方案还需要与交通行业的港口发展规划、高速公路网发展规划、航空发展规划进行衔接。其目的是使区域铁路网规划能够满足国家及区域经济发展对区域铁路网布局的需求,并成为综合运输体系中的重要组成部分。

(3) 衔接方式

区域铁路必须通过车站或枢纽与国家铁路网发生联系,一般根据区域铁路车站与广域铁路网车站的布置关系可分为两类,即分开设置与合并设置。

① 分开设置

该设置虽有分工明确,不影响各自作业与发展的优点,但又存在运输上区域铁路车站与广域铁路网车站距离较远的缺陷,出行需要长距离的换乘,造成旅客出行的不方便,并造成货物运输径路的增加,使货物需要通过城市交通转运,给本来繁忙的城市交通增加了压力。故这种分设形式,一般是由于运营管理体制的需要或地形条件的限制才加以考虑。

② 合并设置

合并设置的车站,区域铁路与广域铁路网在车站交汇,辅以方便的购票及引导措施,极大地方便旅客的换乘,货物则只需在站内进行交接或转换,实现了旅客和货物在区域铁路与广域铁路之间"零距离换乘"和"无缝衔接"。这种布设方式由于方便旅客出行和货物运输,节省用地,有利于城市规划而得到广泛使用。

5) 通道中公路与广域运输通道的衔接

区域内部的公路网络是由区域自身背景中的线路组成,广域的公路网络是由包含区域背景的较大区域范围更大地理空间内的线路组成。由于网络的生成具有自相似性,所以网络之间的连接也具有递推的层次性。

(1) 区域路网与广域路网的关系

区域公路网络把区域作为一个孤立的、封闭的系统进行交通需求及约束分析;广域公路网络是把区域及其周边背景地域一并作为一个孤立的、封闭的系统来进行交通需求及约束分析。因此,区域和广域公路网络必然存在以下相关关系:

①只要区域与广域不发生对抗,则总是存在区域网络与广域网络的线路接口,并且这种连接总是可以促进相互的发展。

②由于任何人工事物的重要性都来自外部环境,则同性质、同方位、同类别的广域网络线路的重要性高于区域线路的重要性。

③广域网络线路具有加重区域网络线路的重要性,增加其能力,扩大其应用范围的作用。

(2) 与其他运输方式的衔接

区域公路网还需要与交通行业的港口发展规划、铁路网发展规划、航空发展规划进行衔接。其目的是使区域公路网规划能够满足国家及区域经济发展对区域公路网布局的需求,使之在综合运输体系中发挥主导作用。

(3) 区域与广域公路网络的统一

广域公路网络穿越区域的线路应与区域系统中可重合的线路尽可能地重合,区域与广域网络重合的内部线路就是与广域网络的接口。如果广域网络线路的重要性高于区域网络线路的重要性,则重合线路的重要性由广域网络线路赋予;如果广域网络线路的重要性低于区域网络线路的重要性,则重合线路的重要性由区域网络线路赋予,以重合的公路为区域网络和广域网络的连接载体。

如果广域网络与区域网络没有重合的公路,则采用相邻层次的网络逐步连接,以区域网络中高等级公路与广域网络中同等级公路之间的联络道路为连通渠道。例如:乡公路网络连通县公路网络,县公路网络连通省公路网络,省公路网络连通国家公路网络。

6.6 方案的综合确定

6.6.1 方案综合分析

根据节点重要度法确定的运输通道雏形是基于现状需求的通道布局方案,因为节点的选择,节点各个指标的选取都是基于基年值,路段重要度计算同样是静态的,并不能充分反映通道将来的状态。因此,区域综合运输通道的布局规划在以节点重要度法为主要手段的同时,还需要充分考虑通道需求预测、城镇体系分布及发展规划、国家宏观政策、国家及区域上层交通规划等大背景因素的影响。

(1) 城镇体系分布及发展规划因素

运输通道作为区域空间联系的载体,其形成和发展受到城镇空间分布的影响和制约。探究通道形成的深层内在机理,可以发现运输通道的形成与沿线城镇的发展是一个共生的过程,既相互促进又相互制约。城镇体系的空间分布结构,决定运输需求的起终点和运输联系的方向。在节点重要度区位线联合布局方法规划的运输通道的基础上,充分考虑城镇体系发展规划,能够有效地弥补公式计算仅仅基于往年,难以反映将来发展趋势的不足。

(2) 国家宏观政策因素

运输通道作为区域与外部联系的动脉,对区域发展具有显著的正外部性,能够有效地促进沿线土地开发、经济社会发展。因此,为促进某些地区的发展,国家宏观政策往往会要求运输通道经过某些现状需求并不明显的区域,以促进国土均衡开发,区域协调发展。

区域综合运输通道作为与农业生产、人民生活联系极其密切的区位带,自然会极大地受到政策因素的影响。区域综合运输通道是区域与外部联系的动脉,对区域发展具有显著的正外部性,能够有效地促进沿线土地开发、经济社会发展。

(3) 区域及国家的交通发展规划因素

区域及国家交通发展战略的目的是构建一个高效率的综合运输体,满足社会经济的发展,它从宏观上确定了区域内各运输方式的发展。通道作为区域网络和国家网络的一部分,必须服从区域和国家整体上的战略规划及现有的路网环境。

(4) 区域所处经济带以及辐射经济带发展趋势

区域综合运输通道主要是在市场经济中发挥作用,与运输通道相连接的区域经济发展程度直接影响着通道的效用发挥。通道为运输产品的生产地与消费地之间的时空距离拉近创造了条件,同样,生产点与消费点之间的交通区位也是经济通道产生的条件。

进行区域综合运输通道布局研究时,在充分考虑当前经济或产业带发展的基础上,也要充分考虑前瞻性,即就某地当前局势,分析是否有经济带衰退的可能,或者落后地区产生经济带崛起的可能性,预留或直接建设区域综合运输通道的区位线。

产业转变的趋势也要纳入考虑范围中。一个地区的产业结构影响着区域综合运输通道的布局,由于自身的发展,地方产业经济结构发生变化不无可能。受周边经济带的带动或者国际大形势的影响,地方产业经济会向着谋求生存和长远发展的趋势迈进,同时,随着当地社会和经济资源的不断挖掘,会有新的经济带随之产生。在进行区域综合运输通道布局研究时,要尽可能地运用现有知识和数据对地方经济带的未来变化做出合理可靠的预测。哪些区域会出现经济结构转型,哪些地区会出现新的经济产业等,都要纳入区域综合运输通道布局的研究。

6.6.2 规划方案比选

节点重要度法是在衡量各个节点之间的联系重要度基础上进行的方案确定,较好地表达了重要节点间的联系;交通区位法则从地理特征、产业带、城市带布局等层面上进行通道规划,较好地表达了区域实际交通需求。原则上讲,应将两种方案进行叠加,从而结合两种方案的优点。但实际叠加操作过程中可能会出现部分区域通道线密集的情况,过于密集的通道线就失去了通道线的实际意义,此时就需要进行密集通道线的方案比选。

节点重要度法可以直接将各节点的重要度指标进行量化,通过各节点之间的通道段重要度计算即可得到相应的通道段重要度最大树;交通区位法通过对区域内社会经济、产业布局等因素进行分析后得到一系列交通区位线,一般而言,这两种方法得出的方案有较大的重合性,但在一些具体应用中也会出现偏差,需要进行方案比选。

由于两种方法本身的特点,方案的比选应结合定量、定性两种分析比较方法。

(1)定性比较。节点重要度法得出的备选通道线是纯粹基于节点重要度计算而来的,并未考虑区域中或区域间的发展特性,所以得出的方案有一定的封闭性。将基于节点重要度法得出的通道线方案与给予交通区位论得出的备选方案进行优势互补,通过对两种备选通道线的线形走向特征、通道线所经过区域的发展潜力及已开发程度进行分析,确定备选方案的取舍。如果两种方案分别得出的备选通道线在目标规划精度条件下足够靠近,则可直接合并;否则进行优劣必选分析加以取舍。

在运用节点重要度法分析某地区的公路网布局时,一般不考虑区域外经济交通格局对区域路网布设的影响,也就是说研究的是封闭系统内的交通布设。因而其节点重要度的计算结果对求解区域内路网的最优树比较合理,但对于过境交通需求引起的树状路网的附加联络线的确定意义的论述不充分。

交通区位理论的本质是研究交通网络与社会需求如何沟通的理论。在运用交通区位理论分析某地区的干线公路网布局时,应将社会需求反映到地区的交通区位线区划中,发现、凸显一些潜藏的重要交通区位线,挖掘出一些被忽视的重要经济干线。

(2)定量比较。节点重要度法可直接将区域通道线的重要度求出,而交通区位法得出的备选方案并无定量分析。为使方案更具说服性,应进行量化计算。

得到运输通道可能的路径走向方案后,结合节点重要度理论,定量分析运输通道区位线的重要度。由于通过性运输量在运输通道中占据重要地位,因此,将通过性、运输联系便捷性在区位线重要度分析中予以体现。为此,定义某条运输通道备选区位线的重要度由两部分组成:一部分为辐射影响区联系便捷性满足程度的反映,由辐射影响区节点间运输量联系或经济联系的强度及联系的阻抗组合后形成;另一部分为通过影响区内部联系便捷性满足程度的反映,由通过影响区备选区位线上节点间运输联系或经济联系的强度及联系的阻抗组合后形成。

将得到的通道线重要度进行综合比较,依据所规划区域的社会经济特性和通道规划精度选取一定的截选标准参数进行比选,比选方法一般采用通道边删除法,通道边删除法的原理如下。

通道边删除法进行节点赋权网络的布局优化主要是基于通道段重要度和向量角,具体的通道方案比选应按照以下步骤进行:

①将根据不同的区域综合运输通道规划方法得出的方案进行叠加,构造区域综合运输通道备选方案集,作为初始比选资料。将区域综合运输通道网络视为一个无向图,其中节点为网络图的顶点,通道段为网络图的边。

②由各节点的地理位置坐标得到 R_{ij} 的向量角,用二维坐标 $R_{ij}(\theta_{ij}, M_{ij})$ 表示,其中 θ_{ij} 为通道段 R_{ij} 的极坐标向量角,M_{ij} 为 R_{ij} 的通道段重要度;比较 θ_{ij} 和节点 i 连通的所有通道段的

向量角。

③由于不同的通道线经常出现通道之间的角差,所以设定一定的阈值 θ_0,如果两个向量角的差值小于规定的角度阈值 θ_0,则表示两条通道段的走向非常近似,分析两条通道段的重要度,如果两条通道段的重要度都大于或等于 M_0,其中 M_0 为根据实际需要界定的重要度阈值,则两条通道段都保留,否则删除重要度较低的通道段。

④重复以上步骤,直到与所有通道段都进行比较后结束。区域综合运输通道网络经过边删除法后会出现一些悬挂的节点,即这些悬挂点与其他点之间都没有通道段连接,此时可根据交通区位理论最佳入射角原理创建悬挂点与大通道网络之间的联络通道。

基于以上分析,结合与广域运输通道的衔接、与城市的衔接等因素的影响,可确定最终的区域综合运输通道线路布局。

RESEARCH AND APPLICATION
OF REGIONAL COMPREHENSIVE TRANSPORTATION CORRIDOR
PLANNING AND SYSTEM CONFIGURATION

第7章

区域综合运输通道建设时序与规划方案评价

本章首先介绍区域综合运输通道建设时序的编制意义、影响因素、通道建设时序的确定方法。其次介绍了区域综合运输通道规划建设时序的评价方法和特点,并根据满足需求原则、资源有效利用原则、密度经济原则阐述时序评价的要素,设计备选项目设计方案,最后介绍了评价中所选取的指标体系。

7.1 区域综合运输通道建设时序

7.1.1 编制通道建设时序的重要性

建设时序决策是区域综合运输通道规划研究的重要内容。受国内经济、土地及环境因素的制约，我国交通运输发展正处于优化网络布局的关键期和提质增效升级的转型期，将进入现代化建设新阶段。合理安排区域综合运输通道建设时序，可提高建设资金的利用效率，优化资源配置，扩大运输通道的整体效益。不合理地安排综合运输通道建设时序，容易导致资源浪费，无法满足区域运输需求，降低区域经济运行效率。

运输通道中的运输需求是社会经济活动的派生需求，建设时序是需求强弱的体现。区域综合运输通道建设时序决策是以区域运输资源合理配置为前提进行的方案评价。

区域综合运输通道规划的首要目的就是满足社会经济发展对运输的需求。不同的区域对运输资源的需求量是有差别的，而这些差别往往可以通过社会经济发展水平等特征量反映出来。区域综合运输通道应优先满足运输资源需求量大的地区和运输资源稀缺的地区，保证社会经济正常发展。

7.1.2 通道建设时序影响因素

(1) 通道线拥挤度（饱和度）

通道线拥挤度（饱和度）是反映通道交通运营状况的最基本的指标，它以实际交通量与通道段服务通行能力之比（V/C）表示。拥挤度（饱和度）越大，表明该通道段的服务水平越低，通道段的适应能力越差，从而改进的必要性越大。所以，通道段拥挤度（饱和度）从通道网的等级匹配、交通量分布两方面反映了通道网的适应能力。因此，将通道段拥挤度（饱和度）作为项目优化最基本的定量因素，进行项目排序。

(2) 建设项目在整个通道网中的功能和作用

从某种程度上说，通道网的成网性在整个网络中的地位和作用是与通行能力同等重要的。通道网作为一个整体，反映了区域的交通服务水平，因此，研究建设项目的实施情况，必须将其放在整个通道网中，才能看出其产生的功能和作用，切实达到优化通道网的目的。

(3) 主客观条件约束

通道网建设项目安排不仅要考虑其必要性，更应考虑到其实施的可行性，使整个规划工作有的放矢，使规划成果具有现实意义。实际工作中，通道网建设项目受到许多客观条件的约束，诸如技术力量、建设资金、地形地质条件、人力与物力资源调配等。安排通道网建设项目实施时序必须对这些客观约束条件加以充分认识和分析,才能达到可行的最优排序结果。

(4) 通道网建设项目分布的地区均衡

除实现通道路网整体功能要求外,通道网建设项目实现的可能性也是项目排序中的重要因素。通道网络的整体均衡发展,是通道网建设本身的要求;另一方面,各地区间建设项目分布均衡、保质保量,对于顺利进行通道网建设,按期完成也是必要的。所以安排通道网建设项目时应对其所属地区分布加以考虑。

(5) 路线连贯性

断头路的存在,是影响现状通道网功能发挥的一个重要因素。消除断头路,完善通道网是通道网规划工作的基本目的之一。同时,在通道网建设项目过程中,也应该充分注意这一问题,即在项目建设成网化实施过程中,应尽量避免路线断头建设的情况,从路线整体连贯性考虑,对项目排序进行约束。

(6) 行政级别

在我国,区域行政中心通常就是区域政治中心、经济中心、文化中心和交通中心,它和区域内次一级行政中心一起构成了区域内部最重要的节点,根据交通区位理论,它们之间的交通线是交通需求的高发地带,建设项目排序必须首先保证区域内主要行政中心之间以及行政中心对外主要通道上的交通快速、畅通,并由上一级中心向下一级中心辐射。

(7) 地理区位

根据区域经济学,区域中心作为增长极,具有极化和扩散效应,并符合辐射梯度理论。区域内政治经济文化中心及次级中心对周边地带具有辐射、吸引作用,通常靠近中心的地带的社会经济发展水平高于离中心较远的地带。因此,中心附近地带以及边远地带的建设项目,离中心越近,优先级别越高。

7.1.3 通道建设时序确定

通道建设项目的序列安排,是根据路线的地位、功能、作用以及所承担的交通量大小等因素而确定的,同时还要涉及所需投资大小等因素的影响,是一个需要综合考虑多方面因素的复杂问题。因此需要按照一定的程序,定量地确定待建路段的紧迫程度,并依据该值的大小,建立整体投资决策优化模型,同时结合实际情况进行修正,得到通道在各规划期的通道建设项目序列安排,以防建设决策的随意性、盲目性和低效益。

备选的待建通道段方案应以城市节点为端点,所以整个区域综合运输通道是由一个个待建通道段组成的。由于各个通道段连接着不同的端点节点,所以各通道段在区域综合运输通道中功能性的强弱也有所不同。通过计算各通道段的重要度来衡量其在各运输通道中的地位,即可得到各通道段的建设时序。

通道段重要度反映了该通道段在整个通道中所处的地位,其定义式为:

$$I_k = \frac{\sum_{i=1}^{m} B_i}{L_k} \tag{7-1}$$

式中:I_k——第 k 个通道段的重要度;

B_i——第 k 个通道段所连接的第 i 个节点的重要度;

L_k——第 k 个通道段的里程;

m——第 k 个通道段所连接的节点数。

其中 B_i 的计算方法可参照节点重要度计算方法。

得到各备选待建通道线方案后,根据其重要度大小来确定建设时序。建设时序的确定过程分两阶段进行。

第一阶段,以各待建通道段为元素,构建能覆盖区域中所有节点的通道段最大树,并将所有构成通道段最大树的通道段,按重要度从大到小进行排序,即为建设时序。这样做的目的是优先保证各个节点间的连通,避免形成隔绝节点。

第二阶段,在保证区域通道段最大树已建设完成的基础上,将区域中所有待建通道段的重要度,按照从大到小的顺序排列,作为通道段的建设时序。

7.2 区域综合运输通道规划建设时序评价方法

7.2.1 评价方法总述

目前我国在综合运输通道建设时序方面研究较少,交通资源在项目建设中无序配置的情况较为严重。本书从建设时序的角度来进行规划评价方法的研究。从交通资源配置系统的观点来看,这种方法本质上是对交通资源的时序配置进行评价,形式上则是对规划项目方案的建设时序评价。

本书认为,相对于其他交通规划评价方法,综合运输通道方案建设时序评价有以下特点:

①从目的上看,规划项目方案建设时序评价是为了实现交通资源开发利用最大化的控制和决策。

②从阶段上看,规划项目方案建设时序评价处于规划后期评价。此时,发展性规划已经完成,相应的规划方案也已确定,即将进入实施阶段,因此,时序评价既是对规划方案的进一步完善,也是规划实施前的最后一次检验。

③从对象上看,规划项目方案的建设时序都是对未来发展趋势的评价活动。

④评价结果以规划项目方案建设时序的形式得出。一般来说,建设时序评价依托于规

划项目,对规划项目不做增减和变更建议。

7.2.2 评价的原则

规划项目方案建设时序评价是按照交通资源合理配置的总体原则,从全局的角度来考察项目组合的建设时序问题。具体说来,评价应当遵循以下几个原则:

(1) 满足需求原则

这是评价需要遵循的首要原则。交通项目建设的最基本目的就是要满足经济社会对交通活动的需要,有条件的话应当要适当超前发展,以更好地促进经济社会的发展。在交通资源富足的时间和地区,应当加大规划力度,更好地满足当地的交通运输需求;在交通资源贫乏稀缺的时间和地区,也应当将满足运输需求作为第一原则,尽量创造条件进行交通项目的新建以及既有交通项目的改扩建。

(2) 资源有效利用原则

交通资源从发展的角度看,始终是稀缺的,必须尽量避免资源闲置和浪费现象。尤其是对于我国这样一个人口众多的国家而言,资源的有效利用显得尤为重要。

资源有效利用原则体现的是一种效果至上的思想。要求在交通规划中进行交通资源配置时,应先考虑投入资源后产生的效果情况。效果是效率的基础,只有在效果较好的情况下,才有必要考虑进一步的效率问题,否则资源配置的效率就无从谈起。

对于交通资源配置的评价,除了要考虑效果情况外,还需要评价其配置的效率水平。从经济学角度出发,运输业的效率分析一般采用规模经济理论。而运输业的规模经济更多地体现在运输密度经济方面。在运输密度经济中,线路通过密度经济最为明显,且在已有的实证研究中获得的肯定也最多。

以铁路为例解释运输业的规模经济,公路也存在类似的情形。铁路的规模经济首先是体现在运输密度经济特别是线路通过密度经济方面。线路通过密度经济是指在某一条具体线路上,由于运输密度增加,导致平均运输成本下降的现象。例如一条铁路从开始修建时的单线到复线、多线,牵引动力从蒸汽机车到内燃机车再到电力机车,随着行车指挥技术的不断进步,其通过能力也从最初的几百万吨增加到几千万吨甚至上亿吨,运输能力越来越大,效率越来越高,平均成本则不断降低。即使存在运量增加,采取增建多线且客货分线的形式,其本质也是同一条铁路的能力扩张。铁路的线路通过密度经济使得平行线路之间的竞争只在运量特别大的情况下才有合理性,这也是西方国家铁路曾经形成相当普遍的平行线竞争,后来其他多余线路被废弃和拆除的原因。密度经济原则要求我们在进行交通项目建设的时候,要从效率优先的角度出发考虑其建设时序问题。违反密度经济原则可能产生的后果:建得过早了,不仅建设效果不好,运输成本也会比较高,从而导致资源配置效率低下;建得过晚了,无法满足当期运输需求,运输成本无法达到经济成本区域,这样的建设一样是资源配置效率低下的表现。

7.2.3 评价的要素和过程

从系统分析的角度出发,规划项目方案建设时序评价的要素可归纳为以下四点。

①目的。这是评价的总目标,也是决策者做出决策的主要依据。作为评价分析人员来说,首先要对评价的目的和要求进行全面了解,明确为什么做出此选择以及要达到什么程度等问题。因为评价的目的和要求是建立评价系统的根据和出发点。

②调查、搜集资料。在确定评价的目的后,就要确定评价研究的范围边界,并根据目的和边界,着手调查有关的资料,掌握现在以及未来交通项目状况的方方面面。这项工作是进行评价的基础。

③备选方案。由于其阶段性特点,在进行规划项目方案建设时序评价时,必须有几种方案备选。在提出备选方案的时候,需要以规划项目为基准,不能无故增减或变更已规划项目。

④评价基准。根据采用的指标体系,确定出各可行方案的优劣顺序,以供决策者选用。

根据上述四个要素,可以画出建设时序评价要素分析图,如图 7-1 所示。

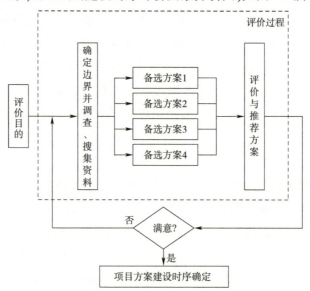

图 7-1　建设时序评价要素分析图

从图 7-1 中可以看到,虚线框中的区域是建设时序评价的主要过程,包括三个步骤:确定边界并调查、搜集资料,提出备选方案,评价与推荐方案。

7.2.4 备选方案建设时序情景设计

从评价的过程来看,在具体的评价工作之前,科学合理地提出备选项目建设方案极为重要。根据评价的特点和内容,本书认为可以借鉴情景分析法的思想来进行备选项目建设方案的设计。

情景分析法被认为是探讨和制定未来发展战略、对策、规划、政策措施的有效方法,在国际上被广泛应用于经济、能源、环境、社会、军事等领域。而其中情景的定义是"对未来情况及事情程序的描绘",是人们对未来的各种不同环境的认识。约瑟夫·马丁诺曾这样定义情景分析:"情景描述不是对未来的简单预测,而是针对内外相关的各个方面的问题,描绘事态自始至终发展的情景和画面。"从事态发展的连续情况看,情景和画面是可以信赖的。当然,这种可信性还不能用严格的考察来验证。

在具体应用中,对于备选方案建设时序情景设计的原则是:基于规划,承认已开工建设的项目,对纳入规划但尚未开工建设的项目进行合理假设。

7.2.5 评价的指标体系

由于在规划前期和中期评价中,对建设项目已经做了充分的社会和经济评价,同时考虑评价成本,这个阶段的建设时序评价方法不宜再采用费用—效益分析来进行直接评价。因此,本书认为可根据交通运输业的特点及评价的原则,从交通资源配置效果和效率两方面来进行间接评价,并以此为依据选出较佳的时序方案。

同时,在具体指标的选取中,本书注重考虑了动态性和通用性两个要求。其中动态性要求指标数据应当随时间有所变化,体现不同建设时序对评价结果的影响;通用性要求是指应当选择面向规划的监测性指标,能独立针对不同规划进行普适性评价。

(1)交通资源配置效果评价指标

交通资源配置效果评价指标主要用于评价交通资源配置所产生效果的大小,包括运能效果指标、资源利用效果指标两部分。

(2)运能效果指标

分析运能效果本书采用的是闲置运能、现有运能利用率两个指标,其中前者是绝对数量指标,后者是相对数量指标,可以较全面地体现建设项目的能力利用状况。具体指标计算如下:

$$闲置运能 = 交通项目运能总和 - 预测运量$$
$$现有运能利用率 = \frac{预测运量}{现有运能} \times 100\% \tag{7-2}$$

在具体的评价应用时,不仅需要计算项目建成当年的运能效果指标,还应根据需要,考虑之后若干年的指标变化情况。

(3)资源利用效果指标

由于本书在评价中主要考虑资金与土地两种交通资源,因此资源利用效果指标的选取标准应当能较全面地体现这两种资源的利用情况,即又可分为资金利用效果指标和土地利用效果指标两类。

资金利用效果指标采用投资利用效率和单位运能资金占用率,分别从绝对数和相对数方面对项目投资实际利用的效果进行体现。计算公式如下：

$$投资利用效率 = \frac{已利用投资}{新增投资} \times 100\% \quad (7\text{-}3)$$

其中：

$$已利用投资 = \frac{已利用运能}{新增项目运能} \times 新增投资 = \frac{预测运量 - 既有运能}{新增项目运能} \times 新增投资$$

$$单位运能资金占有率 = \frac{新增投资}{新增运能中已利用能力} \quad (7\text{-}4)$$

土地利用效果指标方面，可以采用类似的单位运能土地占用率指标。计算公式如下：

$$单位运能土地占有率 = \frac{新增土地占用面积}{新增运能中已利用能力} \quad (7\text{-}5)$$

需要说明的是，公式中新增土地占用面积采用的是正线工程用地占用面积，对于一般铁路和公路建设项目，在土地占用数据不明的情况下，可以参考新建铁路工程项目建设用地指标以及公路建设项目用地指标中的数据（表7-1）。

公路与铁路正线工程用地比较 表7-1

铁路类别	用地指标*	公路类别	用地指标**
Ⅰ级国家铁路，单线	3.6333	四车道高速公路	5.4400
Ⅰ级国家铁路，双线	4.5901	六车道高速公路	6.1400

注：*为Ⅱ级地形指标，**为平原中值指标。

（4）交通资源配置效率评价指标

交通资源配置效率评价指标的设计主要体现的是密度经济原则。该指标应当能反映出项目建设时序与"最佳时序"的量化关系。线路通过密度一般可以用线路饱和度来体现。需要找到"最佳时序"下的线路饱和度，然后与项目实际饱和度比较，以获得相对效率性指标。

考虑到数据统计的复杂性和困难性，尤其是成本数据更是难以取得，同时影响单条线路经济密度的因素又过于复杂，因此我们无法精确计算出各条具体线路的经济密度值。有鉴于此，采用历史经验数据来进行分析就成为一种可行的研究路径了。

通过对相关交通规划和建设单位以及运输业专家学者的调研咨询，一般说来，线路基础设施的实际运输量达到其设计能力的时候，其运输能力被充分利用，此时的平均运输成本应该是最低的。同时由于存在建设周期的问题，在既有线路饱和度达到0.7~0.85的时候就可以考虑新线的修建。换句话说，这个饱和度区间也应该是项目建设"最佳时序"下的线路经济饱和度参考值。在此基础上，引入一个新的指标——滞后系数来体现建设项目交通资源配置效率，计算公式如下：

$$\eta = \frac{\mu}{\mu_{参}} \quad (7\text{-}6)$$

式中：η——项目的滞后系数；

μ——项目的线路饱和度；

$\mu_{参}$——线路经济饱和度参考值。

式(7-6)中：$\eta=1$ 表示理论上项目属于建设最佳时机；$\eta<1$ 表示项目属于超前建设，η 值越小，建设的超前程度越大，资源配置的效率就越低，反之亦然；$\eta>1$ 表示项目属于滞后建设，η 值越大，建设的滞后程度越大，项目建设的紧迫性也越大。

综上所述，规划项目方案建设时序评价的指标体系如图 7-2 所示。

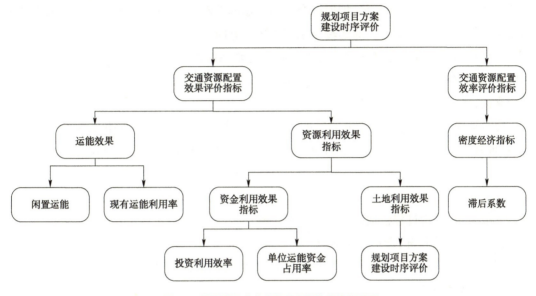

图 7-2　规划项目方案建设时序评价指标体系图

7.3 区域综合运输通道规划方案评价

7.3.1 评价目的

评价是根据确定的目的来测定对象系统的属性，并将这种属性变为客观定量的计值或者主观效用的行为。评价本质上是对评价对象进行价值判断的过程，它通过对评价对象属性的定量化测度，实现对评价对象整体水平或功能的量化描述，从而揭示事物的价值或发展规律。评价是决策的基础，正确的评价信息对于决策者洞察下情、预见未来、实施科学的决策具有重要的理论意义和实用价值。

评价的目的可概括为：分类、排序和整体评价。一般评价的基本思路为：对于一个复杂的评价对象，首先将反映评价对象本质特征的属性具体化，转变为可度量的指标；而后通过指标无量纲化过程消除不同指标之间的不可公度，把各单项指标转化为能直接进行比较的量化指标；最后通过构建一个合适的多元函数，将各单项指标综合成一个可以直接进行比较的综合评价值，用以权衡评价对象的综合效用或综合水平。

一个综合运输通道规划方案能否被采用,应在设计方案之后才能确定,之前的方案逐次淘汰,直到剩下几个备选的可行方案。然后再对不同的几个方案进行深入评价,以保证各个方案能最大限度地满足规划目标。因此在综合运输通道规划中,对各个备选方案进行分析和评价十分重要。

系统评价是系统决策的重要依据,没有正确的评价也不可能有正确的决策,所以系统评价是系统决策十分重要的组成部分。通过对综合运输通道规划方案的评价,有利于分析综合运输通道规划方案中的不足,把握综合交通运输体系发展的薄弱环节,从而为采取针对性的政策提供帮助,保证综合交通运输体系朝着更好方向发展。

综合运输通道规划方案的评价可以为综合运输系统的设计、优化及决策提供科学的判别依据,对综合交通运输系统的发展起着承上启下的作用,其对综合交通运输系统的各个子系统来说,是一项必不可少的重要工作。

综合运输通道规划方案评价的目的,是选出最优规划方案,或在评价方案优劣的基础上,对现有方案进行修正或拟订新的规划方案,从而为规划的最终决策提供科学依据。

7.3.2 评价的一般步骤

一般来说,评价过程包括以下六个基本步骤:

(1)明确评价目标,选定评价对象

明确评价目标是进行评价的第一步,即要做到"有的放矢",然后根据评价目标有针对性地选定 n 个评价对象 $s_1, s_2, \cdots, s_n$。

(2)选择评价指标,建立评价指标体系

分析评价影响因素,对评价目标进行分解,选择 m 项评价指标 $\{x_1, x_2, \cdots, x_m\}$ 构成评价指标体系,其中每个指标都是从不同的侧面对被评价对象所具有的某种特征或属性大小进行度量。评价指标体系的建立要视具体评价问题而定,但一般遵循整体性、科学性、可比性和可操作性等基本原则,具体来说,包括评价指标选择、优化和检验等内容。

(3)指标无量纲化处理

无量纲化,也叫数据的标准化、规格化,它实质上是通过多次初等数学变换来消除原始变量(指标)的量纲影响。由于在具体评价问题中,各评价指标数量级和量纲可能会存在不同,而且属性也会不一样,为了消除各指标间的不可公度和满足统一各指标的趋势要求,在进行评价前要对指标原始数据进行无量纲化处理,将各评价指标的实际值转化为指标评价值。

(4)确定指标权重

相对于某种评价目的来说,不同评价指标之间的相对重要性是不同的,而权重就是衡量单个评价指标在整个评价体系中相对重要程度的测度量。若 ω_j 是评价指标 x_j 的权重系数,一般应有 $\omega_j \geq 0$;$j = 1, 2, \cdots m$;$\sum_{j=1}^{m} \omega_j = 1$。

(5)选择或构建评价模型

通过一定的模型或算法将多个指标的评价值进行综合计算,以得到一个整体性的评价。常用的评价模型有三大类:

①线性评价模型

$$y = \sum_{j=1}^{m} \omega_j x_j \tag{7-7}$$

②非线性评价模型

$$y = \prod_{j=1}^{m} x_j^{\omega_j} \tag{7-8}$$

③逼近理想点模型

$$y = \sqrt{\sum \omega_j \times (x_j - x_j^*)^2} \tag{7-9}$$

上面三个式子中,$y = \{y_i\}$ 为评价对象的评价值,x_j 为无量纲化处理后的指标值,ω_j 是评价指标 x_j 的权重系数,x_j^* 为 x_j 的理想点指标值。

三种评价模型的特点分别为:线性评价模型体现了指标及权重系数间的互补性;非线性评价模型强调了评价对象的协调发展性;逼近理想点模型体现了向样板看齐的特征。实践中可根据被评价对象的实际情况及评价目的或要求,选择具体的评价模型。

(6)计算评价结果

计算各评价对象 s_i 的评价值 y_i,并按 y_i 的值由大到小(或由小到大)对 s_i 进行排序或分类。

7.3.3 指标体系的构建

指标体系是指为完成一定研究目的而由若干个相互联系的指标组成的指标群。指标体系的建立不仅要明确指标体系由哪些指标组成,更应首先确定指标之间的相互关系,即指标结构。指标体系可以看成一个信息系统,该信息系统的构造主要包括系统元素的配置和系统结构的安排。系统中元素即指标,包括指标的概念、计算范围、计量单位等。

指标体系的建立主要是指标选取及指标之间结构关系的确定,指标体系的建立过程是定性分析和定量研究的相互结合。定性分析主要是从评价的目的和原则出发,考虑评价指标的科学性、综合性、可测性、可比性、层次性、简易性、定性与定量结合性原则以及指标与指标的协调性等因素,主观确定指标和指标结构的过程。定量研究则是指通过一系列检验,使指标体系更加科学和合理的过程。因此,指标体系的构造过程可分成两个阶段,即指标体系的初选和指标体系的筛选。

(1)指标体系的初选

目前国内外建立指标体系的方法有范围法、目标法、部门法、问题法、因果法、复合法、分析法、专家咨询法等。当评价涉及面广、内容多,评价指标选取考虑的因素也多时,通过收集资料,建立被选指标集,采用层次分析法建立树型结构指标体系,运用目标层次分类展开法,将目标按逻辑分类向下展开为若干目标,再把各目标分别向下展开成分目标,依此类推,直到可定量或可定性分析(指标层)为止。建立指标体系时,要综合考虑由整体到局部和由局部到整体这两个过程应有机结合。从研究对象整体出发,找出影响研究对象的几个综合指标,由上至下进行分解;同时,在分解、细化下一级指标时进一步明确上一级指标的内涵,逐步完善上一级指标。这样就形成了初步的评价指标体系。

(2) 指标体系的筛选

初选后的指标体系往往过于庞大,且主要存在几个方面的问题:

①指标个数较多。评价指标并不是越多越好,过多的指标,可能造成评价结果失真。

②指标间有很强的关联性,彼此之间影响较大,且某些指标可以由其他指标导出。

指标选取的一般原则是用尽量少的"主要"的评价指标反映评价问题的本质,将这些"主要"指标用于实际评价中。为了评价指标的可操作性和评价的客观性,需要按合理性判断原则对指标进行筛选,分清主次,消除相关性,合理地组成评价指标集。常采用专家咨询法对各方面的指标进行筛选,优化评价指标体系。同时应对初选的指标体系进行科学性测验。

科学性测验包括单体测验和整体测验。单体测验是指测验每个指标的可行性和正确性。可行性是指该指标的数值能否获得,那些无法或很难取得准确资料的指标,或者即使能取得但费用很高的指标,都是不可行的。正确性是指标的计算方法、计算范围及计算内容应该是正确的。整体测验主要是测验整个指标体系的指标重要性、必要性及完备性。

(3) 重要性

重要性是指保留那些重要指标,剔除对评价结果无关紧要的指标。一般利用德尔菲(Delphi)法对初步拟出的指标体系进行匿名评议。

(4) 必要性

必要性是指从全局考虑构成指标体系的所有指标是否都是必不可少的,有无冗余现象。一般可用相关系数来进行检验。指标之间通常都存在着一定的相关关系,即观测数据所反映的信息有所重叠,若存在着高度相关的指标,会影响评价结果的客观性。因此,必须对指标体系进行相关性分析。相关系数一般可采用简单相关系数法、斯皮尔曼相关系数法等方法求得。

(5) 简单相关系数

简单相关系数既可用来计算等距及等比数据之间的相关性,也可用于计算等级相关系数,但不能用于数据呈现非正态的情形。

$$r_{ij} = \frac{\sigma_{ij}^2}{\sigma_i \sigma_j} \tag{7-10}$$

式中:r_{ij}——指标 i 和指标 j 的相关系数;

σ_{ij}^2——两个指标协方差;

σ_i——指标 i 的标准差;

σ_j——指标 j 的标准差。

(6)斯皮尔曼相关系数

斯皮尔曼相关系数 p 是建立在等级基础上计算的反映两组变量之间联系密切程度的统计指标,它是依据两列成对等级的各对等级数之差来进行计算的,所以又称为"等级差数法"。斯皮尔曼相关系数对数据条件的要求没有积差相关系数严格,只要两个变量的观测值是成对的等级评定资料,或者是由连续变量观测资料转化得到的等级资料,不论两个变量的总体分布形态、样本容量的大小如何,都可以用斯皮尔曼相关系数来进行研究。

$$p = 1 - \frac{6\sum d^2}{n^3 - n} \tag{7-11}$$

式中:p——斯皮尔曼相关系数;

d——每一项样本的等级之差;

n——样本数。

(7)完备性

完备性是指标体系是否全面地、毫无遗漏地反映最初描述的评价目的和任务,一般通过定性分析进行判断。

经过大量的指标比选,综合考虑指标选择应遵循的系统性、实用性、独立性等原则,选择出如下评价指标体系。

①通道网规模:指区域综合运输通道规划中各通道线覆盖区域里程化表示的总长。通道网规模是一种静态评价指标,可以从宏观上体现出区域内节点连通便捷程度。

②通道网面积密度:指单位面积上分布的通道网里程数,可反映通道网的规模,并可在一定程度上反映通道网的通达深度。

$$\sigma_s = \frac{L}{S} \tag{7-12}$$

式中:σ_s——通道网面积密度(km/km^2);

L——通道网规划规模(km);

S——规划区域面积(km^2)。

③通道网人口密度:指通道网长度与所在城市群区域的人口之比,表示每万人占有的通道网长度,可反映通道网的建设规模。

$$\sigma_l = \frac{L}{Q} \tag{7-13}$$

式中:σ_l——通道网人口密度(km/万人);

L——通道网规划规模(km);

Q——规划区域常住人口数(万人)。

④通道网连通性：

$$J = \frac{\sum_{i=1}^{n} m_i}{N} = \frac{2M}{N} \tag{7-14}$$

式中：J——网络连接度；

N——网络总节点数；

M——网络总边数；

m_i——第 i 个节点所邻接的边数。

⑤地域面积覆盖系数：在规划目标区域中，以通道及其延伸线所经过或者直接影响的区域面积与规划目标区域的总面积的比值，表示地域面积覆盖系数。该指标也反映了区域中网络的通达程度。

7.3.4 评价模型与方法

评价方法是针对某种评价目的，依据确定的评价指标体系对评价对象进行定量化测度，以实现对评价对象进行排序、分类或分级评价的模型、算法或程序。

评价方法和评价主体、评价客体一起构成了一个完整的评价系统。评价主体是指参与评价的人的群体，评价客体指评价的直接对象。评价方法的主要功能就是根据一定的指标体系，用合适的评价方法计算出评价结果，提交评价主体加以权衡利弊，最终做出决策。概括来说，评价方法的主要任务在于"谋"，评价主体的主要任务在于"断"。

目前，评价方法已有上百种之多，新的方法或改进模型还在不断提出。本书从评价方法采用的评价学科技术、评价角度、评价目的等八个方面对常用的评价方法进行如下分类和比较。

1）根据评价方法采用的评价学科技术分类

从目前相关资料来看，常用的评价方法按照采用的评价学科技术的不同，分为九大类二十种。其中九个大类分别是：常规评价方法、多元统计评价方法、运筹学评价方法、系统科学理论、决策科学理论、模糊数学理论、灰色系统理论、信息论、人工智能理论。各理论方法特点总结见表 7-2。

各理论方法特点总结 表 7-2

评价学科技术	代表方法	特点
常规评价方法	定性评价法、定量评价法	最早出现且应用最广泛的方法
多元统计评价法	主成分分析法、因子分析法、聚类分析法等	1. 运用数理方法，结果比较客观； 2. 依赖样本数据
运筹学评价方法	线性规划法、相关树法等	数据收集的完整性
系统科学理论	层次分析法	从系统的角度研究对象

续上表

评价学科技术	代表方法	特点
决策科学理论	多准则决策、多目标决策、模糊决策等	面临的系统比较复杂
模糊数学理论	模糊聚类、模糊积分、模糊综合评价等	适用于处理定性指标较多或带有评语的评价问题
灰色系统理论	灰色关联度分析法和灰色聚类	适用于贫数据评价对象
信息论	熵权法	用信息熵计算权重,评价结果较客观
人工智能理论	工神经网络和遗传算法	1. 自适应性与学习能力强; 2. 评价算法复杂且软件不够成熟

(1)常规评价方法

常规评价方法包括定性评价法和定量评价法,它不涉及多元统计、模糊数学、运筹学、灰色系统理论、人工神经网络等其他学科的知识,是最早出现的评价方法,也是目前实际应用最广泛的方法。

(2)多元统计评价方法

多元统计评价方法中的主成分分析法、因子分析法、判别分析法、聚类分析法、典型相关分析法等都先后被人们应用于各类的综合评价活动中。这类评价方法的最大优点是数学机理比较严密,且一般为客观赋权,无须人为确定,评价结果比较客观;但其缺点是需要根据样本资料的期望值、方差等统计变量对总体样本的分布作出估计,得到的评价函数其实是"样本评价函数",而不是"总体评价函数",造成评价结论对样本数据的依赖性,即样本构成变动将会影响评价结论。

(3)运筹学评价方法

运筹学产生于20世纪30年代后期,最早应用于军事领域中,在20世纪40—50年代,得到了迅速发展。20世纪70年代之后,随着多目标规划理论的发展,运筹学理论在评价中开始广泛应用。

(4)系统科学理论

系统科学是20世纪40年代以后迅速发展起来的一个横跨各学科的新的学科,它是从系统的角度去考察和研究整个客观世界。系统科学理论在评价中的应用贯穿于整个评价过程(从评价指标的选取到评价模型的建立)。

(5)决策科学理论

决策科学的研究始于20世纪50年代。目前,决策科学包括多准则决策、群决策、模糊决策、序贯决策及决策支持系统等诸多研究方向,其中多目标决策是决策分析中研究最为广泛的核心内容。

(6)模糊数学理论

由模糊数学理论发展起来的评价方法主要有模糊聚类、模糊积分、模糊综合评价、模糊物元、模糊神经网络评价等。模糊评价方法比较适用于处理定性指标较多或带有评语的评价问题。

(7) 灰色系统理论

灰色系统概念是1982年我国邓聚龙教授根据"灰箱"概念拓广而提出的。灰色系统理论的内容包括灰生成、灰关联分析、灰建模、灰控制、灰预测、灰评估、灰决策等,由灰色系统理论发展起来的评价方法主要有灰色关联度分析法和灰色聚类。灰色系统评价方法在处理贫数据评价对象方面有很好的适用性。

(8) 信息论

信息论在评价中的应用主要是熵权法。在具体的评价分析过程中,可以依据各项指标的指标值变异程度,利用信息熵来计算出各指标权重,再对所有指标进行加权平均合成计算,从而得出较为客观的综合评价结果。信息熵模型主要适用于数据不完善及分布主观假设可能导致风险的情况,多应用在宏观财税政策评价、项目生命周期投资评价等广泛领域。

(9) 人工智能理论

人工智能理论评价方法主要是应用计算机(智能计算机)的成果和人工仿真技术对复杂的社会系统或经济系统等进行评价,主要包括人工神经网络和遗传算法。与其他评价方法相比较,人工智能方法具有自适应性与学习能力强的优点,但其评价算法的复杂性以及商品化软件不够成熟,使得其目前在评价实践中的应用还不够深入广泛。

2) 根据评价角度分类

(1) 基于经验的评价方法(即咨询法)

咨询法通过向各方面的专家进行咨询,将得到的评价结果进行简单处理,从而得出综合评价结果,如专家会议法、专家打分法、德尔菲法等。这类方法的优点是原理上易于理解,操作上简便易行,比较适用于缺乏足够的客观数据或者方案价值在很大程度上取决于主观因素的情况;其缺点是受人为因素的干扰较大,难以保证评价结果的客观性和准确性。

(2) 基于数理理论和统计理论的评价方法

以数理为基础的评价方法是以数学理论和解析方法对评价对象,进行严密的定量描述和计算。为了使评价能够正常进行而不会出现矛盾,通常需要在一定的假设条件下进行评价。这类评价方法主要有模糊评价法、灰色系统评价法、技术经济评价法等。

以统计理论为基础的评价方法,其特点是把统计样本数据看作随机数据处理,通过构造样本指标数据的均值、方差、协方差等统计量对总体样本指标数据的分布作出估计,得出在大样本数据下对评价对象的综合认识。这类评价方法有主成分分析法、因子分析法、聚类分析法、判别分析法、灰色关联度分析法等。

数学方法的优点是理论基础牢固,可排除人为因素的干扰,如能正确应用,可大大提高评价的客观公正性。其缺点是约束条件太多,而现实中的评价对象往往又不能满足这些条件,只能在许多假定的基础上,或者在进行一系列变通处理后应用。

(3) 重现决策支持的评价方法

其主要是通过研究如何使评价系统的运行与人类行为目标一致,来提高评价的客观性和科学性。目前多是以计算机系统仿真和模拟技术为主,用以评价自适应性较强、难以用数学模型表示的复杂评价对象。

3) 根据评价目的分类

(1) 排序评价

这类方法的直接评价结果通常表现为一系列的量化的综合评价值,评价者可以根据综合评价值对若干个评价对象进行排序,将排序的结果作为判定事物优劣的依据。排序评价方法有主成分分析法、因子分析法、优劣解距离(TOPSIS)法、数据包络分析法、层次分析法等。

(2) 分类(分级)评价

分类评价是根据评价对象要素间的相似程度,将差异最小的归为一类,差异较大的归为其他类,分类的结果有利于凸显事物之间的区别与内在联系,形成对事物规律性的认识。评价方法主要有聚类分析法(无师分类评价)和判别分析法(有师分类评价)等。

值得注意的是,排序评价和分类评价之间是可以通过一定技术处理而将某种评价结果向另一种形式评价结果转化的。比如,分类结果可以采用判别分析中的判别函数进行排序,排序结果可以采用动态聚类法进行聚类。

4) 根据评价方法的性质分类

(1) 定性评价法

定性评价法是根据对评价对象的一些性质指标的判断来对其作出评价结论的评价方法,主要适用于评价对象难以量化处理的情况,也常用于对事物的分级评价(如优、良、中、差)。评价方法包括专家个人判断法、德尔菲法等。目前,定性评价的科学程序和评价标准制定的方法是定性评价方法研究的一个重要方面。

(2) 定量评价法

定量评价法是以对评价对象的定量观测数据为基础,并以定量指标给出评价结论的评价方法。人们通常所说的综合评价多是定量评价,有线性加权评价和非线性加权评价方法。定量评价方法是目前评价方法研究的中心内容。

定性评价必须以数量界限为基础,定量评价必须以定性界定为前提;二者既可以在一定条件下相互转化,也可以相互结合产生新的评价方法,如层次分析法、人工神经网络等。

5) 根据评价标准的不同基准分类

(1) 相对评价法

相对评价法是在被评价对象的群体中建立基准(如以该群体的平均水平作为基准),然后把该群体中的其他各个对象逐一与基准进行比较,得到相对优劣程度的对比判断。如高考中的考试标准分表示法就是以既定评价对象集合的平均分数和差异程度为基准计算的;

智商也是以某一标准人群的测验成绩计算出来的;数据包络分析(DEA)方法中决策单元的规模有效性和技术有效性是相对于某个决策单元而言的,等等。

相对评价法的优点是有利于在集合内做出横向比较,故常作为选拔和甄别的依据;但其缺点是由于评价目标与样本有关,样本构成的变化对评价结论将产生一定的影响,从而使这种评价结果呈现出不唯一性。

(2) 绝对评价法

绝对评价法是将评价的基准建立在被评价对象的群体之外,再把群体中的每个评价对象与标准相比较,判定被评价对象达到标准的程度。绝对评价法的优点在于有一个共同的客观的标准可以参照,评价对比目标和评价结论是唯一的;但其缺点在于客观标准的制定非常困难,往往难以做到真正的客观、公正、合理。

6) 根据评价的持续性分类

(1) 静态评价方法

静态评价方法不考虑时间因素,对事物的现状或某一时刻的特征进行评价,主要是对评价对象进行排序或分类比较。

(2) 动态评价方法

动态评价是指考虑时间变动因素,对具有时序性发展态势的事物进行持续评价,反映事物在不同时刻的特征。动态评价可以看出一个事物的发展过程或演变规律。

7) 根据评价模型的特点分类

①加权评价模型与非加权评价模型。

②线性评价模型与非线性评价模型。

③参数型评价模型与非参数型评价模型。

8) 根据评价对象所处的阶段分类

①事前评价。

②中间评价。

③事后评价。

④跟踪评价。

本书采用多层模糊评价方法对各指标进行分析。该方法的主要思想介绍如下:

令模糊综合评判的因素集(指标集)为 $U=\{u_1,u_2,\cdots,u_n\}$,评语集为 $V=\{v_1,v_2,\cdots,v_n\}$,将因素集 $U=\{u_1,u_2,\cdots,u_n\}$ 按照一定属性分成 s 个子集,使因素集 $U=\{u_1,u_2,\cdots,u_n\}$ 满足以下条件:

① $n_1+n_2+\cdots+n_s=n$。

② $U_1 \cup U_2 \cup \cdots \cup U_s = U$。

③ $U_i \cap U_j = \psi, i \neq j$。

对每一个子因集 U_i 的内部指标分别进行综合评判。U_i 中各个指标因素相对于 V 的权重

分配为 $A_i = (a_{i1}, a_{i2}, \cdots, a_{in_i})$，且 $\sum_{j=1}^{n_i} a_{ij} = 1$；$R_i$ 为单因素评判的隶属度矩阵。则可以得到一级评判向量 $B_i = B_i(M_n, A_i, R_i) = A_i \cdot R_i = (b_{i1}, b_{i2}, \cdots, b_{im})$，其中 M_n 为广义算子，$i = 1, 2, \cdots, s$。

将每个子因集 U_i 单独作为一个因素，参照前文所述的一级评判向量的处理，可以得到二级评判向量的计算结果，$b_k = \max_i(b_1, b_2, \cdots, b_m)$，$1 \leq k \leq s$，$k$ 为评语集。需要指出的是，在进行第一级评判时，应根据每一个指标的属性(成本型或者效益型)对 b_k 的值进行选取，不能全部依据取大的原则。若 $U_i(i = 1, 2, \cdots, s)$ 仍然含有较多的因素，可将其再次进行划分，于是有三级模型、四级模型等。

结合本书的指标体系，评语集可定义为{极不合理,不合理,合理,较合理,理想状态}。

RESEARCH AND APPLICATION
OF REGIONAL COMPREHENSIVE TRANSPORTATION CORRIDOR
PLANNING AND SYSTEM CONFIGURATION

第8章
区域综合运输通道规划案例分析

本章以成渝双城经济圈为例,基于成渝双城经济圈交通运输与社会经济的发展现状,应用本书提出的重要度联合交通区位法进行区域综合运输通道规划,得到成渝双城经济圈综合运输通道方案,并对方案进行规模评价。

8.1 成渝双城经济圈概况

2016 年,国务院印发《成渝城市群发展规划》,成渝地区由成渝经济区转变为成渝城市群。成渝城市群以重庆、成都为中心,是西部大开发的重要平台、长江经济带的战略支撑,也是国家推进新型城镇化的重要示范区。成渝城市群包括重庆市的 27 个区(县)及开州、云阳的部分地区,四川省的 15 个市,总面积 18.5 万 km^2。

根据《2016 中国城市群发展报告》统计,在 2016 年我国已有长三角、珠三角、京津冀、山东半岛、中原经济区、成渝经济区、武汉城市圈、环长株潭、环鄱阳湖 9 大发展较为成熟的城市群。2017 年,我国已形成长三角、珠三角、京津冀、中原城市群、长江中游城市群、成渝城市群、哈长城市群、辽中南城市群、山东半岛城市群、海峡西岸城市群、北部湾城市群、关中城市群共 12 个国家级城市群及部分其他城市群。成渝城市群面临巨大的发展机遇。随着地区经济持续、快速增长,区域经济一体化进程加快,成渝城市群将逐步构建成为国内城市群重要的经济增长极。

2020 年,随着《成渝地区双城经济圈建设规划纲要》的审议,成渝城市群进一步发展为成渝双城经济圈,使成渝地区成为具有全国影响力的重要经济中心、科技创新中心、改革开放新高地、高品质生活宜居地,带动全国高质量发展的重要增长极和新的动力源。

当前,成渝双城经济圈已形成铁路、公路、内河、航空和管道运输相结合的综合运输体系。

铁路运输方面:以重庆、成都为两大铁路枢纽,形成了宝成、成昆、成贵、襄渝、渝黔、渝怀、渝昆、渝贵、渝利、渝长厦、郑万、西渝、兰渝、西成、成兰等多条线路组成的路网,连接湖北、甘肃、陕西、云南、贵州等省,构成成渝双城经济圈重要铁路通道。

公路运输方面:形成以高速公路为骨架,国道、省道为支撑的发达的公路运输网络,且在 2020 年底,川渝间高速公路大通道达到 12 个,川渝毗邻地区 9 条普通国道达到二级及以上标准、10 条普通省道达到三级及以上标准。

内河运输方面:形成以横贯东西的长江为主干,岷江、嘉陵江、沱江等支流为辅的水路运输网络,建成重庆主城果园、江津珞璜、涪陵龙头、万州新田 4 个铁公水联运枢纽型港口,逐步形成"两核六翼多点"港口群。

航空运输方面:形成以双流机场、天府机场、江北机场为干线机场,其他机场为支线的航空运输网络,并逐步形成国际航空枢纽大通道。

本书在 2016 年《成渝城市群发展规划》的基础上,利用节点重要度联合交通区位法进行具体案例分析。

8.2 基于节点重要度法的通道布局分析

1) 区域节点的选取

在区域综合运输通道规划中,选取的节点主要是对本区域的社会、经济影响作用明显的地区。在本例中,为保证规划的全面性,选取成渝城市群中地级市、直辖市、交通枢纽及区域经济密集区为节点进行分析,见表 8-1。

成渝区域节点 表 8-1

序 号	节 点	序 号	节 点
1	成都市	11	内江市
2	重庆都市圈	12	眉山市
3	泸州市	13	宜宾市
4	达州市	14	广安市
5	乐山市	15	雅安市
6	自贡市	16	巴中市
7	德阳市	17	资阳市
8	绵阳市	18	南充市
9	广元市	19	万州区
10	遂宁市	20	黔江区

注:重庆市即为重庆全域,包括 38 个区(县)。重庆都市圈包括:中心城区 9 区(渝中区、大渡口区、江北区、沙坪坝区、九龙坡区、南岸区、北碚区、渝北区、巴南区)和主城新区 12 区(涪陵区、长寿区、江津区、合川区、永川区、南川区、綦江—万盛经开区、大足区、璧山区、铜梁区、潼南区、荣昌区)。

2) 评价指标的确定及修正熵值法分析

为尽量全面地衡量一个地区的社会经济水平,评价指标的选取必须尽量分散,满足指标选取的独立性原则。本书从四个层次选取各区域节点的评价指标,见表 8-2。

区域节点评价指标 表 8-2

层 次	二级指标	具体变量
经济实力	经济总量	地区生产总值;地方财政收入;固定资产投资总额;社会消费品零售总额;财政支出;人均地区生产总值
	经济结构	农林牧副渔总产值;工业总产值;民营经济增加值;建筑业总产值;企业单位数
社会实力	人口总量	区域年末人口总量;年末从业人口数量;人口密度
	生活质量	平均工资;人均可支配收入
开放程度	进出口总量	出口总额;进口总额

续上表

层次	二级指标	具体变量
其他	运输条件	公路总里程；公路旅客周转量；公路货物周转量；铁路营业里程；铁路旅客周转量；铁路货物周转量
	区域面积	行政区域面积

为了便于进行数据统计及标准化数据处理,现将各指标统计单位进行规范,见表8-3。

各区域节点指标统计单位 表8-3

项目	单位	项目	单位
地区生产总值	亿元	人口密度	人/km²
地方财政收入	亿元	平均工资	元
固定资产投资总额	亿元	人均可支配收入	元
社会消费品零售总额	亿元	出口总额	万美元
财政支出	亿元	进口总额	万美元
人均地区生产总值	元	公路总里程	km
农林牧副渔总产值	亿元	公路旅客周转量	万人·km
工业总产值	亿元	公路货物周转量	万t·km
民营经济增加值	亿元	铁路营业里程	km
建筑业总产值	亿元	铁路旅客周转量	万人·km
企业单位数	万个	铁路货物周转量	万t·km
区域年末人口总量	万人	行政区域面积	km²
年末从业人口数量	万人		

节点重要度计算是一个多属性综合评价的过程,实际计算中也可利用主成分分析法、层次分析法、德尔菲法、头脑风暴法、灰色关联法、模糊综合评价法等方法来进行权重确定,结果也较为合理。选取四川省统计局2019版统计年鉴和重庆市统计局2018版统计年鉴为数据基础,节点重要度计算结果见表8-4。

节点重要度计算结果 表8-4

节点	重要度数值	排名	节点	重要度数值	排名
成都市	0.411	1	资阳市	0.018	11
重庆都市圈	0.213	2	内江市	0.018	12
绵阳市	0.043	3	广安市	0.017	13
泸州市	0.035	4	广元市	0.017	14
南充市	0.031	5	自贡市	0.015	15
德阳市	0.030	6	遂宁市	0.014	16
宜宾市	0.030	7	巴中市	0.013	17
达州市	0.026	8	万州区	0.012	18
乐山市	0.023	9	雅安市	0.010	19
眉山市	0.019	10	黔江区	0.004	20

3）节点层次分析

（1）初始聚类分析

为便于分层次进行区域综合运输通道布局，体现成渝经济区中各节点在通道布局中的重要程度，需要将所有节点进行聚类分析并分层。聚类分析谱系图如图8-1所示，聚类分析结果见表8-5。

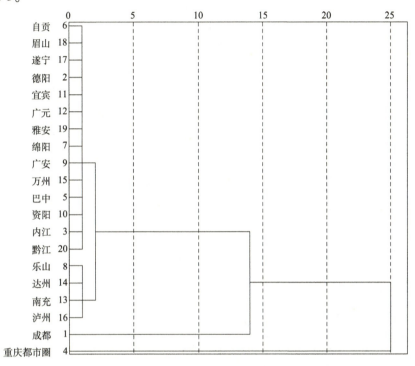

图8-1 聚类分析谱系图

节点聚类分析结果表　　　表8-5

阶 段	结 合 集 群		集群参数	首次出现阶段集群		后续阶段
	集群1	集群2		集群1	集群2	
1	6	18	27779.159	0	0	5
2	12	19	48400.743	0	0	9
3	9	15	65382.792	0	0	8
4	2	11	73854.236	0	0	7
5	6	17	100213.543	1	0	7
6	5	10	103694.225	0	0	8
7	2	6	140567.942	4	5	9
8	5	9	163963.065	6	3	12
9	2	12	171353.612	7	2	13
10	8	14	214591.254	0	0	11

续上表

阶段	结合集群		集群参数	首次出现阶段集群		后续阶段
	集群1	集群2		集群1	集群2	
11	8	13	291071.446	10	0	15
12	3	5	309858.683	0	8	14
13	2	7	343053.668	9	0	16
14	3	20	356779.753	12	0	16
15	8	16	374064.859	11	0	17
16	2	3	422895.699	13	14	17
17	2	8	837645.690	16	15	18
18	1	2	5767111.313	0	17	19
19	1	4	10306388.777	18	0	0

从节点间相关性评价角度来讲，为将节点聚类程度控制在一定合理程度之内，可选取聚类水平参数 $\lambda = 1.5$ 进行层次划分。根据谱系图，将所选节点划分为四类，见表8-6。

初始节点聚类分布表　　　　　　　　　　　　　　　　表8-6

层次	节点
第一类	成都市
第二类	重庆都市圈
第三类	泸州市、达州市、乐山市
第四类	自贡市、德阳市、绵阳市、广元市、遂宁市、内江市、眉山市、宜宾市、广安市、雅安市、巴中市、资阳市、万州区、黔江区

节点层次的划分是区域综合运输通道布局的重要一环，通道等级直接决定于节点层次划分。所以节点层次划分方式直接影响通道的初始布局，从而影响布局结果。除此之外，通过节点聚类，可将区域中一些不太重要的节点去掉，从而使通道规划结果更加合理。

(2) 聚类分析的修正

为了更加合理地进行节点层次划分，结合节点相对重要度的计算结果，考虑以下四点内容。

①评价指标选取的片面性

所有评价指标都只是反映城市综合社会经济实力的一个侧面，而不能完全涵盖所有层面的信息，所以在进行节点层次划分时，要将难以量化的因素考虑进来。本书用于计算节点重要度的因素都是静态指标，是各城市经济发展现状，描述在评价指标层上的城市综合社会经济实力，缺乏动态性，与将来的社会发展、产业结构调整缺乏协调统一，亦难以反映城市在全国性大运输通道中的作用。同时，由于评价指标的选取是城市内部数据，缺乏与周边城市的对比、联系，所以要将这些因素考虑进来进行二次定位。

如重庆都市圈包含主城区在内的核心经济区县,拥有国家重要的现代制造业基地、西南地区综合交通枢纽,"一带一路"和长江经济带重要联结点,而这些因素难以在指标评价体系中体现出来,所以得到的重要度值偏小,应加以修正。因此可将重庆都市圈修正为与成都市同级,为第一类节点。

②考虑区域整体发展需求

成渝城市群中除经济发展核心集中于成都和重庆都市圈外,泸州、达州和乐山发展较好,是次于两个经济核心的第二层次城市。其他城市如遂宁、广元和内江等虽然自然地理条件适宜发展,潜力巨大,但是仍与第二层次城市的差别比较明显,应将交通资源向这些有发展潜力的地点进行倾斜,从而统筹兼顾。这也从侧面反映出重要度联合区位法的重要优点之一就是有效地考虑到硬性指标之外的因素,有效地将其纳入到布局过程中来,保证整个地区的均衡发展。万州区和黔江区分别为渝东北翼城镇群和渝东南翼城镇群的核心区,具有重要的经济和政治意义。将自贡市、德阳市、绵阳市、广元市、遂宁市、内江市、眉山市、宜宾市、广安市、雅安市、巴中市、资阳市、万州区、黔江区等修正为同一层次,为第三类节点。

③与地区已有交通布局规划相适应

在进行通道布局前,应充分考虑到该地区已有的交通布局规划,使两者相互配合,以避免后期交通资源浪费以及通道功能被弱化。

④考虑合并过于接近的节点

为使节点重要度计算结果更加符合实际,节点范围划分和选取应在计算量可接受范围内尽可能多选一些。评价指标的选取多数与地方经济社会发展有关,由于经济社会发展有显著的联动作用,所以地域距离很近的两点之间经济水平难免都很高,但是在实际规划过程中,过于接近的节点在同一层面的通道布局过程中是没有意义的,为克服这一缺点,在节点划分过程中,针对较高层次的通道进行布局时,应将地理距离过近的节点进行合并,使其更有利于通道布局研究。

考虑到以上四点内容,并结合节点重要度得分和更小聚类水平参数条件下的节点聚类层次,本书将节点层次划分为两类,见表8-7和图8-2。

初始节点聚类分布表 表8-7

层次	地区
第一类	成都市、重庆都市圈
第二类	绵阳市、南充市、德阳市、自贡市、泸州市、广元市、遂宁市、内江市、乐山市、眉山市、宜宾市、广安市、达州市、雅安市、巴中市、资阳市、万州区、黔江区

4)通道布局分析

由节点重要度与层次分析结果可知,成都和重庆都市圈这两个节点的节点重要程度远高于其他节点,这说明了成渝城市群的通道规划建设应重点突出成都和重庆都市圈两个一级节点。在后文进行的交通区位分析中应注意通道规划方案对成渝两市的交通保障功能。

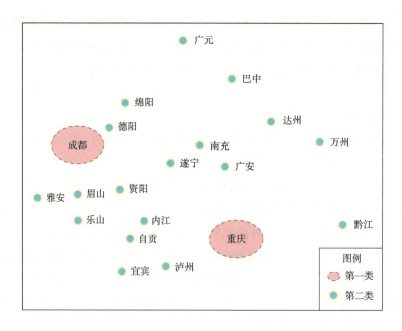

图 8-2 成渝城市群节点分层示意图

注：本书若无特殊说明，图中重庆特指重庆都市圈。

假定节点间可直接进行通道线连接，节点间空间距离见表 8-8，则可依据通道段重要度计算公式(6-18)计算出区域中两两节点间的通道段重要度，见表 8-9。

区域综合运输通道布局初始方案的确定是基于图论进行的。将通道段重要度计算结果按照从大到小顺序排列(表 8-10)，然后依次寻找相应的通道段，加边连线，构造区域内节点基于通道段重要度的最大树(图 8-3)。需要注意的是，在由上至下的连线过程中，将所有因成环而被舍弃的通道段进行标注，以备后期修正使用。

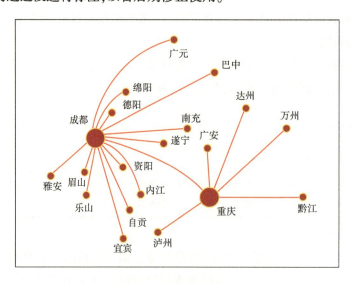

图 8-3 通道段重要度最大树

成渝城市群节点间空间距离

表 8-8

节点	成都	重庆都市圈	自贡市	泸州市	德阳市	内江市	乐山市	南充市	眉山市	宜宾市
成都市	—	268.74	161.72	238.63	61.03	153.1	125.89	196.15	67.83	218.52
重庆都市圈	268.74	—	173.8	132.3	270.05	144.7	270	147.69	267.22	206.26
自贡市	161.72	173.8	—	82.8	201.57	38.11	101.06	210	121.55	66.39
泸州市	238.63	132.3	82.8	—	269.48	86.91	179.62	227.3	204.23	79.11
德阳市	61.03	270.05	201.57	269.48	—	182.84	184.84	166.69	127.85	264.32
内江市	153.1	144.7	38.11	86.91	182.84	—	125.32	172.36	129.23	100.32
乐山市	125.89	270	101.06	179.62	184.84	125.32	—	267.02	58.62	123.12
南充市	196.15	147.69	210	227.3	166.69	172.36	267.02	—	233.09	271.27
眉山市	67.83	267.22	121.55	204.23	127.85	129.23	58.62	233.09	—	165.81
宜宾市	218.52	206.26	66.39	79.11	264.32	100.32	123.12	271.27	165.81	—
绵阳市	107	277.26	236.15	296.97	46.28	212.39	229.73	153.3	173.55	301.05
广元市	259.1	325.22	358.05	396.93	199.49	325.33	376.24	178.93	323.31	424.26
遂宁市	146.58	142.22	153.93	184.69	131.92	117.51	207.07	60.04	175.27	217.77
广安市	247.18	99.2	217.75	210.05	226.48	180.28	294.24	65.59	271.25	269.86
达州市	330.89	202.56	331.58	324.52	292.81	293.67	400.47	136	368.99	385.36
雅安市	126.18	345.17	185.11	265.81	183.86	202.68	86.9	312.43	81.27	208.79
巴中市	288.18	255.95	337.59	354.66	237.5	300.43	383.64	128.9	340.42	399.94
资阳市	79.41	196.24	88.78	160.13	112.8	73.66	105.14	162.52	75.47	152.67
万州区	413.81	222.91	383.42	354.31	382	345.22	466.63	220.17	441.82	426.31
黔江区	472.16	214.93	388.42	332.17	458.92	359.01	487.12	296.12	481.21	410.21

续上表

节点	绵阳市	广元市	遂宁市	广安市	达州市	雅安市	巴中市	资阳市	万州区	黔江区
成都市	107	259.1	146.58	247.18	330.89	126.18	288.18	79.41	413.81	472.16
重庆都市圈	277.26	325.22	142.22	99.2	202.56	345.17	255.95	196.24	222.91	214.93
自贡市	236.15	358.05	153.93	217.75	331.58	185.11	337.59	88.78	383.42	388.42
泸州市	296.97	396.93	184.69	210.05	324.52	265.81	354.66	160.13	354.31	332.17
德阳市	46.28	199.49	131.92	226.48	292.81	183.86	237.5	112.8	382	458.92
内江市	212.39	325.33	117.51	180.28	293.67	202.68	300.43	73.66	345.22	359.01
乐山市	229.73	376.24	207.07	294.24	400.47	86.9	383.64	105.14	466.63	487.12
南充市	153.3	178.93	60.04	65.59	136	312.43	128.9	162.52	220.17	296.12
眉山市	173.55	323.31	175.27	271.25	368.99	81.27	340.42	75.47	441.82	481.21
宜宾市	301.05	424.26	217.77	269.86	385.36	208.79	399.94	152.67	426.31	410.21
绵阳市	—	153.75	135.47	217.79	266.93	229.42	200.79	148.44	360.32	449.07
广元市	153.75	—	212.29	231.97	205.25	383.14	105.95	280.63	302.81	431.08
遂宁市	135.47	212.29	—	100.24	194.39	255.7	184.05	102.93	269.73	327.61
广安市	217.79	231.97	100.24	—	115.58	352.46	156.61	196.17	172.06	231.74
达州市	266.93	205.25	194.39	115.58	—	448.4	100.01	297.25	96.81	224.97
雅安市	229.42	383.14	255.7	352.46	448.4	—	413.33	156.69	524.91	561.43
巴中市	200.79	105.95	184.05	156.61	100.01	413.33	—	279.05	194.72	324.91
资阳市	148.44	280.63	102.93	196.17	297.25	156.69	279.05	—	368.53	406.22
万州区	360.32	302.81	269.73	172.06	96.81	524.91	194.72	368.53	—	147.72
黔江区	449.07	431.08	327.61	231.74	224.97	561.43	324.91	406.22	147.72	—

第8章 区域综合运输通道规划案例分析

通道段重要度计算结果

表 8-9

节点	成都市	重庆都市圈	自贡市	泸州市	德阳市	内江市	乐山市	南充市	眉山市	宜宾市
成都市	—	12.1054	2.4060	2.5126	33.5364	3.1642	6.0889	3.2587	16.7289	2.6120
重庆都市圈	12.1054	—	1.0781	4.2305	0.8864	1.8332	0.6851	2.9748	0.5578	1.5172
自贡市	2.4060	1.0781	—	0.7774	0.1145	1.9021	0.3519	0.1059	0.1940	1.0540
泸州市	2.5126	4.2305	0.7774	—	0.1457	0.8316	0.2533	0.2055	0.1563	1.6879
德阳市	33.5364	0.8864	0.1145	0.1457	—	0.1640	0.2088	0.3337	0.3482	0.1320
内江市	3.1642	1.8332	1.9021	0.8316	0.1640	—	0.2698	0.1853	0.2023	0.5441
乐山市	6.0889	0.6851	0.3519	0.2533	0.2088	0.2698	—	0.1005	1.2795	0.4700
南充市	3.2587	2.9748	0.1059	0.2055	0.3337	0.1853	0.1005	—	0.1051	0.1258
眉山市	16.7289	0.5578	0.1940	0.1563	0.3482	0.2023	1.2795	0.1051	—	0.2067
宜宾市	2.6120	1.5172	1.0540	1.6879	0.1320	0.5441	0.4700	0.1258	0.2067	—
绵阳市	15.4970	1.1945	0.1185	0.1704	6.1252	0.1727	0.1920	0.5603	0.2684	0.1445
广元市	1.0458	0.3435	0.0204	0.0377	0.1304	0.0291	0.0283	0.1628	0.0306	0.0288
遂宁市	2.7449	1.5090	0.0927	0.1464	0.2506	0.1875	0.0786	1.2142	0.0875	0.0918
广安市	1.1669	3.7494	0.0560	0.1369	0.1028	0.0963	0.0470	1.2300	0.0441	0.0723
达州市	0.9764	1.3483	0.0362	0.0860	0.0922	0.0544	0.0381	0.4290	0.0358	0.0531
雅安市	2.5432	0.1759	0.0440	0.0485	0.0886	0.0433	0.3063	0.0308	0.2793	0.0686
巴中市	0.6379	0.4185	0.0173	0.0357	0.0694	0.0258	0.0206	0.2366	0.0208	0.0245
资阳市	11.9850	1.0157	0.3572	0.2496	0.4392	0.6115	0.3905	0.2124	0.6046	0.2394
万州区	0.2766	0.4934	0.0120	0.0320	0.0240	0.0175	0.0124	0.0725	0.0111	0.0192
黔江区	0.0748	0.1869	0.0041	0.0128	0.0059	0.0057	0.0040	0.0141	0.0033	0.0073

续上表

节点	绵阳市	广元市	遂宁市	广安市	达州市	雅安市	巴中市	资阳市	万州区	黔江区
成都市	15.4970	1.0458	2.7449	1.1669	0.9764	2.5432	0.6379	11.9850	0.2766	0.0748
重庆都市圈	1.1945	0.3435	1.5090	3.7494	1.3483	0.1759	0.4185	1.0157	0.4934	0.1869
自贡市	0.1185	0.0204	0.0927	0.0560	0.0362	0.0440	0.0173	0.3572	0.0120	0.0041
泸州市	0.1704	0.0377	0.1464	0.1369	0.0860	0.0485	0.0357	0.2496	0.0320	0.0128
德阳市	6.1252	0.1304	0.2506	0.1028	0.0922	0.0886	0.0694	0.4392	0.0240	0.0059
内江市	0.1727	0.0291	0.1875	0.0963	0.0544	0.0433	0.0258	0.6115	0.0175	0.0057
乐山市	0.1920	0.0283	0.0786	0.0470	0.0381	0.3063	0.0206	0.3905	0.0124	0.0040
南充市	0.5603	0.1628	1.2142	1.2300	0.4290	0.0308	0.2366	0.2124	0.0725	0.0141
眉山市	0.2684	0.0306	0.0875	0.0441	0.0358	0.2793	0.0208	0.6046	0.0111	0.0033
宜宾市	0.1445	0.0288	0.0918	0.0723	0.0531	0.0686	0.0245	0.2394	0.0192	0.0073
绵阳市	—	0.3119	0.3375	0.1579	0.1576	0.0808	0.1380	0.3602	0.0383	0.0087
广元市	0.3119	—	0.0544	0.0551	0.1055	0.0115	0.1961	0.0399	0.0215	0.0037
遂宁市	0.3375	0.0544	—	0.2477	0.0988	0.0216	0.0546	0.2490	0.0227	0.0054
广安市	0.1579	0.0551	0.2477	—	0.3377	0.0138	0.0911	0.0829	0.0675	0.0131
达州市	0.1576	0.1055	0.0988	0.3377	—	0.0127	0.3351	0.0541	0.3199	0.0209
雅安市	0.0808	0.0115	0.0216	0.0138	0.0127	—	0.0074	0.0738	0.0041	0.0013
巴中市	0.1380	0.1961	0.0546	0.0911	0.3351	0.0074	—	0.0304	0.0392	0.0050
资阳市	0.3602	0.0399	0.2490	0.0829	0.0541	0.0738	0.0304	—	0.0156	0.0045
万州区	0.0383	0.0215	0.0227	0.0675	0.3199	0.0041	0.0392	0.0156	—	0.0214
黔江区	0.0087	0.0037	0.0054	0.0131	0.0209	0.0013	0.0050	0.0045	0.0214	—

通道段重要度排名结果 表 8-10

通道段重要度	排 名	通道段重要度	排 名	通道段重要度	排 名
33.5364	1	0.7774	35	0.2394	69
16.7289	2	0.6851	36	0.2366	70
15.4970	3	0.6379	37	0.2124	71
12.1054	4	0.6115	38	0.2088	72
11.9850	5	0.6046	39	0.2067	73
6.1252	6	0.5603	40	0.2055	74
6.0889	7	0.5578	41	0.2023	75
4.2305	8	0.5441	42	0.1961	76
3.7494	9	0.4934	43	0.1940	77
3.2587	10	0.4700	44	0.1920	78
3.1642	11	0.4392	45	0.1875	79
2.9748	12	0.4290	46	0.1869	80
2.7449	13	0.4185	47	0.1853	81
2.6120	14	0.3905	48	0.1759	82
2.5432	15	0.3602	49	0.1727	83
2.5126	16	0.3572	50	0.1704	84
2.4060	17	0.3519	51	0.1640	85
1.9021	18	0.3482	52	0.1628	86
1.8332	19	0.3435	53	0.1579	87
1.6879	20	0.3377	54	0.1576	88
1.5172	21	0.3375	55	0.1563	89
1.5090	22	0.3351	56	0.1464	90
1.3483	23	0.3337	57	0.1457	91
1.2795	24	0.3199	58	0.1445	92
1.2300	25	0.3119	59	0.1380	93
1.2142	26	0.3063	60	0.1369	94
1.1945	27	0.2793	61	0.1320	95
1.1669	28	0.2766	62	0.1304	96
1.0781	29	0.2698	63	0.1258	97
1.0540	30	0.2684	64	0.1185	98
1.0458	31	0.2533	65	0.1145	99
1.0157	32	0.2506	66	0.1059	100
0.9764	33	0.2496	67	0.1055	101
0.8864	34	0.2490	68	0.1051	102

续上表

通道段重要度	排　名	通道段重要度	排　名	通道段重要度	排　名
0.1028	103	0.0441	133	0.0175	163
0.1005	104	0.0440	134	0.0173	164
0.0988	105	0.0433	135	0.0156	165
0.0963	106	0.0399	136	0.0141	166
0.0927	107	0.0392	137	0.0138	167
0.0922	108	0.0383	138	0.0131	168
0.0918	109	0.0381	139	0.0128	169
0.0911	110	0.0377	140	0.0127	170
0.0886	111	0.0362	141	0.0124	171
0.0875	112	0.0358	142	0.0120	172
0.0860	113	0.0357	143	0.0115	173
0.0829	114	0.0320	144	0.0111	174
0.0808	115	0.0308	145	0.0087	175
0.0786	116	0.0306	146	0.0074	176
0.0748	117	0.0304	147	0.0073	177
0.0738	118	0.0291	148	0.0059	178
0.0725	119	0.0288	149	0.0057	179
0.0723	120	0.0283	150	0.0054	180
0.0694	121	0.0258	151	0.0050	181
0.0686	122	0.0245	152	0.0045	182
0.0675	123	0.0240	153	0.0041	183
0.0560	124	0.0227	154	0.0041	184
0.0551	125	0.0216	155	0.0040	185
0.0546	126	0.0215	156	0.0037	186
0.0544	127	0.0214	157	0.0033	187
0.0544	128	0.0209	158	0.0013	188
0.0541	129	0.0208	159	0.0175	189
0.0531	130	0.0206	160	0.0173	190
0.0485	131	0.0204	161		
0.0470	132	0.0192	162		

通道段重要度最大树仅仅反映出区域范围内关联程度较大的通道段情况，从整体上体现出区域节点的连接特点。从最大树中可以看出，成都和重庆是整个成渝经济区中最重要的节点，成渝间运输通道应重点保证成都和重庆之间的有效连接。

8.3 基于交通区位法的通道布局分析

1）成渝城市群内部交通区位线分析

2016年4月,国务院印发《成渝城市群发展规划》,成渝经济区转变为成渝城市群,也是西部创新驱动的先导区、内陆开放型经济战略高地、统筹城乡发展示范区、美丽中国的先行区,构建了"一轴两带、双核三区"空间发展格局,如图8-4所示。

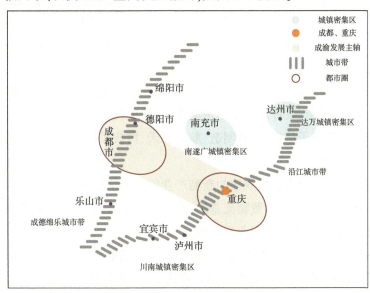

图8-4 成渝城市群空间格局示意图

其中,"一轴"指成渝发展主轴,"两带"为成德绵乐城市带和沿江城市带,"双核"指成都都市圈和重庆都市圈,"三区"为南遂广城镇密集区、达万城镇密集区和川南城镇密集区。

(1) 成渝城市群产业区位分析

在产业布局方面,成渝城市群要推动产业结构优化升级,促进产业分工协作,引导产业集群发展,壮大现代产业体系,夯实城市群产业基础。具体来说,就是在八大支柱产业支撑成渝城市群发展的基础上(全国重要的重大装备制造业基地;全国有重要影响的汽车、摩托车整车及零部件生产研发基地;国家电子信息产业基地;国家民用航空、航天研发制造基地,国家直升机生产基地;冶金和材料生产基地;国家重要的石油天然气化工和盐化工基地;轻纺食品产业基地;以生物制药为重点、化学原料制药为基础、地道药材为特色的医药产业基地),培育优势产业集群,并有序承接产业的转移,整合发展产业园区。因此,根据《成渝城市群发展规划》,在原成渝经济区"五带"(沿长江产业带、成遂渝产业带、成绵乐产业带、渝广达产业带、成内渝产业带)的基础上对现阶段空间格局下的成渝城市群产业区位进行规划,见表8-11。

成渝城市群产业带分布 表8-11

产业带名称	范围
沿江城市带	泸州市、宜宾市、重庆中心城区、涪陵区、万州区
成德绵乐城市带	成都市、乐山市、眉山市、德阳市、绵阳市
成遂渝产业带	成都市、遂宁市、重庆市区
渝广达产业带	重庆市区、广安市、达州市
成内渝产业带	成都市、资阳市、自贡市、重庆市区

沿江城市带：依托长江黄金水道及沿江高速公路、铁路，充分发挥重庆的辐射带动作用，培育形成沿江生态型城市带。发挥沿江区位和港口优势，有序推进岸线开发和港口建设，建设临港产业、特色产业和现代物流基地，建设沿江绿色生态廊道。

成德绵乐城市带：依托成绵乐城际客运专线、宝成—成昆铁路和成绵、成乐、成雅高速公路等构成的综合运输通道，发挥成都辐射带动作用，建成具有国际竞争力的城镇聚集带。依托沿线产业基础，围绕电子信息、装备制造、航空航天、科技服务、商贸物流等产业，打造创新驱动的特色产业聚集带。

成遂渝产业带：培育成为联接双核的新型产业带。围绕精细化工、电子信息、能源建材、机械制造、轻纺食品发展，打造商贸物流基地，形成一批重要的交通节点、物流节点和旅游城市，打造休闲旅游基地，形成西部职业教育城。

渝广达产业带：建成东北部重要的经济增长带。发展精细化工、新能源、新材料、有色金属加工、汽车及汽摩零部件制造、天然气和磷硫化工、冶金建材、特色农产品加工和供应、红色旅游基地，形成一批重要的交通物流节点和港口城市。

成内渝产业带：以成渝铁路和高速路为纽带，要建成联接成渝的重要产业带。打造形成全国重要的机车制造及出口基地，发展汽车与零部件制造、节能产品生产、食品生产配送、会展基地和旅游休闲度假。以内江为中心发展盐卤化工、机械制造、新材料、物流配送基地。

（2）成渝经济区城市带区位分析

①成渝城市群分布及城镇发展水平

成渝城市群是西部地区人口和产业最为集中的区域。城市群内聚集了成都和重庆两个特大城市、28个大中小城市、59个区、93个县，是目前我国西部唯一的超大城市群。现已形成了若干空间聚合形态较好的城镇密集区，基本形成了以两超大城市为中心、大中城市为骨干、小城市为节点的城市群体系。根据城市群内城市现有空间分布状况和聚合方向，成渝城市群由成绵乐城市群（成都平原城市群）、川南城市群、川东北城市群和重庆都市圈（重庆一小时经济圈）、渝东北冀城市群和渝东南冀城市群构成。城市群内的人口主要集中在双核地区，包括成都平原、川中和川南丘陵地区以及重庆中心城区及周边地区。城市群边缘地带多属盆周山地，自然条件和经济发展水平较差，人口密度相对较低。

改革开放以来，成渝城市群城镇化水平显著提高，城市数量迅速增加，城镇化率在2008

年已增加到41.3%,到2018年达到57.9%。在城镇化率提高的同时,城镇规模结构和布局也有所改善,特大型城市成都、重庆的城市规模进一步扩大,分别以成都、重庆为中心的成都大都市区和重庆都市圈快速发展,中小城市发展明显加快。2018年成渝城市群内各市城镇化率现状见表8-12。

2018年成渝城市群内各市城镇化率表　　　　表8-12

地区		城镇化率	地区		城镇化率	地区		城镇化率
成绵乐城市群	成都	73.1%	川南城市群	自贡	52.6%	川东北城市群	遂宁	50.0%
	德阳	52.4%		泸州	50.5%		南充	48.1%
	绵阳	52.5%		内江	49.1%		广安	41.9%
	眉山	46.3%		宜宾	49.6%		广元	45.6%
	乐山	51.8%					巴中	41.9%
	雅安	46.9%					达州	45.5%
	资阳	42.7%						
重庆都市圈		74.1%	渝东北翼	万州区	65.5%	渝东南翼	黔江区	49.1%
渝东北翼	开州区	46.4%		梁平区	44.7%		石柱县	42.5%
	云阳县	42.3%		城口县	34.9%		秀山县	40.3%
	奉节县	42.4%		丰都县	44.9%		酉阳县	33.6%
	巫山县	39.9%		垫江县	44.8%		彭水县	35.3%
	巫溪县	35.3%		忠县	43.2%		武隆区	42.7%

到2020年底,成渝城市群已形成特大城市2个,大城市18个,中等城市和小城市107个的城镇体系。各城市群2020年城镇化率见表8-13。

成渝城市群各城镇群规划城镇化水平表　　　　表8-13

城市群	成绵乐城市群	川南城市群	川东北城市群	重庆都市圈	渝东北翼	渝东南翼
城镇化率	72%	63%	50%	80%	50%	45%

在交通区位线规划过程中,应保证各城市群之间的连通性,尤其是针对城镇化水平较高的城市节点,应尽量使交通区位线从这些节点直接通过。以2018年的城镇化发展水平为例,重点保证成都都市圈和重庆都市圈这两个超强经济核心的连通,配置以更高等级的通道或原通道的基础上进行增加,满足两个中心的经济联系需求。其他发展水平较高的节点城市也要满足其节点的区位线连通,根据《成渝城市群发展规划》中对城市规模结构的优化,明确把万州打造为渝东北区域中心、长江经济带重要节点城市;把黔江打造为渝东南区域中心、武陵山区重要经济中心;把绵阳、乐山打造为成都平原区域中心城市,宝成—成昆发展轴带向北和向南辐射的空间节点;把南充打造为川东北区域中心城市;把泸州、宜宾打造为川南区域中心城市,带动川南丘陵地区和长江经济带沿线城镇发展。这些城市(区)在各自的城市群中发展水平都处于较高层次,对于所处城市群有着较重要的带动作用。

成绵乐城市群、重庆都市圈的发展水平在整个城市群中处于领先地位,所以通道线布局规划中应重点布线,以辅助重点区域建设,进而起到带动作用。此外,川南城镇密集区、南遂广城镇密集区、达万城镇密集区(图 8-4)也是其他各城市群的重点培育对象,应重点布线。因此,在后续分析中,应将以上分析考虑进去。

②成渝城市群空间结构现状

成渝城市群在区域空间结构总体上处于"双核三区"聚集发展阶段,即以成都都市圈和重庆都市圈两个巨大城市圈为核心,以川南城镇密集区、南遂广城镇密集区、达万城镇密集区三个区域为中心城市发展区,并结合一批重要节点城市形成"双核三区多点"的城市群结构,具有比较明显的向心特征。

第一,形成成都和重庆两个强大核心。

从城镇的分布密度和空间聚合形态看,成都平原、重庆主城区及周边地区的城市等级较高,城镇密度大,空间聚合形态好,形成了两个都市圈。

城市群内绵阳、南充、宜宾等二级城市基本处在成都与重庆的 1~2h 交通圈范围内,受两城市的强力吸引,城市规模相当接近,分布平均。

第二,形成较为典型的城镇轴带。

成渝城市群城镇体系的空间分布特点为沿江河分布的城镇多、规模大。随着铁路、公路等交通设施不断发展,位于铁路、公路枢纽及沿线的城镇得到了更快的发展,因此,城市沿交通轴线分布的特征十分明显。总体上看,成渝城市群城市轴带空间分布形成了以长江干流、铁路和高速公路为轴线,并配合成渝发展主轴的"两带三线"格局,如图 8-5 所示。

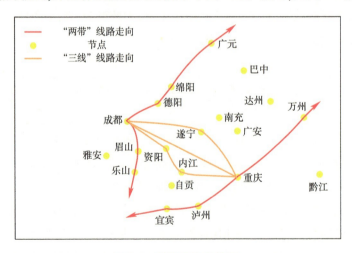

图 8-5 "两带三线"示意图

"两带"即东部以重庆为中心,由宜宾、泸州、重庆、涪陵、万州等城市组成的沿长江上游城市带以及西部以成都为中心,依托成绵乐城际客运专线、宝成—成昆铁路、成绵、成乐高速公路,由乐山、眉山、德阳、绵阳等城市组成的成德绵乐城市带。

"三线"指沿成渝发展主轴,以成都、重庆为端点的三条城市轴线。第一条线是沿成渝铁路(成渝高速公路),由重庆、永川、内江、资阳、简阳、成都等城市组成的城市轴线;第二条线是沿达成—遂渝铁路、成南—遂渝高速公路,由重庆、合川、南充、遂宁、成都等城市组成的城市轴线;第三条线是沿渝蓉高速公路,由重庆、大足、安岳、乐至、成都等城市组成的城市轴线,也是成渝两地距离最短的轴线。

第三,形成以区域中心城市为主的城镇密集区。

在重庆、成都两大核心辐射带动作用的基础上,对区域中心城市作为重点培养,并建设中小城市和重点小城镇作为支撑,形成了以川南、川东北、渝东北区域部分中心城市为主的城镇密集区。

川南城镇密集区包括自贡、内江、泸州、宜宾的市区和部分县(市),为了促进自贡—内江联合发展、泸州—宜宾沿江协调发展,并建设为成渝城市群南向开放、辐射滇黔的重要门户;南遂广城镇密集区包括南充、遂宁、广安的市区和部分县(市),主要加强与重庆协作配套发展,建设成为成渝城市群跨区域协同发展示范区;达万城镇密集区包括达州市部分市区、万州、开州和云阳部分地区,为了加快达万综合通道建设,促进万开云一体化融合发展,建设成为成渝城市群向东开放的走廊。

为了确保城镇密集区的连通性,在进行交通区位线规划时,应尽量将三个城镇密集区与双核城市圈相互连接,实现"双核放射、三区互联",其区位线骨架如图8-6所示。

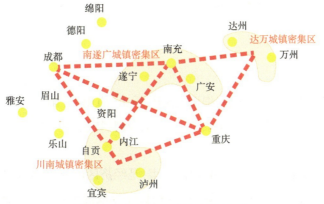

图8-6 城镇密集区区位线骨架示意图

③成渝城市群空间发展战略

成渝城市群空间发展的总体战略是支持区域经济、社会、环境的整体协调发展,为区域发展提供空间与物质载体。成渝城市群空间发展总体战略主要为:强化双核,培育多极,提升区域核心竞争力。

以重庆、成都都市圈为核心,进一步强化双核城市的辐射和带动能力,优化内部空间结构,扩大影响范围,带动更广大周边地区的发展。对于区域中心城市,要结合自身特点和发展条件,提升区域服务能力,分担核心城市功能,强化区域辐射带动作用,加快产业和人口聚集,适当扩大城市规模,与邻近区县一体化发展。对于重要节点城市,要提升专业化服务功能,培育壮大特色优势产业。

此外，要提升中部，带动南北，促进区域协调发展。依托成渝铁路、成渝高速公路、成达铁路、遂渝铁路等重要交通干道，强化成渝南、北两条城镇发展轴，要充分发挥遂宁、大足等区位优势明显城市对成渝主轴的支撑作用。加快沿线各级城市的培育，增加城市密度，加强城市之间的联系，发挥区域中心城市的作用。

④成渝城市群各城市群发展。

a. 成绵乐城市群。

成绵乐城市群（图 8-7）以成都市为中心，构建城市群，逐步建成西部最具经济活力和竞争实力的城市群，辐射带动西部发展的重要增长极。

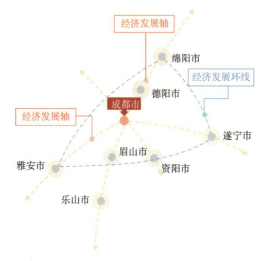

图 8-7　成绵乐城市群空间网络结构

未来城市群将仍以成都为核心，绵阳、德阳、乐山、眉山、资阳、雅安等大中城市为骨干，其他小城市和重点镇为基础，形成体系完备、分工合理、特色鲜明、组合有序的城市群体系。

b. 川南城市群。

川南城市群包括自贡、宜宾、泸州、内江 4 市，是经济区内人口稠密的地区之一。川南城市群是成渝城市群内的能源、原材料基地，也是长江流域经济带中以资源、能源高度集中为特征的上游经济区。现阶段川南城市群正在培育川南城镇密集区，以四大城市为中心、中小城市为节点，在成渝城市群中快速崛起，成为成渝城市群第二层次的经济、城镇密集区，渝蓉以外的潜力第三级。

c. 川东北城市群。

川东北城市群建设培育以南充、遂宁、广安为核心的南遂广城镇聚集区，分担核心城市功能，并向北进行带动辐射；建立以广元、巴中为中心并连接达州的大中城市群，以部分中小城市为重要节点，形成"两群"的城市群空间结构。

d. 重庆都市圈。

2014 年，重庆市提出要构建"一区两群"的城镇空间格局（图 8-8），即由都市功能核心区、都市功能拓展区和城市发展新区构成大都市区;由渝东北生态涵养发展区 11 个区县的城镇,构成以万州为中心城市的渝东北城镇群;由渝东南生态保护发展区 6 个区县的城镇,构成以黔江为中心城市的渝东南城镇群。现阶段重庆市域层面将打造重庆都市圈、渝东北片区、渝东南片区三大片区,构建以主城区为市域中心,万州、黔江、涪陵、永川为副中心、26 个区县城以及约 500 个小城镇的四级城镇体系,形成"一区两群"的新城镇格局。

图 8-8　重庆市"一区两群"空间结构图

重庆都市圈由主城区 9 区和近郊 12 区构成,构造"一核心、多节点"的网络化城镇空间格局(图 8-9)。"一核心"即主城区;"多节点"指依托近郊区的各区县城,以及承担产业功能和一定区域服务职能的重点小城镇,其中永川是都市圈西部的中心城市,涪陵是都市圈东部的中心城市。中心城区要围绕"强核提能级",加快聚集国际交往、先进制造、科技创新,提升城市发展能级,特别是推进"两江四岸"核心区整体提升;主城核心区要围绕"扩容提品质",当好新型工业化主战场,加快构建现代产业体系。

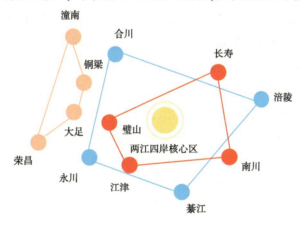

图 8-9　重庆都市圈空间结构图

e. 渝东北翼。

渝东北翼包括万州、开州、梁平、城口、丰都、垫江、忠县、云阳、奉节、巫山、巫溪 11 个区(县)。现阶段,打好"三峡牌",建好"城镇群",是渝东北的独特优势和重大使命。渝东北三峡库区城镇群是成渝地区双城经济圈向东联结长江经济带的桥头堡,在川渝陕鄂交界地区具有重要的区域中心地位,在推动双城经济圈建设中发挥着重要作用。渝东北三峡库区城镇群高质量发展要把握好四点:筑牢一道长江上游重要生态屏障;探索一条生态优先、绿色发展新路子;构建一个区域协调发展新格局;描绘一幅城市与乡村、山水与人文融合发展新画卷。

f. 渝东南翼。

渝东南翼包括黔江、武隆、石柱、秀山、酉阳、彭水 6 个区(县)。城镇群围绕"渝湘高速公路、渝怀铁路、319国道和乌江"的复合式交通走廊为区域主体发展轴,以"沿江、沿路、沿边"为布局特征,形成"点轴串珠"式的城镇布局结构。渝东南地区作为生态保护发展区,要遵循"面上保护,点上开发"的办法,既能效保护生态,也能合理开发资源,有利于实现生态保护与经济发展双赢的局面。

2)广域范围的成渝区域交通区位线分析

自2009年来,成渝区域不断受到国家的重视,由早期的西部大开发,到现阶段的成渝地区双城经济圈建设等政策,都将成渝地区作为发展的重点,说明了该区域的重要性。成渝地区也逐渐从"成渝经济区"发展到"成渝城市群",并逐步发展到"成渝双城经济圈"。

成渝城市群位于西部地带的核心位置,是国家西部大开发的重要平台与支撑,区位优势明显。在"一带一路"政策的加持下,西部地区成为新时期对外开放的前沿,使成渝城市群能充分利用国际国内两个市场、两种资源,提高开发开放水平,形成西部开发开放新平台。同时,长江经济带战略的实施提高了成渝城市群对外交通网络畅通水平,密切与东部发达地区、中部潜力地区的经济联系,为形成新的经济增长极提供有利条件。2019年,西部陆海新通道战略的提出更是加深了成渝城市群在各个战略上的重要地位。西部陆海新通道作为推进西部大开发形成新格局的战略通道、连接"一带"和"一路"的陆海联动通道、支撑西部地区参与国际经济合作的陆海贸易通道、促进交通物流经济深度融合的综合运输通道,对于充分发挥西部地区连接"一带"和"一路"的纽带作用,深化陆海双向开放,强化措施推进西部大开发形成新格局,推动区域经济高质量发展,具有重大现实意义和深远历史意义。因此,培育发展成渝城市群,发挥其沟通西南西北、连接国内国外的独特优势,有利于加快中西部地区发展、拓展全国经济增长新空间,有利于保障国土安全、优化国土布局。

从成渝城市群的经济空间区位来看,它位于珠三角、长三角和京津冀三大增长极所形成的圆弧的相交处,是中国东部"弓箭型"经济发展空间的"搭箭点"和"发力点"。成渝城市群将通过自身的发展壮大,同时借助于"珠三角"城镇群和京津冀都市圈南北两端的支撑,依托"长三角"城镇群,发力于广大西部地区,形成拉动中国东、中、西部经济互动发展实力强大的"中国弓"(图8-10)。成渝城市群的战略定位将为:中国发展战略的"第四增长极";中国西部地区和长江上游区域发展的战略支点与重要生态保育区;西南地区经济中心和全国重要的现代产业基地,我国统筹东中西协调南北方的重要板块;全国统筹城乡发展的示范区。

因此,根据相应政策与发展规划,应在成渝城市群的东北部、东部、南部规划好相应的出川大通道。成渝城市群北部的重要城镇和通往东部大型经济圈所经城市有兰州、西安、武汉、郑州等,南部则有昆明、贵阳、长沙、广州等。这些城市都是成渝城市群发展的"友邻",更是其发力于东部经济区、连通南北的媒介,所以务必设置与这几个城市相连通的出川大通道。

从运输角度讲,2017年2月,《国务院关于印发"十三五"现代综合交通运输体系发展规划的通知》要求中国要构建横贯东西、纵贯南北、内畅外通的"十纵十横"综合运输大通道，见表8-14。

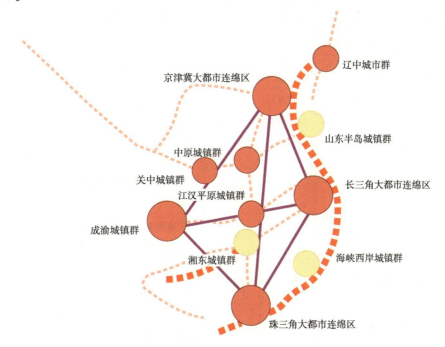

图 8-10　成渝城市群全国区位关系图

全国"十纵十横"综合运输大通道　　　　　　　　　　　　　　　表 8-14

	通道名称	起点	终点	功　能	备　注
十纵	沿海运输通道	同江	三亚	能源等大宗物资、南北集装箱和旅客运输主通道	
	北京至上海运输通道	北京	上海	华北、华东地区间的客货运输大通道	
	北京至港澳台运输通道	北京	香港	华北、华中、华南地区间的客货运输大通道	
	黑河至港澳运输通道	黑河	香港	纵贯中国南北的一条运输大通道	
	二连浩特至湛江运输通道	二连浩特	湛江	中部地区贯通南北的纵向出海运输大通道	
	包头至防城港运输通道	包头	防城港	西部地区贯通南北的运输大通道	经成渝
	临河至磨憨运输通道	临河	磨憨	西部地区贯通南北的运输大通道	经成渝
	北京至昆明运输通道	北京	昆明	华北地区沟通西南地区的运输通道	经成渝
	额济纳至广州运输通道	额济纳	广州	西北东部地区沟通南部地区最便捷的出海通道	经成渝
	烟台至重庆运输通道	烟台	重庆	西南地区沟通华北地区的运输大通道	经成渝

续上表

通道名称		起点	终点	功　　能	备　注
十横	绥芬河至满洲里运输通道	绥芬河	满洲里	东北地区贯通东西的运输大通道	
	珲春至二连浩特运输通道	珲春	二连浩特	东北地区贯通东西的运输大通道	
	西北北部运输通道	天津	吐尔尕特	连通中国北部地区的出海运输通道	
	青岛至拉萨运输通道	青岛	拉萨	沟通西北地区与东部地区的出海运输大通道	
	陆桥运输通道	连云港	阿拉山口	沟通华东、华中、西北部地区的运输大通道	
	沿江运输通道	上海	亚东	沟通东、中、西部地区的主要运输通道	经成渝
	上海至瑞丽运输通道	上海	瑞丽	连通华东地区和西南地区的东西向运输大通道	
	汕头至昆明运输通道	汕头	昆明	南部地区东西向和通往东南亚国家的主要运输大通道	
	福州至银川运输通道	福州	银川	中部地区与东南地区沟通过的主要运输大通道	
	厦门至喀什运输通道	厦门	喀什	贯通东、中、西部地区的运输大通道	经成渝

其中,经过成渝的全国运输大通道有7条:

①包头至防城港纵向运输通道。北起包头,经西安进入四川、重庆境内,向南进入贵阳市、南宁市,到达防城港,形成西部内陆出海运输走廊,通过防城港、湛江港,以及相应枢纽机场,与国际海上运输和航空运输网络连接。

②临河至磨憨纵向运输通道。北起临河,经银川、宝鸡、进入重庆,后在昆明进行分支,一支到磨憨,另一只到汉口,形成西部内陆第二条南北综合运输走廊。该通道以昆明机场为面向东南亚的国际航空运输门户。

③北京至昆明纵向运输通道。北起北京,经西安进入成都、重庆,向南到达昆明,形成沟通华北地区与西南地区的综合运输廊道,该通道也通过昆明机场,与东南亚国际航空运输网络相连。

④额济纳至广州纵向运输通道。北起额济纳,经过西宁进入成都境内,向东南通过泸州、宜宾、贵阳、桂林,到达广州,形成西部地区又一条内陆出海走廊,通过广州港,以及广州枢纽机场,与国际海上运输和航空运输网络连通。

⑤烟台至重庆纵向运输通道。北起烟台,经济南、郑州、襄阳,向西南方向到达重庆,形成沟通华北、华中、西南地区的内陆运输通道。

⑥沿江横向运输通道。东起上海,经武汉、岳阳进入重庆、成都境内,向西到达拉萨并进

行分支,一支到达亚东,另一支到达樟木。该通道由长江航道、铁路、公路、航空和油气管线组成,形成以长江航运干线为主、沟通东中西地区的运输走廊。该通道以上海港和南京港为枢纽,与国际海上运输网络连接。

⑦厦门至喀什横向运输通道。东起厦门,经赣州、长沙进入重庆,并通过成都向西北经过格尔木到达喀什,形成西北—东南走向的贯通东、中、西部地区的运输走廊。

随着这7条运输通道内基础设施的完善和高效服务,其可以促进通道范围内经济的发展。根据运量集中化原理,通道一旦建成,各种产业和人口会沿着运输主干道呈串珠状向外扩散,不断形成新的城市中心,在更大的地域范围内,形成不同分工的产业密集带,带动区域经济的发展。这种在空间上经济发展的点、线、面的规律,就是各种工业走廊、产业带和城镇带形成的规律。

成渝城市群应积极利用国家运输大通道在区域内部的分布,并结合成渝城市群在全国大型经济圈中的分布区位,与大通道进行有效衔接,借以提升成渝经济区在全国运输通道中的地位。同时,成渝城市群是中国中东部地区与以西部地区联系的重要纽带,具有极其重要的战略地位。其西边紧邻西藏、云南、青海,是东部地区向这三个省份进行经济扩散的重要媒介,故应在成渝城市群的西南部、西部、西北部也布设出川通道,与西部地区连接。

综合前文进行的广域运输通道分析,结合成渝城市群综合交通网框架,其出川通道分布如图8-11所示。

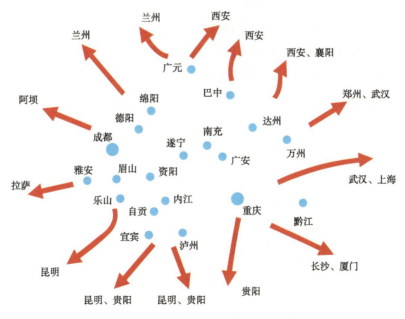

图8-11 成渝城市群内部综合交通网框架及出川通道示意图

3)基于交通区位分析的初始方案确定

综合以上分析,将不同层次和类别的交通区位线进行分类叠加,结合综合交通网框架,确定运输通道初始方案如图 8-12 所示。

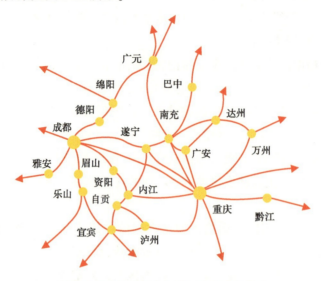

图 8-12　基于交通区位分析的初始方案布局图

8.4　成渝区域综合运输通道的确定

通过以上分析发现,通过节点重要度法计算分析得到的初始方案图与通过交通区位法进行区位分析得到的初始方案图有较大不同。通过节点重要度法得到的初始方案图主要体现了成渝城市群内部节点间整体上的连接特点;而通过交通区位法分析得到的初始方案图主要体现了成渝城市群各节点间的相互连通情况,形成通道网络,并展示了成渝城市群出川通道的分布情况。因此,结合节点重要度法和交通区位法得到的方案图的特点,将两者进行组合叠加,得到成渝城市群综合运输通道初始组合布局图,如图 8-13 所示。

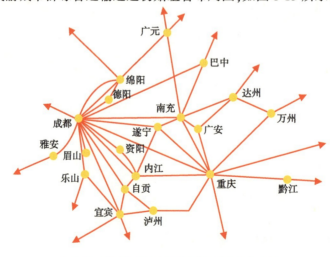

图 8-13　区域综合运输通道初始方案组合布局图

对于初始方案组合布局图,由于部分通道设计不合理,因此有以下改正:

①由于广元—成都—乐山存在直接连接通道,同时该地段中存在绵阳—成都、德阳—成都、眉山—成都、乐山—成都通道线,这四条通道线在广元—成都—乐山线对应各部分基本重合,所以考虑将广元—成都—乐山通道线改为广元—绵阳—德阳—成都—眉山—乐山通道线,既连接了线路上的各城市,又合并了各通道线路。同理,成都—内江—重庆通道线与成都—资阳线路合并,形成成都—资阳—内江—重庆通道线。

②成都至宜宾原有成都—乐山—宜宾与成都—自贡—宜宾两条通道,可以有效进行联络,根据综合交通网框架中的线路情况,成都—宜宾通道除了航空运输并没有其他运输方式直接相连,故删除成都—宜宾直接通道。

③由于成绵乐城市群西南部与川南城镇密集区只有乐山—宜宾通道,为了加强两地区的联络,且减少乐山—宜宾通道的压力,依照成渝城市群综合运输网络,并结合城市间产业发展区位特征,增加乐山—自贡通道;同理,成绵乐城市群东北部与南遂广城镇密集区只能通过成都—遂宁和南充—广元通道进行联络,没有便捷运输通道,故增加遂宁—绵阳通道并连同绵阳出川通道。

④成绵乐城市群的发展,需要对周边地区起到带动辐射作用,而成都—雅安通道与成德绵乐城市带除成都外并无交集,因此,为了加强雅安与成德绵乐城市带的联络效果,将乐山—宜宾通道向西延伸,连接雅安,并增加雅安—眉山通道。

⑤由于成都—南充通道内只能通过航空运输实现直线连通,且与成都—遂宁—南充通道大幅重合,故删除成都—南充直接通道;同理,成都—巴中直接通道也删除。

⑥由于成渝城市群北部和东北部地区较为空阔,且城市之间无有效联络线,应增加部分联络线使达万城镇密集区与成德绵乐城市带东北部连通,故将万州—达州通道向西部延长,连通巴中、广元,形成广元—巴中—达州—万州通道。

此外,为充分利用全国"十纵十横"运输大通道中7条经过成渝的优势,通道规划应积极与全国大通道接轨,并积极打通出省通道。经前文对于成渝城市群及周边地区分析,将成渝城市群北部打通连接西安、兰州大通道,西北部和西南部分别打通与西部地区如阿坝、拉萨、昆明等地联系的对外大通道;南部打通联系昆明、贵阳等地的运输大通道,东部则打通联系长沙、武汉、上海等地的运输通道。

再将成渝城市群综合运输通道放在更大背景中分析。区域综合运输通道具有引导和支撑国土开发及区域空间发展的功能,能够引导和支撑区域内产业布局,促进各产业带的产业整合与升级,加快城镇聚合轴形成。合理布局成渝城市群综合运输通道,有利于推动地区一体化进程,有利于推动经济社会的协调发展,有利于保障整个成渝城市群及辐射地区的内外运输需求,构建基础物资运输通道。

为满足区域综合运输通道布局规划目标,成渝城市群运输通道的布局首先需服从国家综合交通网规划,满足国家级运输通道在省内布局,并加以充分利用,提升成渝城市群在全国层面的交通区位;其次,服务于成渝城市群区域规划,加速推动成渝城市群一体化进程,为成渝城市群产业升级和转移提供有效支撑,根据成渝城市群区域规划发展要求,布局综合运输通道;第三,服务于成渝城市群产业发展及城镇体系规划,引导产业带和城镇轴的形成和发展,促进产业升级、加速城市化进程,在空间布局上予以有效支撑;第四,加强成渝城市群与周边地区国家级运输枢纽的联系,为成渝城市群经济社会发展服务;第五,有效扩大综合运输通道覆盖面,形成全域综合交通骨架网络,使得全域更多地区享有更便捷、更多样、更低成本的运输服务。

依据上述原则及前文对节点重要度计算,区位分析及各层面相关规划分析,将成渝城市群的区域综合运输通道进行规划,如图8-14所示。各运输通道及其功能定位见表8-15。

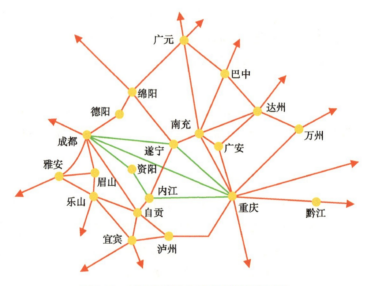

图8-14 成渝城市群综合运输通道布局示意图

成渝城市群各运输通道及功能定位　　　　　　　　　　　　表8-15

序号	走廊	级别	功能定位
1	成都—资阳—内江—重庆	一级	成渝两地主要联系的南通道,沟通成都、重庆都市圈,也是连接川南城镇密集区的重要通道
2	成都—遂宁—重庆	一级	成渝两地主要联系的北通道,沟通成都、重庆都市圈和南遂广城镇密集区,也是服务沿线城市的交通走廊
3	成都—乐至—大足—重庆	一级	成渝两地主要联系的中线,直接连通成都、重庆都市圈,缓解南北通道运输压力的交通走廊,依照成渝发展主轴带动沿线城市发展
4	广元—绵阳—成都—乐山	二级	成德绵乐城市带主要发展轴,成都地区北、南、西向出川的主通道,同时也是重要的出川通道

续上表

序号	走廊	级别	功能定位
5	宜宾—泸州—重庆—万州	二级	沿长江城市带主要发展轴,是重庆地区东进和南下的主通道,衔接全国大通道,东至武汉、上海,南至贵阳、昆明
6	重庆—广安—达州	二级	成渝地区北上西安方向的走廊,也是重庆都市圈联系南遂广、达万城镇密集区的通道
7	重庆—綦江	二级	重庆都市圈内次要发展轴,是成渝地区南下往贵州及珠三角地区的主通道
8	重庆—长寿—涪陵	二级	重庆都市圈东向发展轴,是成渝地区向东往华中、华东、东部地区的主要走廊,也是重要出川通道
9	重庆—黔江	二级	重庆都市圈东南方向发展轴,是成渝地区向东南前往华南、东部、南部地区的重要出川通道
10	重庆—南充—广元	二级	连接重庆都市圈与南遂广城镇密集区的重要通道,也是重庆地区前往兰州、西安的主要通道
11	南充—巴中	二级	南遂广城镇密集区北上前往西安的主要出川通道
12	南充—达州	二级	连接南遂广城镇密集区和达万城镇密集区的重要通道
13	广元—巴中—达州—万州	二级	成渝地区北部与东北部的重要联络通道,沟通达万城镇密集区和成绵乐城市群东北部的主要通道
14	广安—南充—遂宁	二级	南遂广城镇密集区内的主要联络通道
15	内江—遂宁	二级	川南城镇密集区与南遂广城镇密集区主要联络通道
16	遂宁—绵阳	二级	沟通川南城镇密集区与成绵乐城市群的直接通道,是川渝两大核心都市圈联系的辅助走廊,也是西北向的主要出川通道
17	内江—自贡—宜宾	二级	川南城镇密集区重要发展轴,是成渝地区联系云贵地区的辅助走廊,贵州北部物资运输的主要通道和拓展宜宾港口腹地,辐射云南北部的主要通道
18	泸州—自贡—乐山	二级	成渝地区西南部重要发展轴,是沟通成德绵乐城市带和沿江城市带重要通道
19	成都—自贡	二级	连接成都都市圈和川南城镇密集区的直接通道
20	雅安—乐山—宜宾	二级	沟通成德绵乐城市带和沿江城市带主要通道,也是连接成绵乐城市群南部和川南城镇密集区的重要通道
21	眉山—雅安	二级	成都都市圈南部的连接通道,也是成绵乐城市群向西南方向发展的重要通道
22	成都—雅安	二级	成都都市圈内部次要发展轴,是成渝地区进藏南通道
23	成都—郫都区—都江堰	二级	成都都市圈内部次要发展轴,是成渝地区进藏北通道

8.5 通道规模评价

(1) 通道网规模

通道网规模指区域综合运输通道规划中各通道线覆盖区域里程化表示的总长。通道网规模是一种静态评价指标,可以从宏观上表达出区域内节点连通便捷程度。

根据本算例,所规划通道在成渝都市群内分布量约为 5660km,截至 2018 年,成渝经济区内实际高速公路里程约为 8000km,铁路运营里程约为 6136km。且从规划图可知,通道线基本覆盖了成渝经济区内各重要节点及其经济联系区,较好地实现了区域覆盖。

(2) 通道网面积密度

通道网面积密度指单位面积上分布的通道网里程数,可反映通道网的规模,并可在一定程度上反映通道网的通达程度。

$$\sigma_s = \frac{L}{S} \tag{8-1}$$

式中:σ_s——通道网面积密度(km/km^2);

L——通道网规划规模(km);

S——规划区域面积(km^2)。

成渝城市群面积 $18.5 \times 10^4 km^2$,占川渝总面积的 32.8%。本算例规划通道网面积密度为 $3.059 \times 10^{-2} km/km^2$。

(3) 通道网人口密度

通道网人口密度是通道网长度与所在城市群区域的人口之比,表示每万人占有的城际铁路通道网长度,可反映通道网的建设规模。

$$\sigma_l = \frac{L}{Q} \tag{8-2}$$

式中:σ_l——通道网人口密度(km/万人);

L——通道网规划规模(km);

Q——规划区域常住人口数(万人)。

成渝人口密度达到 523 人/km^2,远远高于西部地区 56 人/km^2、全国 144 人/km^2 的平均水平,是西部地区人口空间分布集中程度最高的区域,也是全国人口密集地区之一。本算例规划通道网人口密度约为 0.585km/万人。

(4) 通道网连通性

$$J = \frac{\sum_{i=1}^{n} m_i}{N} = \frac{2M}{N} \tag{8-3}$$

式中:J——网络连接度;

N——网络总节点数;

M——网络总边数;

m_i——第i个节点所邻接的边数。

经计算,本算例规划通道的连通度为5.1。

(5)覆盖范围

本算例规划通道基本覆盖成渝城市群中重要城市,1个人口1000万以上城市(区、县),2个人口500万~1000万城市(区、县),25个人口100万~500万城市(区、县),27个人口20万~100万城市(区、县),且基本覆盖成渝城市群中两大城市带、三大城镇密集区和五大产业区位带,能够较好地满足成渝城市群的客货运输需求。

第9章
区域综合运输通道系统配置

本章首先介绍运输通道系统配置的概念和目标，阐述运输通道系统的配置方法和思路。其次，详细介绍区域综合运输通道旅客运输系统配置方法，并对涉及的关键模型和方法进行说明，经过对比优化，提出简化的系统配置方法。最后，从运输通道能力测度和系统配置流量确定的角度出发，在通道功能定位的基础上，结合区域综合运输通道系统配置的目标，将运输通道分为三个层次，进行区域综合运输通道货物运输系统配置。

9.1 运输通道系统配置基础

在交通强国战略以及新一轮科技革命和产业变革的浪潮推动下,我国交通运输行业发展步入数字化转型的关键时期。当前,国家正大力投入对交通运输领域新型基础设施的规划建设,预计至 2035 年将实现泛在感知设施、先进传输网络、北斗时空服务等先进信息技术在交通运输行业的深度覆盖,以及融合高效的智慧交通基础设施的规划建设。但在具体的规划建设中,区域综合运输通道内各种运输方式往往各自为政,而集中于对某一种运输方式在通道内的建设研究,又造成了通道内投资浪费、环境污染和供需结构不协调等一系列的问题。

因此,在区域综合运输通道规划的基础上,需要进一步解决通道内配置何种交通方式、以何种比例进行配置、以怎样的先后顺序进行配置,以及配置通道各种交通方式的合理性分析等问题,从而确定通道的系统结构。区域综合运输通道系统配置的关键是通过建立整体结构合理、运输资源配置优化的综合交通体系,达到系统整体效应优化的目的,以增强整个系统的综合能力。

9.1.1 系统配置概述

考虑的角度不同,通道系统配置的内容与目标不同。从系统工程角度来看,通道系统配置解决的是在通道系统内的供需匹配,即用什么样的运输方式、模式、路径来实现通道内客货运输需求的最大化表达。其目标一般在于合理地选择和使用通道供给运输方式,实现通道需求的合理表达和整体社会效益的最大化,其一般性技术路线如图 9-1 所示。

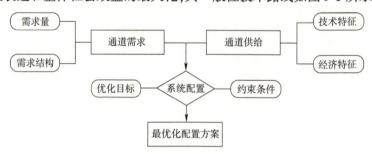

图 9-1　通道系统优化思路图

国内对于对外客运通道及综合运输通道的系统优化类研究,主要集中于相对固定的起讫(OD)对间的通道结构优化,解决通道内运输方式间协调与整体优化的问题,其缺点是对于需求和供给系统分析不足,模型存在研究范围较窄、限制条件过于严苛等问题。

从交通规划的角度来看,通道系统配置表示的是:针对通道的需求总量与需求结构特征,结合通道运输供给的技术和经济特征,合理地规划线路与运输方式类别,以不同的侧重点或规划方法形成多种可行规划方案,通过方案比选与优化辅助决策,得出最优规划方案,并依托通道现状制定规划实施顺序,实现通道综合效益的优化,具体思路如图9-2所示。

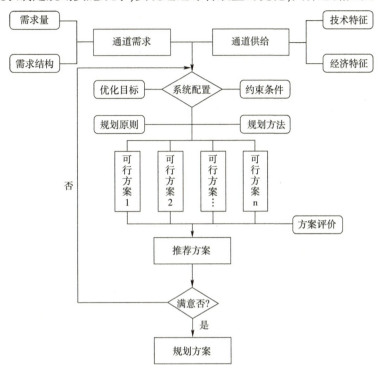

图 9-2　通道规划思路图

关于综合运输通道系统配置概念的理解,一种是在已知通道客运需求条件下,求最优通道配置方案,即通道系统优化;另一种是在已知通道客运需求条件下,对配置方案进行优化,即通道交通规划。

通道系统优化是通道系统配置的理想化状态,需要对每种运输方式建立完整的、可与需求匹配的数据库。考虑到区域综合运输通道系统自身结构、交通需求和土地利用环境的复杂性以及其需求与城市交通的类似性,区域综合运输通道系统配置更多地从系统优化角度入手,具体手段参照交通规划的一般性思路,结合通道需求实现通道结构的整体优化布局。

其中,需求分析主要包括需求量和需求结构两方面的内容,而供给分析包括技术特征和经济特征两方面(详见第4章区域综合运输通道供需分析)。以通道需求分析和供给分析为基础,在系统优化目标和影响因素的作用下,通过系统配置操作输出系统最优化配置方案。

9.1.2　系统配置目标

运输通道系统合理配置的目的是在特定时间和空间范围内实现运输需求与运输供给的均衡。这里的均衡是经济学中的概念,是指运输需求方和运输供给方在同一经济活动中都能得到满足的一种特定状态。均衡论(Equilibrium Theory)是主流经济学的基石,这种理论是由瓦尔拉斯(Walras)和马歇尔(Marshall)完成的。其中瓦尔拉斯提出的是一般均衡论,马歇尔提出的是局部均衡论。经济学中的均衡往往是理想状态,且是一种时点上的均衡;而运输通道所追求的均衡则是一段时期内的均衡,是一种相对均衡。对于一个运输系统而言,如果处于短缺状态,且短缺程度在一段时期内相对稳定,那么可以认为这个系统是处在一种短缺的均衡状态。

1)系统配置目标

区域综合运输通道的系统配置目标包括:优化交通供给,满足对外交通要求,实现经济、社会的可持续快速发展。总体目标包含三个层次:

一是满足区域对外交通需求,为经济、社会的快速发展提供支撑条件和服务,实现人们生活质量的提高;

二是实现区域综合通道系统的整体优化,上层满足与广域网络的有效衔接,下层满足与城市运输通道等系统的合理分工和有机配合;

三是实现区域综合运输通道内各子系统的优化。

其中,第一层次的目标是终极目标,第二层次的目标是直接目标,第三层次的目标是附属目标。下一层次的目标以上一层次的目标为归宿,并受其制约和影响,如图9-3所示。

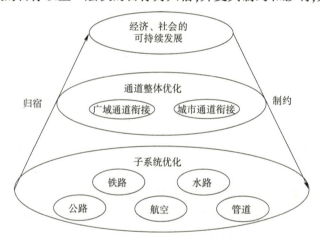

图9-3 通道系统配置的目标层次关系

2)系统配置原则

综合考虑区域综合运输通道特性、规划内容及实现目标,本书认为在区域综合运输通道规划时应遵循以下原则:

(1)总体效益最优原则

《交通强国建设纲要》强调坚持推动高质量发展,构建安全、便捷、高效、绿色、经济的现代化综合交通体系,打造一流设施、一流技术、一流管理、一流服务,建成人民满意、保障有力、世界前列的交通强国。其中,可持续交通是交通强国的重要特征之一,是实现交通强国建设目标的必要路径。因此,交通运输业要以实现自身协调发展为基础,每种运输任务力求由最经济的运输方式来承担,发挥不同运输方式的优势,降低运输成本,从而以最小的交通运输系统资源消耗换取最大的运输能力、运输效率,达到系统经济效益和社会效益最优。我国交通运输体系要在充分满足各种运输需求的前提下,根据我国的自然、地理、经济社会发展以及技术进步等条件和要求,制定符合国情的运输发展政策,按总体效益最优的原则协调发展。对于区域综合运输通道,则要在充分满足区域客货运输需求的前提下,实现通道内出行方式自身的投入产出最大化以及结构层次合理化,达到系统总体效益最优。

(2) 系统结构协调原则

交通运输体系是复杂大系统,系统结构是否协调,特别是点(枢纽)与线(运输线路)之间以及各种运输方式之间协调与否,对合理规划运输资源起着重要的作用。各种运输方式具有不同的特点和优势,对应着不同的功能和适应范围。只有整体系统结构协调合理,各种运输方式之间合理分工、取长补短、密切合作,实现有机结合,才能使运输系统的整体效能达到最大化。各种运输方式之间和各类运输环节之间要紧密衔接和有机配合,不断缩短运输时间,提高运输效率和效益,加速人流和物流周转,为旅客和货物运输全过程提供优质运输服务。对于区域综合运输通道内出行方式的协同而言,主要从系统最优的角度,分析出行需求与交通供给是否合理匹配,实现通道内出行方式的协同和通道系统结构协调。

(3) 衔接便利顺畅原则

区域综合运输通道是一个系统,各种运输方式、各条运输路径、各个运输环节,如果不能协调运作,就无法提供有效供给,从而影响整个系统的运转效率。区域综合运输通道协同发展要求交通运输业以最少的供给满足经济社会全面发展的多种需求,以多种运输方式协同、融合为特征,点线能力配合,实现各个环节衔接顺畅。

区域综合运输通道内出行一般为中短距离,随着各种运输方式运输工具性能的优化升级,平均运距逐渐增大,通道内出行一般采用一种出行方式。区域综合运输通道内出行全过程中,一般仅需要市内出行方式与通道内出行方式间衔接换乘,因此区域综合运输通道内出行方式协同发展还必须以人为本,重视与城市交通的规划衔接,方便区域旅客出行。

(4) 符合国情和可持续发展原则

良好的区域综合运输通道系统配置对优化运输网结构、提高运输效率有重要的指导作用。可持续发展是21世纪各国合理协调人口、资源、环境、技术与经济间相互关系的共同发展战略,是人类求得生存与发展的唯一途径。我国的基本国情和可持续发展战略要求我国建立资源节约型和环境友好型的交通运输体系。在规划过程中应注意与广域运输通道、城市现有运输通道以及各运输线路的合理衔接,根据具体情况,兼顾现有的高效用、高能力和高运输密度的运输线路,尽可能地发挥其价值,降低改造或建设成本,实现利益最大化。

3) 系统配置影响因素

运输通道系统配置既受其本身和内部各路径功能定位、通道结构特征的限制,又受各类外部环境因素影响。这些外部环境包括自然环境(自然地理条件、城市空间布局、相关交通环境)、经济环境(经济发展水平、产业空间布局)、人文环境(政府政策导向、运输介质特性)、技术环境(技术条件、技术人才)等,其中最主要的外部环境影响因素为通道的需求特征(本征对象特征)、区域及国家的交通发展战略、经济发展状况及城市群空间布局。

(1) 通道整体及其路径的功能定位

通道的基本功能是输送交通流、满足区域的社会经济发展。通道在地域系统和路网中形成了不同的层次,不同层次的通道担负着不同的功能,以满足各种交通需求。在一定的外部环境下,运输通道可以具有多个系统配置,但不同的系统配置必须满足通道本身的功能定位。对路径而言,其本身的功能定位亦决定了其系统的选择。因此,应按照通道和路径的不同功能定位,分别做出具体的需求分析,提供客观的决策信息,进行相关系统配置。

(2) 各运输方式的技术经济特征(表9-1)

各运输方式技术经济特性　　　　　　　　　　　　表9-1

方式	优点(特点)	缺点
铁路	适应性强;运输能力大;安全程度高;运送速度较高;能耗小;污染程度小;运输成本低	灵活性不高;发车频率低;近距离运输费用较高
公路	机动、灵活,适应性强;实现直达运输;运送速度较快;始建投资少;为铁路、水路、航空等运输方式集散或疏运客货;掌握车辆驾驶操作技术容易	单位运输成本较高;运行持续性较差;安全性较低
水路	运输能力大;运输成本低;投资省;劳动生产率高;航速较低	受自然条件影响大;水路运输速度较慢;安全性和准确性难以得到保障
航空	速度快;机动性大;舒适安全;基本建设周期短,投资少	运输成本和运价高;飞行受气象条件限制

从系统的角度来看,系统的结构是由组分按一定的模式组成的。各组分的特征及其相互作用直接影响系统的结构和功能。通道是整个运输系统的骨干和动脉,它由各种运输方式有机结合在一起。虽然各运输方式均有其自身的技术经济特点,但在一定的范围内,运输方式之间具有可替代性,构建一定功能的通道会有多种系统配置方案。各运输方式的技术经济特性直接影响通道系统的配置。

(3) 通道的需求特征

只有作用于本征对象,系统的功能才能发挥,同时,本征对象的特征会影响系统的结构方案。具体地讲,需求即是区域综合运输通道服务的本征对象。不同的交通性需求特征反映到具体的通道和通道路径上,表现为不同的交通需求总量、运距、出行目的、货物品类等,它们直接影响着通道的系统配置。因此必须慎重、客观地研究需求,确定通道的系统配置。

(4) 区域及国家的交通发展战略

区域及国家交通发展战略的终极目标是构建一个高效率的综合运输体,以满足社会经济的发展,它从宏观上确定了区域内各运输方式的发展。通道作为区域网络和国家网络的一部分,必须服从区域和国家整体上的战略规划及现有的路网环境。

(5)经济发展状况

通道建设受区域和国家经济环境的共同作用。由于各运输方式线路的单位造价相差较大,受经济的限制,在进行系统配置的时候,为了达到某种功能,可能会优选造价相对较低,但能满足需求的运输方式。应从区域和城市的发展潜力出发进行通道系统配置,节省运营成本,为社会提供优质的服务,得到市场的认可,才能实现根本的、长远的效益。

(6)城市群空间分布

城市是通道连接的主要节点,也是社会活动的主要空间体系,其在空间的布局直接影响通道的选择及其路径的基本走向。

(7)环境保护与可持续发展

运输通道系统配置直接影响着系统内部的资源消耗与环境质量,同时受环境保护与可持续发展要求的制约。

9.2 系统配置方法及思路

9.2.1 系统配置方法概述

从现阶段研究来看,综合运输通道的系统配置主要指:在需求分析的基础上,研究综合运输通道内能力的配置、模式选择以及通道内各种运输方式之间的关系,以实现综合运输通道的综合效益最大化。国内外学者普遍认为:不同区域、等级的综合运输通道由于其所服务地区的自然条件、社会经济水平、运输对象及所在广域网的交通区位等差异,系统配置总量与结构应该相应有所不同。如何科学地对综合运输通道系统进行合理规划与配置,使其更好地服务于经济社会发展,是国内外交通规划人员普遍关心的问题。国内外关于通道系统配置主要采用的方法有以下几类。

(1)基于通道需求/市场份额预测直接配置通道模式与径路

通道内各运输方式需求的确定是通道系统配置的依据,因此对通道内需求的预测是此类方法确定配置方案的关键,而需求预测最为常见的技术手段是以 Logit 模型及其改进形式预测通道各方式分担率及配置。

Logit 模型及其改进形式属于非集计模型,其预测通道配置需求的核心思想是:以出行个体作为研究对象,将出行者的出行效用分为两部分:一部分为显现化效用,可以通过调查的方法获取;另一部分为非显现化效用,根据随机效用理论,假设它服从某种概率分布。此类方法虽然能够通过对个体出行特征进行分析来预测分担率,但是没有考虑非集计问题在通道这样宏观层面的规划配置时的集计化表达;研究处理少量 OD 点对(如将每个研究对象城市抽象为一点)效果较好,对于存在"面"概念的区域综合运输通道时,可能存在集计化过于复杂的问题;另外由于模型自身缺陷,此类方法无法反映通道能力对方式选择的影响。

现阶段也存在另一种手段来预测通道内的运输需求,即利用地理信息系统(Geographic Information System,GIS)技术建立运输通道内的需求空间分布预测方法与模型。GIS技术把地图这种独特的视觉化效果和地理分析功能与数据库操作集成在一起,使其能够解释事件、预测结果、规划战略、数据分析等,具有实用价值。此类方法可以从宏观层面综合分析运输需求在空间上的分布与特征,来预测综合客货运输需求空间变化的趋势,根据预测的需求进一步确定通道内能力的配置和模式选择。

(2)考虑方式特点与运营效果,通过规划模型优化通道结构

综合运输通道的系统配置可以视为对客运通道各方式配置效能的优化或者协同问题。常用的技术和方法包括:以通道内各种交通方式的运输效率、运输质量和服务水平为目标的运能多目标决策模糊优化模型、非线性整数规划模型、基于随机用户平衡理论的交通方式分离模型等。

总体来说,国内外学者对于综合客运通道研究较多,但大多是基于方式的"交通出行量"进行"方式选择"的思路,对通道需求的机理特点研究过于微观化,对于通道配置供给的研究过于宏观化,二者间缺乏匹配关系,对实际规划支撑不足。近年来伴随城市与区域一体化需求分析理论的发展,能够为通道配置提供依据的通道需求数据库和分析方法获得长足进步,但规划理论还不足以与之对等发展,亟需基于需求特征,改进客运通道配置理论。

9.2.2 系统配置思路

通道系统配置所要解决的问题就是在通道功能定位和通道布局规划确定的基础上,根据通道运量,确定通道基本系统构成,以支持未来的经济和社会发展。系统配置直接影响通道运输系统的平衡和各运输项目的建设、经营管理决策,同时该通道在各级路网中的功能和通道内各种运输方式之间的关系也会影响通道系统的配置方案。

通道系统配置的出发点和落脚点是实现通道供需匹配,通道供需匹配规划分为两个层面,如图9-4所示。第一个层面考虑供需匹配方案对于出行需求的影响,可称之为"大反馈"层面。即在一定的用地、人口条件下(区域人口、用地总量条件不发生变化,但是空间布局可能发生调整),研究需求数量、结构与供给特征(效用、成本)之间的关系以获取最优匹配方案,同时考虑方案对于居民出行率和出行结构的影响,进一步调整需求,重新进行匹配。当前后两次匹配方案差异较小即误差在可接受范围内时,认为方案收敛,输出规划结果。通道模式匹配的第二个层面可称为"小反馈"层面,主要考虑在需求为静态的条件下,如何确定供需的最佳匹配状态,层面二可视为层面一的一个阶段。

由于通道供给配置模式对于沿线用地、人口的聚集与影响作用较为复杂,在此仅给出图9-4作为动态规划的总体构架,不作具体讨论。本书主要就通道模式匹配的第二个层面做进一步的分析。

考虑到通道需求存在个体化、无序性特征,配置模式具有集约化、有序有限性的特征,在

第 4 章区域综合运输通道供需分析的基础上,重点研究单方面从通道的需求出发,通过科学地选择运输方式,对通道内运输方式的建设进行合理配置的方法。

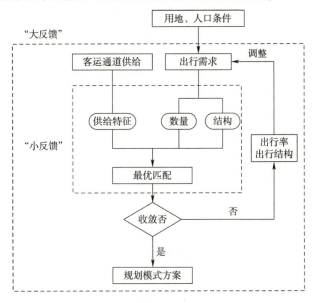

图 9-4　城市对外客运通道动态系统配置示意

随着社会经济的发展,旅客出行需求在总量不断增加的同时,出行需求逐渐多样化。通道内客运需求和货运需求的差别越来越明显,针对区域综合运输通道内客运和货运需求特征的不同,可对区域综合运输通道旅客运输系统和货物运输系统考虑分别进行系统配置。其系统配置的思路,是在通道功能定位的基础上,通过需求与供给定性与定量的分析,确定区域综合运输通道的基本系统构成,配置的技术路线如图 9-5 所示。

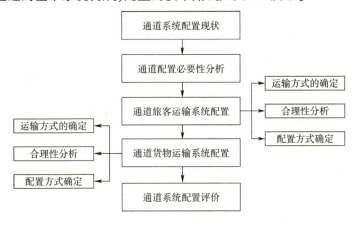

图 9-5　区域综合运输通道配置技术路线

9.3　旅客运输系统配置

区域综合运输通道客运需求存在个体化、无序性特征,配置模式具有集约化、有序有限性特征。在通道系统需求和供给已知的条件下,并不能直观地实现二者一一对应,完成有效匹配。需要借助系统优化手段实现整体优化,使供给投入更好地满足需求。在上述对区域综合运输通道进行供需分析、规划的基础上,可考虑出行目的差异、居民出行空间分布和方式有效覆盖等因素条件,对区域综合运输通道的旅客运输系统配置进行论述,构建区域综合运输通道旅客运输系统配置的方式选择机理、空间聚类分析、方式辅助决策等方法模型体系。

构建区域综合运输通道的旅客运输系统配置的方法,需要通道沿线小区层面的居民出行需求数据库(包括基于目的和时段的 OD 分布矩阵、距离矩阵、居民出行结构分布特征等,OD 表上各交通发生和吸引点都在通道干线上),以及通道沿线物理条件及用地特征的客运模式成本资料等构建已知条件。

在不考虑供给限制的条件下,居民出行需求的最大化表达即是理想状态下通道的最佳配置;考虑到出行的社会成本难以衡量、通道供需总体社会效应最大化难以确定,以及我国交通运输行业本身的发展特点,实际通道系统配置应以合理的、可接受的通道建设和运营成本为可行限制条件,保证在供给限制条件下需求匹配的最大化,并在供需匹配达到最优的情况下寻求配置可行的规划思路。在寻求可行配置过程中,需求表达的转移具有单向性,即离散出行的需求可以由连续供给方式满足,反之则不可行。基于此,配置应从灵活度(适应性)弱的模式向客流覆盖范围广的模式逐步配置。

9.3.1 配置基本流程

构建区域综合运输通道的旅客运输系统配置的方法需要解决的矛盾与问题主要有:居民出行 OD 表可认为是连续的,而多数集约化供给模式是离散化的且具有不同的覆盖范围;居民出行伴随模式配置后出行效用会发生变化,进而会影响方式选择;由反馈效应带来的能力溢出问题;特殊条件(如能力不足等)。

构建区域综合运输通道的旅客运输系统配置的基本规划流程如图 9-6 所示。

Step1:确定供给模式配置时序,针对 n 种供给模式的客流适应性由低到高排列,并编号为 $1、2、3\cdots n$。(推荐序列如下:高速铁路、城际、普铁、高速道路客运、高速公路小汽车、城市轨道交通区域线、BRT、一般道路客运、一般公路小汽车)。

Step2:对进行全方式居民出行方式选择(一般采用 NL 模型),获取模式 i 承担的 OD 矩阵 M'_i。

Step3:数据处理,结合离散化供给方式 i 的有效客流吸引范围,对通道全方式 OD 矩阵 M' 进行聚类(框选但不合并小区),得到基于模式 i 的 OD 矩阵 $M'_{total}{}^i$。

Step4:获取模式 i 断面客流分布图,进行模式 i 的建设必要性分析。

Step5:若必要,以上扣除对应的出行需求,保存模式 i 的配置方案进入集合 $\{P\}$,得到扣除模式 i 的通道 OD 矩阵 M_1';否则放弃模式 i,沿用矩阵 M' 进入下一个阶段。

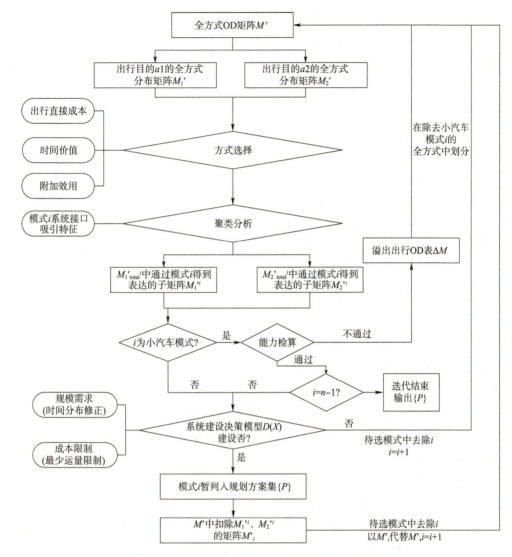

图9-6 区域综合运输通道供需匹配的系统配置方法流程图

Step6：以矩阵 M_1' 或 M' 为操作矩阵进行模式 $i+1$ 的配置研究，依此类推。

……

Step$n-1$：当备选客运模式仅剩一般道路客运与小汽车时，居民方式选择可用标准的二元 Logit 模型求解，同时获取模式 $n-1$ 和 n 的 OD 阵，为便于模型的数学表达，调整小汽车为模式 $n-1$、一般道路客运为模式 n。

Step$n$：以区域综合运输通道道路能力以及中心城区道路的承受能力对道路小汽车交通量进行验算。倘若小汽车出行量未溢出，则输出方案。反之，计算需要转移的需求，舍去小汽车供给模式，返回 Step1 重新分配此部分需求并对既有方案进行修正。

需要注意的是，在计算过程中，高速公路小汽车交通量倘若在第 m 步（$m<n$）超出供给限制，则在第 m 步计算需要转移需求，舍去高速公路小汽车供给模式，返回 Step1，重新分配

此部分需求。另外，聚类分析主要应用于"点"供给模式的实际需求筛选，而"点""线"供给相对于不同的小区划分特征是有变化的，宜具体情况具体分析。

此配置方法作为总体框架，在应用过程中涉及的关键模型和方法主要有：确定供给模式配置时序；基于不同目的的居民出行方式选择模型；居民出行空间分布适应性的聚类分析模型；模式配置决策方法。

9.3.2 配置模型及方法

1）供给模式配置时序模型

在进行通道系统配置前，需要在既有运输方式不变的情况下，针对预测年的客运量分析旅客运输系统的供需平衡情况。若供需平衡分析的结果显示既有运输方式不能满足将来的旅客运输需求，则需要考虑建设新的供给模式对通道的旅客运输系统进行系统配置。在确定建设新的供给模式前，需要在居民出行需求结构与各种运输方式不同技术经济特征的基础上，确定区域综合运输通道旅客供给模式配置时序。

区域综合运输通道吸引范围内的居民出行，其主要结构化特征包括：出行的目的分布、时间分布、距离分布、空间分布；旅客系统通道模式配置的技术特征主要包括：最大能力、准时性、能力弹性、运行速度、发班强度、站间距与空间覆盖等。

在此基础上，可构建一套基于需求特征的隶属度函数 $R_m(X)$，其函数值即为通道内各模式供给特征的隶属程度，由此初步匡算出通道内各模式的配置必要性与理想结构。各模式可表示为其理想客流特征的"类"，因此通道客流特征的隶属度可进一步转化为多维空间到各个类中心的距离。

多维空间属性的选取主要考虑以下需求特征：

目的分布——{方式链旅速 x_1、准点率 x_2}；

时间分布——{年平均日客运量 x_3、常发性高峰季高峰日高峰小时系数 x_4}；

空间分布——{空间分布的出行量加权标准差 x_5}；

距离分布——{平均出行距离 x_6、发班强度 x_7}。

模式 i 的 n 类客运模式对应特征为：$S^i = \{x_1^i, x_2^i, \cdots, x_7^i\}, i = 1, 2, \cdots, n$。

设通道 $a-b$ 段客流特征为 $X_{ab} = \{x_1, x_2, \cdots, x_7\}$，其对于模式 i 的隶属度函数可表示为：

$$R_i(X_{ab}) = \frac{d(X_{ab}, S^i)}{\sum_{i=1}^{n} d(X_{ab}, S^i)} \tag{9-1}$$

$d(X_{ab}, S^i)$ 表示 $a-b$ 段客流特征与模式 i 特征的距离。常用的距离为欧氏距离，由于客流特征向量各属性间差异较大，故需对各变量值进行标准化处理。

考虑到各方式特征一般为一个区段而非一个点，因此可对供给模式属性取值范围进行划分，如断面居民平均出行距离 x_6，可结合各模式特点划分为 $[0 \sim 4.5 \text{km}]$，$(4.5 \sim 15 \text{km}]$，$(15 \sim 35 \text{km}]$，35km 以上}四类，分别记为$\{1, 2, 3, 4\}$。模式 i 对应的居民平均出行距离 $\overline{x_6^i}$ 可

取模式 i 的服务距离,最后进行归一化。

按此方法可将 7 类属性实现标准化 $\overline{X_{ab}} = \{\overline{x_1}, \overline{x_2}, \cdots, \overline{x_7}\}$, $\overline{S^i} = \{\overline{x_1^i}, \overline{x_2^i}, \cdots, \overline{x_7^i}\}$, $i = 1, 2, \cdots, n$。另外,特征集中的 7 个特征对于模式匹配的重要程度往往是不一样的,重要度可通过加权向量 $(\omega_1, \omega_2 \cdots, \omega_7)$ 表示。

由此得到通道 $a-b$ 段客流特征对于模式 i 隶属度函数变形为:

$$R_i(\overline{X}_{ab}) = \frac{\sqrt{\sum_{j=1}^{7} \omega_j \times (\overline{x_j} - \overline{x_j^i})^2}}{\sum_{i=1}^{n} \sqrt{\sum_{j=1}^{7} \omega_j \times (\overline{x_j} - \overline{x_j^i})^2}} \tag{9-2}$$

式中:$\overline{x_j}$——通道 $a-b$ 段第 j 类客流特征属性标准化值;

$\overline{x_j^i}$——模式 i 对应的第 j 类客流特征属性标准化值;

ω_j——模式 i 对于客流特征属性匹配的重要程度。

通过模式 i 隶属度函数值 $R_i(\overline{X}_{ab})$ 可得出模式 i 对于通道 $a-b$ 段客流特征的匹配程度。模式 i 对于通道 $a-b$ 段客流特征隶属度函数值越小,说明该模式对需求结构的匹配度越高。将模式隶属度值从小到大进行排序,可得到优先选择建设的交通方式。

2) 基于不同目的的居民出行方式选择模型

现阶段交通规划中居民出行方式选择的主要方法有 MNL 模型、NL 模型等,其中 NL 模型相较于 MNL 模型,可以避免 Logit 模型 IIA 特性所带来的影响。在 IIA 假设下,选择概率的大小不会因为选择个数的增加或者减少而受到影响,而在实际出行方式选择中,往往出行方式间是具有相似特性的。在出行方式选择对象较多的情况下,研究中难以保证方式间的独立性,此时 MNL 模型就不适用于构建出行方式选择模型,为提高分析精度,推荐使用 NL 模型进行研究。

NL 模型核心思想是通过构建虚拟选择肢,将相关性较强的待选方案置于同一独立的巢层下,使得 MNL 模型变化为树状的、相互独立的子 MNL 模型构成的模型体系。如图 9-7 所示,通过构建虚拟选择肢 $a\{a1, a2\}$,将通道客运模式的 MNL 模型转化为 NL 模型,每个虚拟选择肢及其巢层内的选项(也可以为虚拟选择肢)即为一个 MNL 模型。

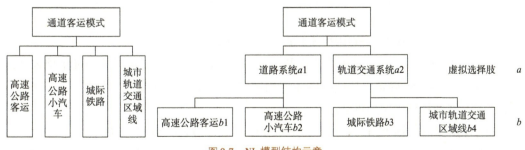

图 9-7 NL 模型结构示意

假设两层 NL 模型中有 n 个巢,巢 A 被选择的概率表示为 $P(A)$,备选方案 i 在集 A 内被

选择的条件概率为表示为 $P(i|A)$，由概率论知识可知，备选方案 i 的选择概率为：

$$P(i) = P(A)\, P(i|A) \tag{9-3}$$

其公式常用形式为：

$$P(i) = P(A) \times P(i|A) = \frac{e^{\theta_A \Gamma_A}}{\sum_{k=1}^{n} e^{\theta_k \Gamma_k}} \times \frac{e^{\frac{V_i}{\theta_A}}}{\sum_{j \in A} e^{\frac{V_j}{\theta_A}}} \tag{9-4}$$

$$\Gamma_n = \ln \sum_{j \in A} e^{\frac{V_j}{\theta_A}} \tag{9-5}$$

式中：V_i——方案 i 效用中由影响因素作用的确定项；

Γ_A——巢 A 的包容值变量，其可解释为巢层 A 内各备选方案的最大效用期望；

θ_A——巢 A 的包容值参数，表示巢内方案间的相似程度；其范围为 $(0,1]$。数值越接近 0，表示巢内方案的相似度越高，反之表示相似度越低。因此当包容值为 1 时，方案独立，NL 模型可简化为 MNL 模型。

模型的求解过程大致如下：

①针对待选模式技术经济特征，选取具有共性的交通模式构成虚拟选择肢和对应的巢层，巢层的选择并不是唯一的，不同的选择对于划分结果会有一定的影响。按照供给的干线速度、覆盖面等特征划分 NL 模型结构，如图 9-8 所示，其中 $A\{a1,a2,a3\}$ 为虚拟选择肢集，$B\{b1,b2,\cdots,b11\}$ 为全方式待选模式集。

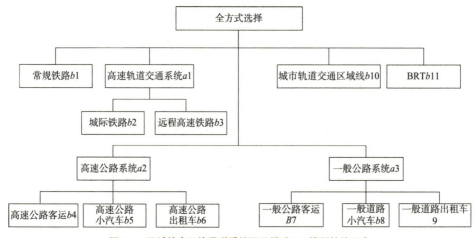

图 9-8 区域综合运输通道系统配置模式 NL 模型结构示意

②选定各待选模式 B 的效用影响变量，确定效用函数形式。

③结合 RP、SP 调查数据对巢内选择肢标定参数，确定巢内下层选择肢的确定项表达式。

④结合公式 (9-5) 确定虚拟选择肢 A 效用确定项，并标定包含虚拟选择肢 A 与部分待选模式 B 的上层选择肢确定项参数。

⑤结合预测值求解 $P(A)$、$P(i|A)$，计算 B 中各选择肢选择概率；运算中模式 i 理想分配矩阵的未满足量以及溢出量 ΔM_i，在大于 i 的模式选择肢上进行重新分配即可；若巢 k 中选择肢小于或等于 1，则该虚拟选择肢可去掉。

3) 基于居民出行空间分布的模式配置聚类分析模型

区域综合运输通道内各模式空间的覆盖条件差别较大,城际铁路、城市轨道交通区域线等"点"供给方式的服务水平与站点出入口的空间布置关系密切。而空间聚类方法可以很好地应用于通道居民出行空间特征的分析,为模式配置优化提供依据。

(1) 空间聚类分析简介

空间聚类分析是空间模式识别和数据挖掘的重要手段。其目的在于将空间数据库中的实体划分成具有一定意义的若干簇,使得每个簇内实体具有最大相似度,而簇间实体相似度最小。一般来说空间实体具有空间位置和非空间属性双重含义,二者共同实现空间特征和空间差异的描述。从空间聚类的特征来看,倘若以空间坐标作为属性,则聚类特点与"点"供给模式要求客流在站点周边集中、站间距尽可能大地与特征相吻合。

(2) 通道聚类相关因素分析

对通道上出行小区(相似小区)进行空间聚类的目的在于为通道"点"供给方式配置提供依据,因此研究的实体对象空间属性为一维距离属性 D_i,非空间属性为对应模式 z 的第 i 小区出行量 A_i^z。

由于聚类的目的是在方式 OD 表上框选出适宜"点"供给模式的区域,出行量宜作为聚类的权重而非聚类属性,在此空间聚类变量仅为通道距离 D_i。

聚类分析中"距离"是最为重要的因素之一,常用的距离有明氏距离、欧氏距离、切氏距离、斜交空间距离等。在空间聚类中欧氏距离最为常用。由于通道所在为一维线性空间,故通道空间上的点 D_i 与 D_j 的欧氏距离 L_{D_i,D_j} 表示为其对应坐标值差的绝对值。

$$L_{D_i,D_j} = \sqrt{(D_i - D_j)^2} = |D_i - D_j| \tag{9-6}$$

空间聚类分析目的在于实现类间距离最大、类内距离最小,因此需要对类间、类内距离进行计算。借鉴重心法思路,定义类与类之间的距离为它们重心(类均值)之间的欧氏距离,假设类 c_k 中有 n_k 个元素,c_l 中有 n_l 个元素,考虑到小区对外出行对于重心的影响,定义类 c_k、c_l 的重心 $\overline{D_k}$、$\overline{D_l}$ 如下:

$$\overline{D_k} = \frac{1}{n_k}\sum_{i=1}^{n_k}(A_i^z \times D_i), \quad \overline{D_l} = \frac{1}{n_l}\sum_{j=1}^{n_l}(A_j^z \times D_j) \tag{9-7}$$

类间距离为:

$$d(c_k, c_l) = |\overline{D_k} - \overline{D_l}| = \left|\frac{1}{n_k}\sum_{i=1}^{n_k}(A_i^z \times D_i) - \frac{1}{n_l}\sum_{j=1}^{n_l}(A_j^z \times D_j)\right| \tag{9-8}$$

类内距离为:

$$d(s_i, \overline{D_k}) = \left|D_i - \frac{1}{n_k}\sum_{i=1}^{n_k}(A_i^z \times D_i)\right| \tag{9-9}$$

(3) 通道需求空间聚类方法

空间聚类算法主要包括以下几种:基于划分的方法、基于层次的方法、基于密度的方法、基于网格的方法等。由于通道内小区个数一般较为有限,因此可以选用运算相对简便的基于划分的方法对小区进行划分和处理,如 K 均值(K-means)算法。

通道聚类的要求为:假设 n 个小区的数据集合 $\{S|s_1,s_2,\cdots,s_n\}$ 为待分析数据,$s_i=(D_i,A_i^z)$,为满足模式 z 的设置,需要找到一种 S 的划分,$\{C|c_1,c_2,\cdots,c_n\}$,使得通道内每个划分的类间距离最大、类内距离最小。

在实际通道配置中"点"供给方式对于需求的覆盖是有限的,即站点有效覆盖范围。为保证聚类结果对于通道配置的有效性,采用传统的 K-means 算法,通过合理控制聚类长度 L_z 实现站点有效覆盖的聚类表达。

传统的 K-means 算法思路为:在确定的划分/分类数量 m 下实现聚类的最小均方误差最小。结合聚类长度控制约束可得到聚类目标模型:

$$\min \sum_{c_k=1}^{m} \sum_{i=1}^{n_k} d(s_i, \overline{D_k}) \tag{9-10}$$

$$d(s_i, \overline{D_k}) \leq L_z \tag{9-11}$$

式中:c_k——m 类中的一个;

n_k——m 类中的元素个数;

$\overline{D_k}$——前文定义的加权重心;

L_z——模式 z 的站点/出入口有效覆盖直径。

传统 K-means 算法对初始聚类中心敏感,其聚类结果在一定程度上依赖于初始聚类中心的选择,若有两个或两个以上的初始聚类中心过于接近,容易导致算法收敛于一个局部最优解。因此在确定初始聚类中心时可结合实际需求适当加以分散。

4)基于时间分布与合理运量的模式配置决策方法

通道模式配置决策模型主要解决在需求分配完成条件下,确定模式建设与否以及建设规模与长度。决策流程如图 9-9 所示。

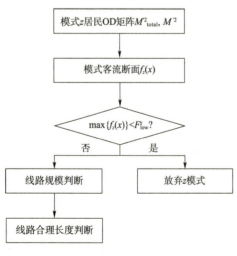

图 9-9 模式配置决策流程示意图

①获取客运模式 z("线"供给模式)的居民选择矩阵 M'^z,或其("点"供给模式)聚类分析后选择的表达矩阵 M'^z_{total}。

②由 M'^z_{total}、M'^z 获取模式 z 的通道断面客流 $f_z(x)$,x 为通道各点距城市中心区距离坐标,一般来说区域综合运输通道中断面客流 $f_z(x)$ 为多段减函数。

③结合模式特征设定模式客流适应范围,其低值为 F_{low}^z,判定时间波动指标修正后的高峰小时最大断面客流 $\max\{f_z(x)\}$ 与 F_{low}^z 的关系。若 $\max\{f_z(x)\} < F_{\text{low}}^z$,放弃模式 z,M'^z_{total}、M'^z 并入后

续方式 OD 矩阵;若 $\max\{f_z(x)\} < F_{\text{low}}^z$,则进一步判断 z 的规模。

④结合各制式、等级的轨道交通及道路系统通行能力,确定轨道系统制式、线路数道路系统等级、车道数规模。

⑤从运营角度以收益最大化为目标确定模式的合理长度。

设通道上有节点 n 个,模式 z 的表达矩阵 M'^z 为 $n \times n$ 的矩阵,其元素表示为 m_{ij},$i,j \in \{1,2,\cdots,n\}$。L'^z 为 M^z 对应的距离矩阵,其元素表示为 l_{ij},$i,j \in \{1,2,\cdots,n\}$。由 M'^z 得到的断面客流表示为包含 $n-1$ 项的向量 F_k,$k \in \{1,2,\cdots,n-1\}$。

$$F_k = \sum_{j=k+1}^{n}\sum_{i=1}^{k} m_{ij} + \sum_{j=1}^{k}\sum_{i=k+1}^{n} m_{ij} \tag{9-12}$$

模式 z 第 k 段(即第 k、$k+1$ 节点间)运营收益 B_k 为:

$$B_k = p_z \times F_k \times l_k - c_z \times l_k \tag{9-13}$$

式中:p_z——为模式 z 的费率;

c_z——为模式 z 的单位长度运营成本;

l_k——为模式 z 的第 k 段的长度。

若以运营收益最大化为目标,线路合理长度确定即是寻找 $\max\{\sum_{k=1}^{t} B_k\}$ 对应的 t 值。

$$\max \sum_{k=1}^{t} B_k = \sum_{k=1}^{t}(p_z \times F_k \times l_k - c_z \times l_k) \tag{9-14}$$

由于通道内节点为有限个,因此可以采用遍历法获取。

在实际应用中往往可以采用客流密度变化法确定线路长度,即设定模式的合理客流密度阈值,当长度扩展到低于设定阈值时,即到达合理服务界限。

9.3.3 简化的系统配置方法

前文以需求为导向,基于通道内交通节点对外出行数据库建立了一套通道结构配置分析方法,方法在理论上能够为通道系统配置提供一定的依据。由于居民出行数据库的建立在现阶段乃至未来很长一段时间内都难以实现,现阶段介绍的方法直接指导系统配置存在一定的应用困难。

通过增长率法、神经网络、回归分析等方法可以预测出规划年通道间出行总量。通过对通道两端连接城市主要对外交通换乘枢纽站、对外主要出入口等地方的 RP、SP 调查,可以获取居民出行的主要目的地、目的、时间、个人属性,以及对新建运输方式的选择性等基础数据。针对以上通道规划所能够获取的数据特点,在模式 i 隶属度函数值得出运输方式建设时序的基础上,借助供需特征关系,提出简化的基于需求结构的通道配置模式研究方法,由于研究基础数据相对粗略,结果不宜作为配置的直接依据,但可作为通道结构的前期选择参考。

简化的系统配置方法流程如下:

Step1:结合模式 i 隶属度函数值,得出优先选择运输方式的先后顺序。注意将已建设或规划建设的运输方式放在最前。转 Step2。

Step2：按照先后顺序，在现有方式的基础上，按顺序增加一种运输方式，构造可选择运输方式集 $\{A_i\}$。转 Step3。

Step3：根据基础数据，采用 Logit 模型或巢式 Logit 模型，确定效用函数及参数值。得出运输方式选择集内各种运输方式分担率。将通道间出行总量与各分担率相乘，得出各种运输方式承担的运输量。转 Step4。

Step4：对各种运输方式承担运量与自身运输能力对比，看每种运输方式是否满足 $\lambda_{最低} Q_{能力} \leq Q_{承担} \leq \lambda_{储备} Q_{能力}$，其中 $\lambda_{最低}$ 为保证正常运营能力系数、$\lambda_{储备}$ 为能力储备系数。若满足则转 Step5。另外，若新增运输方式 $\lambda_{最低} Q_{能力} \geq Q_{承担}$，则去掉这一方式转 Step2；否则保留这一方式，转 Step2。

Step5：输出配置方案。

9.4 货物运输系统配置

9.4.1 货物运输系统配置方法概述

区域综合运输通道货物运输系统配置主要从运输通道能力测度和系统配置流量确定的角度出发，在通道功能定位的基础上，结合区域综合运输通道系统配置的目标进行系统配置。区域综合运输通道货物运输系统配置的思路如图 9-10 所示。

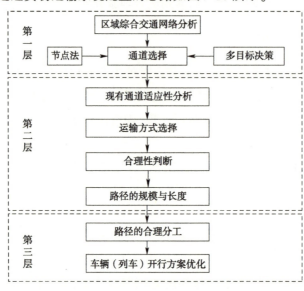

图 9-10 运输通道系统配置的总体框架

依据系统配置的目标，通道系统的合理配置也应包含三个层次：一是通道的选择，即从区域或国家层面出发，选择优先建设的通道，使有限的建设资金发挥最大的效益；二是通道的系统结构确定,即确定某条通道优先建设后,在现状适应性分析的基础上,明确通道内的方式构成及相关设施;三是通道内部结构的优化,即形成通道后,通过建立相关机制,实现通道功能的最大化。

通道在综合运输网络中承担骨干作用,它是在既有综合交通网络的基础上,逐步形成的。因此,通道系统配置的第一、二层次均应在现状路网的基础上,结合区域及国家的综合交通发展战略、各种运输方式的规划、区域城市群分布及未来的运输需求,在分析研究区域经济发展潜力的基础上确定。通道系统配置的第三层次应在第一、二层次确定的基础上进行。

9.4.2 第一层次的系统配置

通道的选择,可考虑产业经济联系、城市空间分布、旅游、国防等方面因素,将运输通道中货物运输系统的配置转化成一个多目标问题,也可直接采用多目标规划等方法确定可采用节点,结合交通需求确定,如图 9-11 所示。

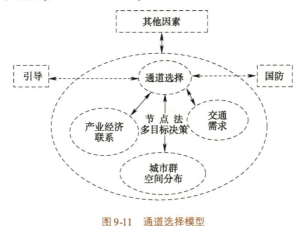

图 9-11 通道选择模型

9.4.3 第二层次的系统配置

(1) 配置思路

随着经济的发展,各集散点对外交通货运需求逐年增加,通道内各路径的流量也随之增加。设通道内共有 n 条路径,任一路径 i 的货运需求能力和设计能力可根据前文区域综合运输通道供需分析内容得到,分别为 Q_{i1}、Q_{i2}。随着需求的增加,通道内的路径能力将逐渐变得紧张。如果规划末期通道供应能力不能满足货运需求发展,以下三种情况必然有一个发生。

① $\forall i, Q_{i1} \geq \lambda_i Q_{i2}, \sum_i Q_{i1} \geq \sum_i \lambda_i Q_{i2}$。

② 至少存在一个 i,使得 $Q_{i1} \geq \lambda_i Q_{i2}$,但 $\sum_i Q_{i1} \leq \sum_i \lambda_i Q_{i2}$。

③ 至少存在一个 i,使得 $Q_{i1} \geq \lambda_i Q_{i2}$,且 $\sum_i Q_{i1} \geq \sum_i \lambda_i Q_{i2}$。

式中:λ_i——能力储备系数。

在此三种情况下,均需对通道内的相关路径进行改造或建设新的路径。因线路改造所需时间、费用及对土地的占用和环境的污染等相较新建线路要少，所以，当出现供需矛盾时，首先考虑改造措施，然后再考虑新建路径。改造措施多种多样，一般先考虑技术组织措施，然后再考虑工程措施，并分阶段实施。应该说，改造措施对通道或路径本身的能力提高是有限的，如果改造后线路仍不能满足需求，必须考虑规划、建设新的路径。

因运输方式间具有一定的可替代性，因此，新修路径具有多种选择。但每种方式对于削减通道系统的供需矛盾具有不同的效应。考虑到通道内路径的需求必须从全网的角度确定，各"路径—方式"创造相同的价值所需时间不同，可将通道内可供选择的运输方式依次虚拟于路网上，分别进行集散点的"路径—方式"分配，确定通道内各相关路径的流量，然后依各运输方式及路径流量分配情况，在供需适应的基础上，通过计算系统的总体效应，确定系统的最优配置。

通道是在现有路网的基础上发展起来的，其系统的配置也必须从现有路网出发。基于上述分析，提出通道第二层次系统配置的"虚拟滚动迭代法"，具体步骤如下：

Step1：现状路网的适应性分析。依据现状路网对集散点的区外交通进行"路径—方式"分配，如果运输方式仅有一条路径，得到的"路径—方式"流量就是该路径的流量，否则，将得到的"路径—方式"流量依该运输方式内各路径的自身特性和交通流特性及分工情况重新分配或合并，确定通道各路径的流量。如果 $\forall i, Q_{i1} \leq \lambda_i Q_{i2}, \sum_i Q_{i1} \leq \sum_i \lambda_i Q_{i2}$；转 Step5；否则转 Step2。

Step2：根据熵模型确定通道内可供选择的运输方式集 $P, k=1$。

Step3：从 P 中任取（可以重复取）k 种运输方式形成一个方案 u，所有方案 u 组成新修路径方案集 U_k。

Step4：方案集的选取。将 U_k 内的方案依次虚拟于路网上，分别进行集散点的"路径—方式"分配，并确定通道内各相关路径的流量，如果至少存在一种方案，使得 $\forall i, Q_{i1} \leq \lambda_i Q_{i2}$，$\sum_i Q_{i1} \leq \sum_i \lambda_i Q_{i2}$，依各运输方式的特性及路径流量分配情况确定最佳方案 u_m，转 Step 5；否则 $k=k+1$，转 Step3。

Step5：结束。

具体配置思路如图9-12所示。

可以看出，上述配置思路从供需适应性出发，进行多次"路径—方式"分配，充分考虑路网变动对路径流量的影响，能够有效地实现通道系统的整体最优。

(2) 方式（路径）选择的熵模型

采用经济技术法对运输方式的技术经济特征进行评价是方式比较和选择的主导思路。1990年，原铁道部科技司发布的《公路与铁路的适应范围及合理分工》采用输送能力、速度、安全、运输成本、能耗、造价、占用土地7个技术经济指标对公路、铁路进行了定位，认为铁路是"大动脉"（即干线运输），公路是"微血管"（短途客货运输），它们不能相互代替。2004年，中国工程院完成的《构建综合交通运输体系的研究》对公路、铁路、水路、航空、管道五种方式从费用类、技术经济类和运输用户类三大类14个指标进行综合评价，从可持续发展的角度认为:管道是首选,其次是铁路,公路居最末,但考虑到管道运输局限于油、气等特殊物品,铁路才是最优考虑的运输方式。严作人、张戎著的《运输经济学》一书中对五种运输方式的分析认为铁路和水路应优先发展。国家发展和改革委员会综合运输所、成都市规划设计院、西南交通大学共同编写《成都市综合交通发展战略规划研究》的评价结果则认为应优先发展铁路,其次是航空。长安大学王建伟博士认为上述关于各种运输方式的经济技术特性分析存在严重缺陷,应该以成本分析作为评价各种运输方式经济特性的切入点,考虑运输供给者成本、运输需求者成本和社会运输成本,根据社会运输成本特性进行方式的选择。

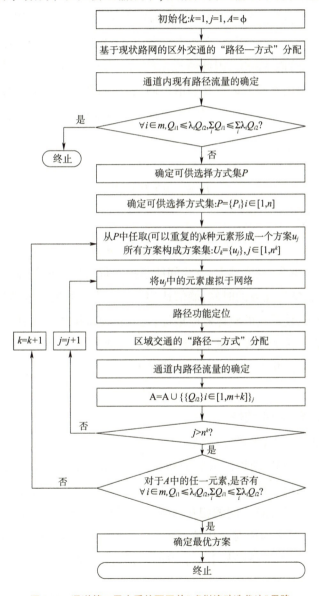

图9-12 通道第二层次系统配置的"虚拟滚动迭代法"思路

2019年9月,中共中央、国务院印发的《交通强国建设纲要》,明确要求提高速铁路承运比重，构建以铁路为主体的绿色低碳经济货运网络体系，推动大宗货物和中长途货物运输向铁路转移，引导适宜货源通过铁路运输，促进运输结构深度调整，降低社会物流成本。经济技术手段对于单一的运输线路，能够实现其最大效益。但通道配置的基本目的是优化交通供给，在满足交通需求的基础上，还要考虑整个通道系统的最优，因此经济技术方法并不完全适应于通道内运输方式的选择。从系统的整体优化考虑通道内路径的配置，也就是使通道系统的总体效益或能量达到最优。"熵"是一个比能量更优的物理量，它能够表现系统状态的变化，具有其他宏观量不具备的体现系统的物理、事理和人理意义的特征。因此，可以通过熵值大小来定量选择路径(方式)。关于熵概念的描述前面已介绍，这里不再赘述。

假定通道由 n 种运输方式组成，在不考虑各方式间的耦合效应下，各方式的运量比重可以看作各方式子系统的概率测度，因此通道系统的运量分配状态可以用概率测度熵值来表示。从全域来说，通道内不同的区段其熵值不同，通道的系统熵就是所有区段的熵值和。假定通道内任一区段 i 的换算货运总量为 X_i，每种方式所承担的货运量 X_{ij}，它对总量的贡献为 $P_{ij} = \dfrac{X_{ij}}{X_i}$，该区段的系统熵可表示为：

$$H_i = -k \sum_{j}^{n} P_{ij} \log P_{ij} \tag{9-15}$$

通道的系统熵为：

$$H = \sum_{i} H_i = -k \sum_{i} \sum_{j}^{n} P_{ij} \log P_{ij} \tag{9-16}$$

通道区段内方式越多，熵值越大；方式间所承担的货运量比重差异越小，熵值越大，当各运输方式平均地承担货运任务的时候，熵值达到最大。进行通道系统结构配置的时候，希望在满足需求的情况下，使通道的整体效应最优，也就是使系统的熵达到最大。进行路径的方式选择时，也就是在一定的路径数量下，使通道系统的熵达到最大的运输方式的路径就是最优的配置路径。即，对于集合 A 中所有的元素的熵，有：

$$H_s > H_k \tag{9-17}$$

式中：H_s——最优方案 s 的系统熵；

H_k——A 中除 s 外的元素的系统熵。

按公式(9-17)即可确定通道内最优的新建路径。但应注意：各方式所占比重为货运量比重；通道系统熵达到最大是一种理想状态，且没有考虑路径(方式)间的耦合作用，具体操作时，还应综合考虑方式(路径)间的相互影响、区域的地理条件、各运输方式的线路造价、经济承受能力及与综合网络的衔接等因素；通道内的路径(方式)选择，不仅考虑各路径(方式)的交通特性，而且要考虑路径与主要节点的衔接关系，以及节点内交通网络的状态。

9.4.4 第三层次的系统配置

同一规模的系统，其结构形式可有多种，不同的形式对应不同的功能，系统的功能随其结构的优化而优化。进行了系统路径配置后,其结构的无序性会造成系统功能低下,较易偏离平衡态。同时,通道系统内存在各种交通流,交通流之间的线性、非线性作用势必降低通道的通行能力和服务水平,影响功能作用的发挥。

由于通道是一个开放的系统,要想实现系统的有序,必须从外界配置系统,以提高系统的稳定性,防止系统发生质变。第三层次的系统配置就是针对上述问题,通过建立相关机制,在优化交通供给的基础上,规范无序需求,充分发挥通道系统的功能,提高交通供给能力,改善服务水平。它更多是从运输组织的角度进行通道系统配置的优化,如通道内各相关路径的合理分工、车辆(列车)开行方案的优化等。

通道内各相关路径合理分工本质上就是将货物与运输方式相结合,为不同货物选择最佳运输方式和运输路径组合模式,以综合效益最优为目标,进而完成货物运输任务。目前对运输方式和运输路径进行优化的方法主要有多目标决策方法、运输路径流量优化方法、网络综合优化方法三类。

其中,多目标决策方法一般是通过建立运输路径选择的评价指标体系,应用多目标决策模型,计算各评价指标,对所有可行的运输路径进行综合优化排序和评价,进而选择最优的运输路径;运输路径流量优化方法主要是对货物发生地与吸引地间所有主要运输路径进行合理的流量分配,利用 Logit 分配方法求出各运输路径的货流比率和流量,从而对货物发生地与吸引地间所有主要运输路径进行合理的流量分配;网络综合优化方法最为复杂,主要是基于平衡配流原理,利用网络配流结果得到不同 OD 对的运输路径优化方案。

货物列车开行方案是以货流为基础,货流性质(货流大小、货物种类、货物运到期限等)为依据的,包括货物列车开行的区段、开行种类、运行径路、编组内容、停站方案等内容的货运计划。货物列车开行方案是铁路货物运输组织的前提条件和重要基础,它实现了从货流到列车流的过程。因此,货物列车开行方案优化有助于提高货物运输服务质量,对于铁路保障货物运到时限起到了关键作用。

货物列车开行方案的优化目标通常包括运输收入最大、总车小时消耗量最小、总需求量最大、空车流走行公里最少等,求解算法通常包括分支定界法、模糊数学法、遗传算法、拉格朗日松弛算法等。

RESEARCH AND APPLICATION
OF REGIONAL COMPREHENSIVE TRANSPORTATION CORRIDOR
PLANNING AND SYSTEM CONFIGURATION

第10章
区域综合运输通道系统配置评价与协调

区域综合运输通道系统配置评价是衡量配置合理性和科学性的重要依据，本章主要从评价目的、评价指标体系构建、评价准则划分和常用的评价方法对区域综合区域运输通道配置协调性进行评价。同时还介绍了出行方式的协调模型，避免出行方式之间出现恶性竞争。

10.1 运输通道的评价

10.1.1 评价目的

评价目的需要解决的问题是为什么要进行系统评价。评价目的可分为如下四点：

①使评价系统达到最优。系统的开发和实施常常有多种方案，为了使系统结构和参数达到最优，有必要用数值来评价系统各替代方案的价值。

②对决策提供支持。决策者有时会对问题的现状和目标的描述感到模糊不清，对替代方案的各自价值感到迷惑不解。通过评价工作，可使这一切变得清晰、明朗，为决策提供参考信息。

③对决策行为进行说明。决策者对于决定采取的行为和后果有比较明确、深刻的认识，仍要让其他人也能很好地领会、了解是一件不容易的事。为了使决策的行为便于接受，需要对其进行评价，对于决策的问题，如果没有评价或评价过程模糊不清，无论是决策者还是其他人，都会对决策怀疑、误解乃至抵制。因此，为了形成统一意识，需要有某种程度的客观评价。

④对问题进行剖析。评价的过程也是对问题分析的过程，通过评价技术可以把复杂问题分解成简单易懂的小问题，变复杂为简单，使模糊的问题变得清晰。然后再对这些明确的小问题进行分析评价，最终获得系统的综合认识。

区域综合运输通道系统配置评价建立在系统配置后的现状基础上，评价目的是了解区域综合运输通道结构的实际运行情况，找出存在的问题，为采用可调整的手段进行调整创造条件，并对系统配置的合理性进行分析。

10.1.2 指标体系的构建

1）评价指标体系建立的原则

在应用系统评价方法对通道系统配置进行评价时，选择合适的指标来构筑评价指标体系非常关键。区域综合运输通道综合评价指标体系的构建应遵循以下原则。

(1) 科学性与全面性原则

科学性原则是建立评价指标体系的基本原则。整个综合评价指标体系从元素构成到结构，从每一个指标的计算内容到计算方法都必须科学、合理、准确，只有这样才能对实践起到指导作用。同时，评价指标体系应力求从不同侧面反映评价对象，不能"扬长避短"，否则将使评价结论不准确。

(2) 层次性和可操作性原则

拟定的评价指标体系应当条理清楚、层次分明，能准确和全面地反映运输网络的实际水平。一个评价方案的真正价值只有在付诸实施才能够体现出来，这就要求指标体系中的每一个指标都必须定义确切、意义明确、简洁实用，每一个指标必须能够及时搜集到准确的数据。对于指标数据搜集困难的指标,应该设法寻找替代指标。

(3) 可比性和可测性相结合原则

评价必须在平等的、可比性价值体系下才能进行,否则就无法判断不同区域综合运输通道或区域综合运输通道不同时期的交通布局规划的优劣。区域综合运输通道布局规划综合评价所构造的指标体系必须对每一个评价对象是公平的、可比的,指标体系中不能包括一些有明显"倾向性"的指标。通过对不同时期、不同区域的区域综合运输通道的比较,找出一些共性,评价时尽量选取一些使用较多的指标。同时,可比性必然要求可测性,因此评价指标应尽量建立在定量分析的基础上。

(4) 动态性和稳定性原则

区域综合运输通道布局规划既是一个目标,又是一个过程,这就决定了区域综合运输通道布局规划综合评价指标体系不是一成不变的,在不同的经济发展阶段需采用不同的具有代表性的评价指标。同时,评价指标也要具有一定的稳定性,以便于对一定时期的区域综合运输通道布局规划进行评价。

(5) 微观指标与宏观指标并存

区域综合运输通道布局规划是综合运输布局规划的一个子系统,在社会经济发展中起着主干作用。同时,区域综合运输通道线网自身又是由一条条线路组成的一个系统。因此,在对区域综合运输通道进行分析与评价时,不仅要从系统自身角度,也要从宏观的角度进行分析与评价。所以,在构建区域综合运输通道布局规划的评价指标体系时,必须是微观指标与宏观指标并存。

2) 评价指标体系的构建

通道系统配置的研究,需要解决的主要问题是供需平衡的问题,通过对各种运输方式之间竞争、协作关系的研究,在"供需平衡"理论的基础上,对供给与需求机理,各种运输方式之间相互竞争、相互协作,以及通道结构逐步演变过程进行探讨。通道出行结构评价指标体系的建立应立足于将通道作为独立系统和作为社会经济系统的子系统,从通道结构的内部和外部进行全面的、多方位的评价,其评价指标体系如图 10-1 所示。

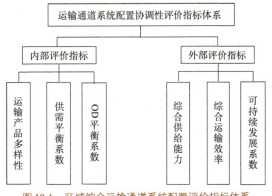

图 10-1 区域综合运输通道系统配置评价指标体系

(1) 内部评价指标

内部评价指标侧重从通道内部出行结构出发,对通道中运输产品的多样性、供需平衡系数和 OD 平衡系数进行评价。

①运输产品的多样性。

区域综合运输通道中存在多种运输方式,每种运输方式都在为社会提供其运输产品即位移。根据运输市场营销策略,提供运输产品的目的是满足运输需求,运输需求的多样化要求运输供给的多元化。因此在进行通道系统配置时,应充分考虑运输需求的差异,配置具有不同运输特性的运输方式。由于运输产品在生产过程中就被消耗掉,不能存储和转移,加之运输产品没有实物形态,因此不能直接从运输产品的实体形态上对运输产品的质量进行辨别,只能从每种运输方式的特点上加以区分,即从出行者能感受到的出行时间、出行费用、经济性、舒适性、安全性等方面着手区别,运输产品的多样性定义如下:

$$r_{ij} = \sqrt{\sum_{k=1}^{K}(x_{ik} - x_{jk})^2} \quad (10\text{-}1)$$

式中:r_{ij}——区域综合运输通道中运输方式 i 与运输方式 j 的差异系数;

x_{ik}——区域综合运输通道中第 i 种运输方式,第 k 需求特性的取值;

x_{jk}——区域综合运输通道中第 j 种运输方式,第 k 需求特性的取值;

K——运输方式的特性数量。

由式(10-1)可知,两种运输方式的差异性系数在区间$[0, +\infty]$进行取值,同种运输方式的差异性系数为 0,当两种运输方式的出行特性完全相同时,其差异性系数也为 0。当完成两种运输方式的差异性系数的计算后,可得到差异性系数方阵如下:

$$R = (r_{ij})_{n \times n} \quad (10\text{-}2)$$

式中:R——n 阶差异性系数方阵;

n——出行方式的数量。

由式(10-2)可知,差异性系数 r_{ij} 与差异性系数 r_{ji} 是相等的,因此差异系数方阵 R 是对称的矩阵。在计算得到差异系数方阵后可计算得到通道内运输产品的差异性系数为:

$$r = \frac{\sum_{i=1}^{n-1}\sum_{j=i+1}^{n} r_{ij}}{C_n^2} \quad (10\text{-}3)$$

②供需平衡系数。

区域综合运输通道系统是由多种运输方式构成的,配置的内涵也是各种运输方式中出行量之间的比例,因此需求量在各种运输方式之间的分配是通道运输结构的关键问题,为了充分反映通道内各种运输方式之间运量分配的平衡关系。定义供需平衡系数为:

$$\xi = \sqrt{\frac{1}{n}\sum_{i=1}^{n}(x_i - \bar{x})^2} \quad (10\text{-}4)$$

其中：

$$x_i = \frac{V_i}{C_i}, \bar{x} = \frac{1}{n}\sum_{i=1}^{n} x_i$$

式中：ξ——供需平衡系数；

V_i——第 i 种运输方式的需求量；

C_i——第 i 种运输方式的供给量。

式(10-4)定义供需平衡系数时，是从各运输方式的供给量和需求量的角度开展的，只考虑了区域综合运输通道中一对 OD 点间的运输需求与供给的关系，故该供需平衡系数，对于存在多对 OD 的区域综合运输通道不是很适合。定义通道结构的供需平衡系数为：

$$\xi = \sqrt{\frac{1}{n}\sum_{k=1}^{n}(x_k - \bar{x})^2} \tag{10-5}$$

其中：

$$x_k = \sum_{i=1}^{m}\sum_{j=i+1}^{m}\frac{V_{ij}^k}{C_{ij}^k} \tag{10-6}$$

$$\bar{x} = \frac{\sum_{k=1}^{n} x_k}{n} \tag{10-7}$$

式中：V_{ij}^k——区域综合运输通道中 ij OD 间第 k 种运输方式的需求量；

C_{ij}^k——区域综合运输通道中 ij OD 间第 k 种运输方式的供给量；

m——区域综合运输通道中 OD 数量。

通过该指标，可以明确各种运输方式内部供求是否平衡，各运输方式的功能是否充分发挥；同时，可间接反映出通道各种运输方式发展的协调性，运输方式之间的分工是否合理，从而发现出行结构在量上的问题，为下一轮的出行结构的优化提供依据。

③OD 平衡系数。

区域综合运输通道中存在多个 OD 点，每一个 OD 间的运输需求和运输供给是不同的，为了计算整个通道内不同 OD 间的供需关系，定义通道中 OD 供需平衡系数如下：

$$\zeta = \sqrt{\frac{1}{C_n^2}\sum_{i=1}^{n-1}\sum_{j=i+1}^{n}(x_{ij} - \bar{x})^2} \tag{10-8}$$

$$x_{ij} = \frac{V_{ij}}{C_{ij}} \tag{10-9}$$

$$\bar{x} = \frac{\sum_{i=1}^{n-1}\sum_{j=i+1}^{n} x_{ij}}{C_n^2} \tag{10-10}$$

式中：ζ——区域综合运输通道中 OD 平衡系数；

C_{ij}——区域综合运输通道中 ij OD 间的供给量；

V_{ij}——区域综合运输通道中 ij OD 间的需求量。

若通道中每对 OD 间的运输需求和运输供给是均衡的,那么 OD 平衡系数为 0,指标值越大,则反映出通道中各 OD 间的供需关系越不平衡。

(2) 外部评价指标

区域综合运输通道的内部结构是否合理,直接反映在整个区域综合运输通道对社会经济的满足程度,如何评定区域综合运输通道是否满足社会经济发展程度,需要建立区域综合运输通道结构外部评价指标,即从综合供给能力系数、可持续发展程度和综合运输效率三个方面进行评价。

① 综合供给能力系数。

区域综合运输通道的运输设备属于国家基础设施,其基本功能是完成通道内各个 OD 点间的输送任务,通道内出行方式进行设计、优化、评价,其最终目的是提高通道输出能力和服务质量,最大限度地满足需求。交通系统是由各种运输方式组成,各种运输方式都有其各自的供给能力,而出行结构的好坏将直接影响各种运输方式的效率以及通道整体输送能力的发挥。因此对客运交通结构的评价首先应从供需方面考虑,由此,引入综合供给能力系数指标作为出行结构的评价指标,计算公式如下:

$$S = \frac{\sum_{i=1}^{n} V_i l_i}{\sum_{i=1}^{n} C_i l_i} \tag{10-11}$$

式中:S——通道运输结构适应度;

V_i——第 i 种运输方式的需求量;

C_i——第 i 种运输方式的供给容量;

l_i——第 i 种运输方式运输线路长度。

综合能力供给系数从数量方面反映运能与运量的适应程度,即运输能力供给与运输需求之间的比例关系,从整体反映通道运输能力供给和运输需求量之间的满足程度,通过该指标定量描述运输系统供需状况。

② 综合运输效率。

效率通常是指运输投入与运输产出或运输成本与运输收益的比值。通道运输结构的研究是出行结构的合理比例,定义交通运输网络起讫点线路的运输效率,指出线路效率 E 是一个较为微观的指标,它是在起讫点给定的情况下,最短路线的行程时间(或距离)与实际行程时间(或距离)之比值。这里的最短路线行程时间(或距离)通常定义为航空线的时间(或距离)或者某条实际存在的最短路线的时间(或距离)。它反映各起讫点之间的交通状况与最佳状况的差距。其计算公式如下:

$$E = \frac{d \sum_{k=1}^{K} f_k}{\sum_{k=1}^{K} d_k f_k} \tag{10-12}$$

式中:E——某 OD 点间的线路运输效率;

f_k——该 OD 点线路 k 上的交通量;

d_k——该 OD 点线路 k 的行程时间(或距离);

d——该 OD 点航空线的行程时间(距离);

K——运输线路数量。

区域综合运输通道中,考虑的是各运输方式之间的运输效率。因此,各个 OD 点间的运输效率可以用出行效率来量化,出行效率反映的是从出发地到目的地出行的便捷程度,当采用不同的运输方式时,其运输效率是不同的。因此,将通道内起讫点间的出行效率定义如下:

$$E_{ij} = \frac{t\sum_{i=1}^{n} x_k}{\sum_{i=1}^{n} t_k x_k} \tag{10-13}$$

式中:E_{ij}——通道中 ijOD 间的运输效率;

x_k——通道中 ijOD 间运输方式 i 的客(货)运量;

t_k——通道中 ijOD 间运输方式 i 的出行时间;

t——通道中 ijOD 间航空线的行程时间。

整个区域综合运输通道的出行效率为:

$$E = \frac{\sum_{i=1}^{n-1} \sum_{j=i+1}^{n} E_{ij}}{\sum_{i=1}^{n-1} i} \tag{10-14}$$

式中:E——整个区域综合运输通道内的运输效率;

E_{ij}——OD 点 ij 间的运输效率。

③可持续发展系数。

通道客运交通结构的可持续发展,就是既能满足各种运输方式的协调发展,又能使其与社会、经济、环境、资源等保持长期动态协调发展,最终保证出行结构更合理地发展。可持续发展水平指标主要反映客运交通的发展与环境资源的协调性,以此来评价通道结构的可持续发展能力。总之,只有在一定的环境资源承载力下,交通才能实现可持续发展。可持续发展水平指标计算公式如下:

$$T = \frac{\sum_{i}^{n} X_i Y_i}{\sqrt{\sum_{i}^{n} X_i^2 \sum_{i=1}^{n} Y_i^2}} \tag{10-15}$$

式中:T——可持续发展水平;

X_i——第 i 种运输方式所占的市场份额;

Y_i——第 i 种运输方式消耗的资源所占运输方式所消耗总资源的比重。

10.1.3 评价准则的划分

为了准确有效地描述通道系统配置的合理程度,为决策者提供一个直观的整体结论,需要有一个评级等级或评价区间,对各指标和整体系统配置评价结果的合理与否进行界定。

1)评价准则的制定原则

(1)协调性原则

协调性原则是指,在进行通道评价标准的制定时,应该考虑评价标准充分满足实际需要。评价标准的语言应明确,各个等级之间应该具有可分性,等级之间的梯度应该适当,制定方法应该合理。

(2)定性与定量结合的原则

定性原则是指评价结果应该是定性的(如合理或不合理之类的语言变量)。定性的评价结果直观,容易被接受,但评价过程应该是定量的,由于定性的评价过程缺乏科学性和可操作性,因此需要采用定量的评价方法贯穿于评价的整个过程。

(3)与实际相结合原则

通道系统配置的协调性涉及通道中供需之间相互关系,运输供给的目的是满足运输需求,运输需求和任何其他需求一样,具有层次性。即最低一级的层次是为了满足位移,即通常所说的能"走得了",随着人们生活水平的提高,在满足"走得了"的同时还应该满足"走得好",即在快速性、舒适性上应该得到较好的满足,因此,评价准则的制定不是一成不变的,需要结合当前的社会经济发展、人们生活水平情况。

2)评价结果的定性描述

评价结果分为合理、较合理、基本合理、不合理、极不合理五个等级。关于评价等级的定性描述如下:

合理:客运系统的运输能力不仅能够满足运量需求,而且留有足够的储备;各种运输方式之间分工合理,协调发展;具有优质的服务质量,能够满足不同层次的需求;与经济、环境的协调性。

较合理:运输能力能够满足运量的需求,除季节性波动外,不出现超员现象,各种运输方式基本能够协调发展,有比较良好的旅行环境和服务条件,基本满足不同层次的需求。

基本合理:整个通道中客运系统不适应需求的状况得到较大缓解,通道较为畅通,季节性局部地区仍有超员现象,局部地区运输方式发展不平衡,旅行环境和服务条件有较大改善。

不合理:整个通道运输能力的增长仍然不能满足需求的增长,超员现象频繁,交通拥挤,各种运输方式发展不平衡,旅行环境较恶劣,不适应经济发展的需要。

极不合理:客运交通供不应求,超员严重,各运输方式发展极不平衡,严重阻碍区域经济的健康发展。

3)评价标准

在进行评价标准研究时,需要明确指标的性质,即需要弄清指标是效益型指标还是成本性指标。效益型指标是指标值越大越好,成本型指标是指标值越小越好。除此之外,还有一类指标并非效益型指标,也并非成本性指标,其指标值并非越大越好,也并非越小越好,而是在一定的范围内较优。

由综合能力供给系数(式 10-11)可知,其指标的理论取值区间为$[0,+\infty]$。当指标取值为 1 时,表示通道内的运输需求与运输供给持平,理论上反映出通道结构达到了理想状态,运输供给完全满足了运输需求,又没有运输能力浪费。但由于交通运输产品既不能存储,也不能转移,同时运输需求随时间在不停波动,运输需求总体上随着时间在增加,因此,这种理想状态并不是系统的最佳状态。从系统的稳定性而言,综合供给能力系数应适当留有一定的储备系数,以满足运输需求的波动性和一定时期内的增长。综合供给系数太大会导致运输能力浪费,综合供给系数太小则不能满足运输需求。因此,综合供给能力系数并非成本型指标,也非效益型指标。

经过综合分析,运输产品的多样性、可持续发展系数、综合供给能力系数和综合运输效率是效益型指标,其指标值越大越好。供需平衡系数、OD 平衡系数是成本型指标,指标值越小越好。

制定评价标准是为了对通道结构所处的状态进行定量定性评价。评价标准主要是确定每一评价结果所对应的指标是如何定量取值的。由于评价结果是定性语言,而定性语言转换成定量语言是具有模糊性的。因此,在确定评价准则时,采用模糊数学中的隶属度对其进行定义。表 10-1 是评价标准中语言变量和对应各项指标的取值。

评 价 准 则 表　　　　表 10-1

评价指标		评价结果				
		合理	较合理	基本合理	不合理	极其不合理
外部评价指标	综合运输效率	$\tilde{A}_{11}(x)$	$\tilde{A}_{12}(x)$	$\tilde{A}_{13}(x)$	$\tilde{A}_{14}(x)$	$\tilde{A}_{15}(x)$
	综合供给能力	$\tilde{A}_{21}(x)$	$\tilde{A}_{22}(x)$	$\tilde{A}_{23}(x)$	$\tilde{A}_{24}(x)$	$\tilde{A}_{25}(x)$
	可持续发展系数	$\tilde{A}_{31}(x)$	$\tilde{A}_{32}(x)$	$\tilde{A}_{33}(x)$	$\tilde{A}_{34}(x)$	$\tilde{A}_{35}(x)$
内部评价指标	供需平衡系数	$\tilde{A}_{41}(x)$	$\tilde{A}_{42}(x)$	$\tilde{A}_{43}(x)$	$\tilde{A}_{44}(x)$	$\tilde{A}_{45}(x)$
	运输产品多样性	$\tilde{A}_{51}(x)$	$\tilde{A}_{52}(x)$	$\tilde{A}_{53}(x)$	$\tilde{A}_{54}(x)$	$\tilde{A}_{55}(x)$
	OD 平衡系数	$\tilde{A}_{61}(x)$	$\tilde{A}_{62}(x)$	$\tilde{A}_{63}(x)$	$\tilde{A}_{64}(x)$	$\tilde{A}_{65}(x)$

关于隶属函数有以下几种类型可供选择:

(1)梯形隶属度

$$\tilde{A}(x) = \begin{cases} 0 & (x < a) \\ \dfrac{x-a}{b-a} & (a \leqslant x < b) \\ 1 & (b \leqslant x < c) \\ \dfrac{d-x}{d-c} & (c \leqslant x < d) \\ 0 & (x \geqslant d) \end{cases} \tag{10-16}$$

其图形如图 10-2 所示。

（2）三角隶属度

$$\tilde{A}(x) = \begin{cases} 0 & (x < a) \\ \dfrac{x-a}{b-a} & (a \leq x \leq b) \\ \dfrac{c-x}{c-b} & (b \leq x \leq c) \\ 0 & (x > c) \end{cases} \qquad (10\text{-}17)$$

其图形如图 10-3 所示。

（3）正态隶属度

$$\tilde{A}(x) = \exp\left[-\left(\dfrac{x-a}{\sigma}\right)^2 \right] \qquad (10\text{-}18)$$

其图形如图 10-4 所示。

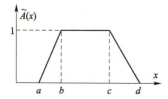
图 10-2　梯形隶属度函数图形

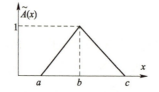
图 10-3　三角形隶属度函数图形

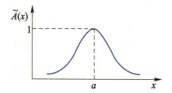
图 10-4　正态隶属度函数图形

10.1.4　常用评价方法

（1）层次分析法

层次分析法（Analytic Hierarchy Process，AHP）是在 1970 年以后，美国萨蒂（Satty）教授首先提出的一种决策方法和工具，它把复杂问题分解为若干个有序的层次，把复杂系统中各种因素互相关联和隶属关系划分为一个多层次的分析结构模型，并定量地分析出每个层次的权重。定量的依据就是基于对客观事实的判断，通过数学方法的应用，给全部的元素按其在所在层次中所占的相对重要程度给予相应权重。层次分析法在充分了解要解决的决策问题的影响因素、本质、内在关系等基础上，提供了简便的解决方法，对难以准确定量的问题的研究尤其适用。层次分析法的主要步骤有：

①建立层次结构模型。深入分析要解决的问题之后，首先，把要研究的总目标问题分解为几个大的准则层指标。把这些准则层按属性分成几个组，从而形成不同层次，再按照不同属性把与其相关的各个指标，分解到各个不同的层次，同一层的诸因素从属于高一级层的因素，或者影响上一级的因素，对下一层的因素又起到支配作用或受到下一层因素的影响。顶层的一般只有一个元素，是评价目标，中间可以有一个或几个层次，成为准则层，最下层为方案层。

②借助专家咨询构造成对判断矩阵。各要素之间的相对重要性通过两两比较的方式确

定,从层次结构的第二个层次,对于共同从属于上一层每个因素的本层因素,然后重要性的排序通过综合人的主观判断来确定。

③对权向量进行计算和检验其一致性。若一致性的检验合格,则进行归一化之后的特征向量就是指标对应的权向量;若没能通过一致性检验,则需重新构造成对比较矩阵。

层次分析法也存在不足之处,其需要改进的地方如下:

①和一般的评价过程,特别是模糊综合评价相比,AHP客观性更高,但当因素多时,标度工作量太大,易引起标度专家反感和判断混乱。

②对标度可能取负值的情况考虑不够。标度确实需要负数,因为有些措施的实施,会对某些特定目标造成危害。

③对判断矩阵的一致性讨论得较多,而对判断矩阵的合理性考虑得不够,这是因为对标度专家的数量和质量重视不够。

④没有充分利用已有定量信息。层次分析法都是研究专门的定性指标评价问题,对于既有定性指标也有定量指标的问题(这种问题更普遍)讨论得不够。事实上,为使评价客观,评价过程中应尽量使用定量指标,实在没有定量指标才用定性判断。

(2) 主成分分析法

主成分分析法(Principal Component Analysis,PCA),首先由英国学者皮尔(Peer)针对非随机变量引入,而后美国的数理统计学家赫特林(Hertling)在1933年将此方法推广到随机向量。主成分分析是在多指标评价对象中寻求起主导作用的因素,旨在解决指标间信息重复的问题。主成分分析的降维思想从一开始就很好地为综合评价提供有力的理论和技术支持。

主成分分析法是将原始变量通过正交变换转化成为不相关变量,将原变量协方差矩阵转化为对角矩阵,将原变量系统转化为新的正交系统,使样本点的散布方向趋向于最开始的正交方向,最终达到对变量进行降维操作的目的。主成分分析法具体步骤如下:

①指标无量纲化,形成无量纲化矩阵。

主成分分析法要求指标值在[0,1]范围内,故需要对部分指标进行无量纲化处理。在相关指标均为定量化指标的情形下,可采用差值法进行标准化处理。

$$x_{ij}^* = \begin{cases} \dfrac{x_{ij}}{\max(x_{ij}) + \min(x_{ij})} & \text{(对于正效应指标)} \\ 1 - \dfrac{x_{ij}}{\max(x_{ij}) + \min(x_{ij})} & \text{(对于负效应指标)} \end{cases} \quad (10\text{-}19)$$

将无量纲化指标值组合成标准化矩阵 $A^* = \begin{bmatrix} x_{11}^* & x_{12}^* & \cdots & x_{1k}^* \\ x_{21}^* & x_{22}^* & \cdots & x_{2k}^* \\ \cdots & \cdots & \cdots & \cdots \\ x_{m1}^* & x_{m2}^* & \cdots & x_{mk}^* \end{bmatrix}$

②分析标准化矩阵的相关系数,求相关矩阵 $Q = [q_{ij}]_{K \times K} = \dfrac{A^{*T}A^*}{m-1}$ 的特征值 λ,q_{ij} 是 a_i^* 与 a_j^* 的相关系数,有:

$$q_{ij} = \dfrac{\sum_{n=1}^{m} a_{ni}^* a_{nj}^*}{m-1} \qquad (10\text{-}20)$$

解 Q 的特征方程 $|Q - \lambda I_k| = 0$,得到 k 个特征根 $\lambda_1 \geq \lambda_2 \geq \cdots \geq \lambda_k \geq 0$。

③解方程 $\lambda_i \alpha = \alpha Q$,得特征向量 $\alpha_i = (\alpha_{i1}, \alpha_{i2}, \cdots, \alpha_{ik})$,$i = 1, 2, \cdots, k$,再以 F_i 表示第 i 个主成分 $(i = 1, 2, \cdots, k)$,得到:

$$F_i = \alpha_{i1} a_1^* + \alpha_{i2} a_2^* + \cdots + \alpha_{ik} a_k^* \qquad (10\text{-}21)$$

④以 $\dfrac{\sum_{i=1}^{m} \lambda_i}{\sum_{i=1}^{k} \lambda_i} \geq 0.85$ 为标准,确定主成分。

第 i 主成分 F_i 的特征值 λ_i 即为该主成分的方差,方差越大对总变差的贡献也越大,其贡献率反映了第 i 主成分综合原始变量信息的百分比,选取主成分的累积贡献率 $\geq 85\%$ 的前 m 个主成分。

主成分分析法的主要问题在于主成分个数的选取,应该选取多少个主成分来对样本进行综合评优排序。

(3) 灰色关联度法

灰色系统分析方法针对不同问题性质有几种不同做法,灰色关联度分析(Grey Relational Analysis)是其中的一种。基本上灰色关联度分析是依据各因素数列曲线形状的接近程度做发展态势的分析。灰色关联分析是根据因素之间发展趋势的相似或相异程度来衡量因素间关联程度的一种方法,若两个因素同步变化趋势一致,则说明关联程度高,反之,则较低。灰色关联度计算步骤如下:

①建立参考序列 $X_0 = \{C_0(1), C_0(2), C_0(3), \cdots, C_0(n)\}$,比较序列 $X_i = \{x_i(1), x_i(2), x_i(3), \cdots, x_i(n)\}$,在计算过程中,为获得准确结果,通常对序列进行无量纲化处理。

②x_0 与 x_i 的关联系数 $\xi(k)$ 可以表示成:

$$\xi(k) = \dfrac{\min_i \min_k |x_0(k) - x_i(k)| + \xi \max_i \max_k |x_0(k) - x_i(k)|}{|x_0(k) - x_i(k)| + \xi \max_i \max_k |x_0(k) - x_i(k)|} \qquad (10\text{-}22)$$

其中,分辨系数 ξ 一般取 0.5。

③关联度计算:

$$r_i = \dfrac{1}{n} \sum_{k=1}^{n} \xi_i(k) \qquad (10\text{-}23)$$

灰色关联度法中,分辨系数 ξ 取值不同,关联度序集也会受到影响,即不具有保序效应;对于给定的 ξ,无量纲化处理也不具备保序效应。所以实际中显然不能根据 ξ 的某一特定的值或某种无量纲化处理所得出的关联度序集而贸然作出定论,因此灰色关联度法的数据处理方法存在缺陷。

(4)模糊评价法

在制定好评价准则和计算出待评价通道的各个指标的前提下,采用模糊评价对通道所处的状态进行评价。模糊综合评价法是以模糊数学的隶属度为基础理论,将定性分析转换成为定量评价。其原理为利用模糊数学,对事物或对象在受到多种指标制约后的情况做出一个综合评价。该方法适用于解决各种不能定性的问题并且可以给出明确的结果,进而解决了有些问题的模糊性和难以定量性。模糊评价建立的基础是模糊集合,改造普通集合中的特征函数是它的基本思想。改造后的元素和集合,把"属于""不属于"这种普通集合中的绝对界限的判定,转换为"属于的程度大小"。通过转化,可以在模糊集合上应用普通集合所使用的规则。首先引入一些模糊数学的相关概念。

定义 10.1:设 U 是论域,称映射。

$$\mu_{\tilde{A}}:U \rightarrow [0,1]$$
$$X \mapsto \mu_{\tilde{A}}(x) \in [0,1]$$
(10-24)

确定了 U 上的一个模糊子集,映射 $\mu_{\tilde{A}}$ 为 $\tilde{A}$ 的隶属度函数,映射 $\mu_{\tilde{A}}(x)$ 称为 x 对 $\tilde{A}$ 的隶属程度。

定义 10.2:模糊集的表示方法,论域 U 上的任意一模糊集 $\tilde{A}$,其隶属度函数为 $\tilde{A}(x)$,$(i=1,2,\cdots,n)$ 其表示方法如下:

①扎德表示法:

$$\tilde{A} = \frac{\tilde{A}(x_1)}{x_1} + \frac{\tilde{A}(x_2)}{x_2} + \cdots + \frac{\tilde{A}(x_n)}{x_n}$$
(10-25)

其中,$\frac{\tilde{A}(x_i)}{x_i}$ 不是表示分数,"+"也表示求和,只具有符号意义,表示点 x_i 隶属于模糊集 $\tilde{A}$ 的程度为 $\tilde{A}(x_i)$。

②序偶表示法:

$$\tilde{A} = \{(x_1,\tilde{A}(x_1)),(x_2,\tilde{A}(x_2)),\cdots,(x_n,\tilde{A}(x_n))\}$$
(10-26)

③向量表示法:

$$\tilde{A} = \{\tilde{A}(x_1),\tilde{A}(x_2),\cdots,\tilde{A}(x_n)\}$$
(10-27)

定义 10.3:设 $\tilde{A},\tilde{B}$ 为论域 U 上的模糊子集,则扎德算子定义为:

$$\tilde{A}(x_i) \vee \tilde{B}(x_i) = \max(\tilde{A}(x_i),\tilde{B}(x_i))$$
(10-28)

$$\tilde{A}(x_i) \wedge \tilde{B}(x_i) = \min(\tilde{A}(x_i),\tilde{B}(x_i))$$
(10-29)

定义 10.4：称向量：

$$a = (a_1, a_2, \cdots, a_n) \tag{10-30}$$

为模糊向量，其中 $0 \leq a_i \leq 1 (i = 1, 2, \cdots, n)$。

定义 10.5：a, b 都是模糊向量，则模糊向量 a, b 的内积 $a \cdot b$ 为：

$$a \cdot b = \vee_{i=1}^{n} (a_i, b_i) \tag{10-31}$$

则模糊向量 a, b 的外积 $a \times b$ 为：

$$a \times b = \vee_{i=1}^{n} (a_i, b_i) \tag{10-32}$$

定义 10.6：设 $\tilde{A}_1, \tilde{A}_2, \cdots, \tilde{A}_n$ 为论域 U 上的模糊子集，称以模糊子集 $\tilde{A}_1, \tilde{A}_2, \cdots, \tilde{A}_n$ 为分向量的模糊向量为模糊向量集合族，记为 $\tilde{A} = (\tilde{A}_1, \tilde{A}_2, \cdots, \tilde{A}_n)$。

定义 10.7：论域 U 上的模糊子集 $\tilde{A}_1, \tilde{A}_2, \cdots, \tilde{A}_n$，其隶属度函数为 $\tilde{A}_i(x), i = 1, 2, \cdots, n$，而 $\tilde{A} = (\tilde{A}_1, \tilde{A}_2, \cdots, \tilde{A}_n)$ 为模糊向量集合族，普通向量 $x = (x_1, x_2, \cdots, x_n)$，则 x 对模糊向量集合族 $\tilde{A}$ 的隶属度为：

$$\tilde{A}(x) = \bigwedge_{i=1}^{n} (\tilde{A}_i(x_i)) \tag{10-33}$$

有了上述模糊集的定义后，得到通道结构评价模型可描述为：

首先将模糊准则采用三角隶属度对评价准则进行转换得到隶属度函数矩阵：

$$\begin{pmatrix} \tilde{A}_{11}(x) & \cdots & \tilde{A}_{15}(x) \\ \tilde{A}_{21}(x) & \cdots & \tilde{A}_{25}(x) \\ \vdots & \ddots & \vdots \\ \tilde{A}_{61}(x) & \cdots & \tilde{A}_{65}(x) \end{pmatrix} \tag{10-34}$$

计算待测通道的相关指标值，得到通道评价向量：

$$X = (x_1, x_2, x_3, x_4, x_5, x_6) \tag{10-35}$$

有了隶属度函数评价矩阵和评价向量后，问题描述为如何识别评价向量属于评价语言中的类别，即可将该问题转化为模糊识别问题。

将式(10-35)评价向量代入隶属度函数评价矩阵(10-34)中，得到隶属度矩阵：

$$\begin{pmatrix} \tilde{A}_{11}(x_1) & \cdots & \tilde{A}_{15}(x_1) \\ \tilde{A}_{21}(x_2) & \cdots & \tilde{A}_{25}(x_2) \\ \vdots & \ddots & \vdots \\ \tilde{A}_{61}(x_6) & \cdots & \tilde{A}_{65}(x_6) \end{pmatrix} \tag{10-36}$$

获得隶属度矩阵后,将矩阵中的每列视为模糊向量,采用扎德算子进行计算获得评价模糊向量:

$$\tilde{A}_j(x) = (\bigvee_{i=1}^{6}\tilde{A}_{i1}(x_i), \bigvee_{i=1}^{6}\tilde{A}_{i2}(x_i), \cdots, \bigvee_{i=1}^{6}\tilde{A}_{i5}(x_i)) \tag{10-37}$$

根据最大隶属度原则,评价模糊向量 $\tilde{A}_j(x)$ 中最大值对应的评价等级即为该通道结构的评价结果。

10.2 运输通道结构协调

区域综合运输通道内交通运输供给量和需求量较大,出行方式多样,各出行方式竞争激烈,交通运输主管部门若不对其进行协调,极易导致各出行方式之间的恶性竞争。造成的后果不仅仅是交通运输系统的损失,更大的是影响了城镇居民的正常出行,使得整个区域社会经济系统发展受到影响。因此,本节研究的重点在于各种出行方式建成后,交通运输主管部门如何对通道内的出行方式进行协调,避免各出项方式之间出现恶性竞争。

10.2.1 模型的建立

本书侧重从定量的角度研究各出行方式间协调。具体的思路为:假设出行者对出行方式的选择是遵循效用极大化原理,采用多项 logit 模型对各出行方式的分担率进行估计。同时考虑出行方式 j 的供给量 S_j 与出行方式 j 的需求量 R_j 之间的相互适应,相互适应的目标为出行方式 j 的实际能力使用系数尽量逼近理想能力使用系数 A_j,则协调的目标函数可建立为:

$$\min Z_j = (P_j \cdot R/S_j - A_j)^2 \quad (j=1,2,\cdots,n) \tag{10-38}$$

其中:

$$P_j = \frac{e^{\theta_j X_j}}{\sum_{i=1}^{n} e^{\theta_i X_i}} \quad (j=1,2,\cdots,n) \tag{10-39}$$

式中:R——通道内出发地和目的地间的交通运输需求总量。

由于通道内的出行方式不止一种,同时,目标函数是非线性的。因此,本书建立的模型为多目标非线性规划模型。

在约束条件中应考虑下列因素:
每一种出行方式的需求量应该不大于该出行方式的供给量,即:

$$P_j \cdot R \leq S_j \quad (j=1,2,\cdots,n) \tag{10-40}$$

同时,考虑到实际情况下,各决策变量需要满足一定的上限和下限条件,即阈值,则协调模型可建立为:

$$\min Z_j = (P_j \cdot R/S_j - A_j)^2 \quad (j=1,2,\cdots,n) \tag{10-41}$$

s. t.

$$x_{ij} \in q_{ij} \quad (j=1,2,\cdots,n) \tag{10-42}$$

$$P_j \cdot R \leqslant S_j \quad (j=1,2,\cdots,n) \tag{10-43}$$

$$P_j = \frac{e^{\theta_j X_j}}{\sum_{i=1}^{n} e^{\theta_i X_i}} \quad (j=1,2,\cdots,n) \tag{10-44}$$

式中：x_{ij}——为第 i 种出行方式，第 j 个决策变量；

q_{ij}——为第 i 种出行方式，第 j 个决策变量的取值范围。

求解上述模型，在求得最优解后，决策部门可将模型取得最优解时的决策变量值，作为通道内各个出行方式协调的控制目标。

10.2.2 模型求解

本书建立的模型为多目标非线性数学规划模型，探讨其算法，需要研究两个方面的内容：多个目标函数之间关系的处理和单目标非线性优化问题算法处理。

（1）多目标函数之间关系的处理

此模型为多目标规划，本书采用模糊折中算法求解。模糊折中规划是一种有效的解决多目标优化问题的方法。各目标单独在约束条件下以最大值为分量所构成的向量为：

$$\mathbf{Z}^{\max} = (z_1^{\max}, z_2^{\max}, \cdots, z_n^{\max}) \tag{10-45}$$

各目标单独在约束条件下以最小值为分量所构成的向量为：

$$\mathbf{Z}^{\min} = (z_1^{\min}, z_2^{\min}, \cdots, z_n^{\min}) \tag{10-46}$$

由此可定义各个目标函数的隶属函数：

$$U = (u_j)_{1 \times n} = \begin{cases} 1 & (z_j \leqslant z_j^{\min}) \\ \dfrac{z_j^{\max} - z_j}{z_j^{\max} - z_j^{\min}} & (z_j^{\min} < z_j < z_j^{\max}) \\ 0 & (z_j \geqslant z_j^{\max}) \end{cases} \tag{10-47}$$

从而原多目标优化问题可转化为模糊折中规划的单目标优化问题：

$$Z_s = \max \left[\sum_{j=1}^{n} (\lambda_j u_j)^p \right]^{\frac{1}{p}} \tag{10-48}$$

式中：

$$\sum_{j=1}^{n} \lambda_j = 1, \lambda_j \geqslant 0, 0 < p < +\infty \tag{10-49}$$

当 $p=1$ 时，目标函数的意义为所有单一目标函数的距离之和，此时目标函数定义为曼哈顿（Manhattan）距离，即：

$$Z_s = \max \sum_{j=1}^{n} \lambda_j u_j \tag{10-50}$$

当 $0 < p < +\infty$ 时，目标函数的意义为加权几何距离，特别是当 $p=2$ 时，目标函数表示欧

式(Euclidean)距离,即:

$$Z_s = \max \sqrt{\sum_{j=1}^{n}(\lambda_j u_j)^2} \tag{10-51}$$

当 $p = +\infty$ 时,目标函数定义为切比雪夫(Chebyshev)距离,其意义为最大加权距离,即:

$$Z_s = \max[\min_j(\lambda_j u_j)] \tag{10-52}$$

λ_j 代表第 j 个目标的重要程度。通过定义,决策者可以对不同的目标设置不同的重要性,从而充分体现出决策者的偏好。

(2)非线性规划问题算法处理

针对本书提出的模型,目标函数和约束条件为简单函数经过"有限次"的复合后构成的复合函数。根据数学基础理论可知,简单函数的偏导数存在并且是连续的,其复合后的复合函数,其一阶偏导数和二阶偏导数也是存在且连续的。因此,可采用广义牛顿算法对模型进行求解。其求解过程表示如下一组迭代公式:

$$\begin{cases} D^{(k+1)} = -H(X^{(k)})^{-1}\nabla f(X^{(k)}) \\ X^{(k+1)} = X^{(k)} + \lambda_{k+1}D^{(k+1)} \\ \lambda_{k+1}:\min f(X^{(k)} + \lambda D^{(k+1)}) \end{cases} \tag{10-53}$$

式中: X ——决策向量;

$X^{(k)}$ ——非线性规划问题 $f(X)$ 最优解的第 $k+1$ 次近似;

$f(X)$ ——目标函数;

$D^{(k+1)}$ ——第 $k+1$ 近似解的迭代方向;

$H(X^{(k)})$ ——在点 $X^{(k)}$ 处的海塞矩阵;

λ_{k+1} ——第 $k+1$ 次迭代的步长,采用一维搜索算法进行求解。

由于广义牛顿算法求解结果可能是局部最优解。为了最大可能地寻求其全局最优解,在寻优时,给定多个不同初始点,在由不同初始点寻优结果中,找出较优的解作为最优解。虽然该方法并不能绝对保障寻得全局最优解,但随着初始点数量的增加,解为全局最优的可能性逐渐增大。

第11章
区域综合运输通道系统配置案例分析

本章以成渝城市群综合运输通道配置为例,首先对该通道系统的通道配置和供给能力进行了综合分析,确定了成渝通道配置的必要性。在成渝居民出行需求结构和各种交通运输方式技术经济特征以及成渝通道现有基础设备设施的基础上,对成渝通道内的旅客和货运运输系统进行配置,并根据第10章内容对其系统配置进行评价。

11.1 成渝通道系统配置现状

成渝通道是成渝城市群交通网络的主干，通道内包括了高速公路、国道、普通铁路及航空航线等多种方式的交通运输线路，并由各运输方式互相补充，共同承担区域内经由通道系统的密集客货流运输任务，对成渝城市群经济的发展起到了强有力的交通支撑作用。参照《成渝地区双城经济圈铁路网规划研究报告》《四川省高速公路网规划（2019—2035 年）》等相关资料，对成渝通道2020年概况进行阐述。

经过不断地完善与发展，成渝通道内各运输方式的基础设施及运输组织水平都有了一定的提升。目前，成渝通道内主要由铁路和公路两种运输方式承担客货运输任务，其空间格局示意图如图 11-1 所示。

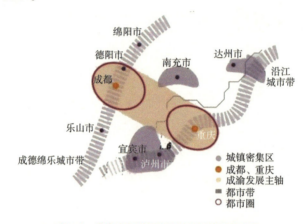

图 11-1　成渝城市群运输通道空间格局示意图

11.1.1　成渝通道运输方式线路现状

受成渝客运专线开通及成渝大巴降价带来的巨大冲击，成渝航线于 2015 年正式停运。因此，本书中成渝通道的系统配置只涉及铁路和公路运输，不考虑航空运输。

（1）公路运输

2020 年成渝通道内共有四条高速公路，分别是成渝高速公路、成遂渝高速公路、成渝环线高速公路以及成安渝高速公路，另外有一条省级高速公路（成资渝高速公路）被纳入 2019—2035 年四川省高速公路规划建设范围中。

成渝高速公路途经四川盆地腹心地带，沿线经过成都、资阳、内江等 14 个川渝沿线城市，全长 337.5km，设计速度为 100km/h，路基宽 21.5～25m，设计为全封闭、全立交、双向行驶的四车道高速公路。成渝高速公路贯通于 1995 年，是四川省建成通车的第一条高速公路，在带动成渝城市群经济社会发展等方面作出了重要贡献。目前，成渝高速公路已成为川渝"最为繁忙拥堵"的高速公路之一。为了改善拥堵，加快成渝"双核"间的紧密联系，成渝高速公路将实施扩容改造。扩容方案路线起于成都市五环路外侧,经简阳、资阳、资中、内江、隆昌至川渝界,对接成渝高速公路重庆段扩容,扩容线路全长约为226km,拟按双向八车道高速公路标准建设。

成遂渝高速公路由成南高速公路成遂段与遂渝高速公路组成,全长290km,设计速度为120km/h,设计为双向行驶的四车道高速公路。成遂渝高速公路贯通于2007年,首次实现了成渝之间3小时互通。目前,遂渝高速公路扩容建设项目已正式启动,扩容线路全长约为50.1km,拟将遂渝高速公路与成南高速公路共同构建为成遂渝双向八车道大通道,以助推成渝地区双城经济圈建设。

成渝地区环线高速公路,又称成渝环线高速公路,沟通了成渝经济区"双核"(成都、重庆两个特大城市)与经济区(如雅安、乐山、绵阳等二级城市),全长1200km。成渝环线高速公路于2013年9月12日全线建成通车,最后通车的组成段为雅乐高速公路。成渝环线高速公路的全线贯通标志着成渝两地间城市交通网络化功能的进一步加强,促进了成渝经济区城镇群的形成。

成安渝高速公路线路连接了璧山、大足、简阳等区县,全长253.56km,设计速度为120km/h,路基宽33.5m,设计为双向六车道的高速公路,贯通于2017年,是当前成渝通道内高速公路中路线最优、速度最快、路况最好的一条高速公路。

成资渝高速公路是成都与重庆之间的第四条高速公路,成都至简阳段即天府国际机场高速,在建设中被称为K线,连接成都天府国际机场,之后经资阳、乐至、安岳,于龙台镇进入重庆潼南,规划总里程为164km,其中成都至天府国际机场段全长54km,设计速度为120km/h,为双向八车道;机场至渝蓉高速段设计速度为100km/h,为双向六车道;渝蓉高速至川渝界设计速度为100km/h,为双向四车道。线路于2017年5月16日开工,目前成资渝高速公路全线已基本建成,具备通车能力。

成渝间主要公路概况见表11-1。

成渝间主要公路概况 表11-1

路　　线	路线长度
成渝高速公路	自G76成都收费站至G85九龙坡收费站,全长337.5km
成遂渝高速公路	自G42成都收费站至G93铜梁收费站,全长290km
成渝环线高速公路	其路径大致为成都—雅安—乐山—宜宾—泸州—重庆—遂宁—绵阳—德阳—成都,全长1200km
成安渝高速公路	自G42成都收费站至$G50_{01}$科学城收费站,全长253.56km
成资渝高速公路	自成都市锦江区三圣街道三环机场立交至重庆市潼南区双江镇双江枢纽,规划里程164km

(2)铁路运输

2020年,成渝通道内共有三条铁路线路提供区域运输服务,分别是成渝铁路、成遂渝铁路以及成渝客运专线。另外,于2019年首次提出的第四条铁路线路——成渝中线高速铁路,目前已经处于筹备建设阶段。

成渝铁路正式通车于1952年,是我国自主修建的第一条铁路干线,也是连接川渝之间的首条铁路。成渝铁路从成都站出发行驶,途径简阳、资阳、内江等站点后驶入终点站重庆,线路全长为505km。整体上,成渝铁路北接宝成铁路,东联川黔、襄渝铁路和长江航运,南通成昆铁路,是中国西南地区第一条铁路干线。随着成渝地区其他交通方式不断发展,成渝铁路受到了巨大冲击。为了改变这一现状,2017年,四川省在"十三五"综合交通发展规划中提出对成渝铁路进行扩能改造。2019年,成渝铁路重庆站至江津段改造工程建设正式启动,该铁路段将在总体保留既有线的基础上,进行增建二线的扩能改造,形成双线运输。

成遂渝铁路由遂成铁路与遂渝铁路共同组成,线路全长为274km,其中成都至遂宁段原为"达成铁路遂成段扩能改造工程",于2009年正式通车,该铁路段以客运为主,设计速度为200km/h;其中,遂宁至成都段于2006年正式通车,设计速度为200km/h,该铁路段穿过川中丘陵和川东南低山区,桥隧总长占线路总长的38.31%。

成渝客运专线于2015年正式通车,是连接川渝之间的第一条高速铁路,也是"十一五"国家重点铁路建设项目以及《中长期铁路网规划》沪汉蓉快速客运通道的重要组成部分。成渝客运专线从成都东站出发,途经简阳南、资中北、内江北等10个站点后驶入终点站重庆,线路全长为307km,设计速度为350km/h,列车日开行对数33对,实现了成渝之间2小时互通。

成渝中线高速铁路项目预计于2027年建成通车,该线路由成都枢纽向东引出,途经成都东部新城站、乐至站、安岳站、大足站、科学城站后引入重庆枢纽,线路全长约为292km,设计速度目标值为350km/h,并预留提速400km/h条件。该项目实现了成渝两地高新区之间1小时互通,从而助力成渝之间的人员流动与产业互动,支撑成渝地区双城经济圈建设。成渝中线高速铁路规划路线图如图11-2所示。成渝间铁路概况见表11-2。

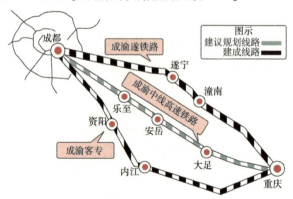

图11-2 成渝中线高速铁路规划路线图

成渝间铁路概况 表11-2

路线及所经城市	路线长度	主要技术标准
成渝铁路(途经简阳、资中、资阳、内江、永川)	505km	国铁Ⅰ级;正线数目为双线(改造后);限坡10‰;最小曲线半径为300m;线路允许速度70~90km/h;到发线有效长750m;牵引定数为2720t;成都至龙潭寺段为双线电气化,半自动闭塞,SS3型电力机车牵引;龙潭寺至重庆西段为单线电气化,半自动闭塞,SS3、SS1型电力机车牵引;线路结构为有砟轨道;电气化方式为接触网供电;闭塞方式为自动闭塞;服务类型为客货两用

续上表

路线及所经城市	路线长度	主要技术标准
成遂渝铁路(途经遂宁、南充、潼南、合川)	274km	达成线(遂成段):国铁Ⅰ级;正线数目为双线;线路长度 146km;限坡 6‰;最小曲线半径为 400m;设计速度为 200km/h;到发线有效长 850m;牵引定数为 3500t;采用内燃 DF4B 型机车牵引;闭塞方式为自动闭塞;电气化方式为接触网供电;服务类型为客货两用
		遂渝线:国铁Ⅰ级;正线数目为双线(改造后);限坡 6‰;线路长度 128km;最小曲线半径为 3500m,困难 2800m;设计速度为 200km/h;到发线有效长 850m;牵引定数为 4000t;采用 SS3 型电力机车牵引;闭塞方式为自动闭塞;线路结构为无砟轨道;电气化方式为接触网供电;服务类型为客货两用
成渝客运专线(途径简阳、资中、内江、荣昌)	307km	客运专线;正线数目为双线;设计速度为 350km/h;车站数目为 12;限坡 6‰;采用 CRH380D、CRH3C 型电力动车组;服务类型为城际高速铁路
成渝中线高速铁路(规划中,途径简阳、乐至、安岳)	292km	客运专线;正线数目为双线;线路设计速度目标值为 350km/h,并预留提速 400km/h 条件;车站数目为 8;闭塞方式为自动闭塞

11.1.2 成渝通道需求分析

1) 成渝通道旅客需求特点

旅客的运输需求具有多样性和异质性,基于旅客运输需求的特点提供差异化的、更多层次的服务,既能保障旅客满意的服务度,更好地满足市场需求,又能制定有效合理的运营策略来增加运输服务的经济价值。根据运输需求类型,可以将旅客划分为价格敏感型、品质敏感型和一般需求型。例如,以旅客收入和年龄对运输市场进行划分,少部分低收入和高收入群体属于价格敏感型和品质敏感型。参考相关文献中对成渝通道内居民出行选择行为调查的相关数据,可以得到 2016 年通道内旅客运输需求具有渐变性的特点,这些特点在一定的时间段内不会发生本质的变化。

目前成渝通道内主要有三种客运方式承担成渝间的客流运输,分别是高速铁路、普通铁路、高速公路。通过按职业进行划分,得出不同职业旅客选择出行方式的比例。由表 11-3 中数据可知,高速铁路的客流来源主要是企业管理人员、学生和科技人员,而在普通铁路和高速公路出行方式中,农民和学生两种职业所占比重较大。

2016 年成渝通道出行者职业的比例 表 11-3

出行方式	企管人员	军人	农民	学生	个体	工人	科技人员	其他
高速铁路	23.3%	3.5%	2.4%	19.2%	5.1%	8.1%	17.8%	20.6%
普通铁路	9.3%	4.0%	20.5%	24.7%	7.4%	10.2%	8.6%	15.3%
高速公路	10.7%	1.4%	23.6%	15.6%	8.7%	11.3%	6.6%	22.1%

数据来源:冯兴元,当前成渝高铁票价竞争力研究,2017。

不同月收入旅客选择出行方式的比例见表11-4,其中月收入2000~5000元的旅客最多,月收入在2000元以下和2000~4000元的旅客选择普通铁路和客运大巴出行较多;月收入在6000~8000元和8000元以上的旅客一般选择高速铁路出行。

2016年成渝通道旅客月收入分布 表11-4

月收入(元)	2000以下	2000~4000	4000~5000	6000~8000	8000以上
高速铁路	1.6	12.5	20.8	27.5	37.6
普通铁路	47.7	35.6	13.5	2.2	2
高速公路	34.7	36.9	16.6	6.9	4.9

数据来源:冯兴元,当前成渝高铁票价竞争力研究,2017。

对旅客按出行目的进行划分的结果见表11-5。其中,公务商务出行的旅客人数最多,以公务商务、旅游和探亲访友为出行目的时,选择高速铁路较多;出行打工时选择普通铁路和客运大巴较多。

2016年成渝通道旅客出行比例(以出行目的划分) 表11-5

出行目的	公务商务	打工	探亲访友	休闲旅游	上学返校	其他
高速铁路	36.5%	7.8%	23.5%	13.8%	10.5%	7.9%
普通铁路	31.6%	19.4%	12.4%	11.7%	17.5%	7.4%
高速公路	26.6%	24.9%	28.3%	9.5%	6.3%	4.4%

数据来源:冯兴元,当前成渝高铁票价竞争力研究,2017。

2)成渝通道客货需求现状

成渝地区双城经济圈双城间运输通道是支撑形成西部高质量发展的重要载体。参考成渝城市群铁路网规划研究报告以及四川省高速公路网规划相关资料,2018年成渝通道客货运量需求见表11-6。

2018年成渝通道客运需求 表11-6

运输方式	铁路	高速公路
客运量(万人次/d)	14.21	23.43
货运量(万t/年)	2980	17479.27

2018年双城间铁路客运量5188万人次(双向),既有成渝高速铁路、成遂渝铁路两条通道;公路每日双向客运量23.43万人次,主要由成渝高速公路、成遂渝高速公路以及成安渝高速公路承担客运。2018年双城间铁路货运量2980万t(双向);公路每年双向货运量17479.27万t。

(1)铁路客货运量

参考相关资料及论文数据,成渝通道铁路历年客货运量基本情况见表11-7。可知,成渝通道内铁路客货运需求逐年稳步增长,且客运量增长较快。

成渝通道铁路客货运量　　　　　　　　　　　　　表11-7

年份(年)	2010	2011	2012	2013	2014	2015
客运量 (万人次/年)	1149.00	1331.00	1572.00	1917.67	2270.67	2712.00
货运量 (万t/年)	1119.33	1161.00	1335.00	1474.67	1733.67	1994.0

数据来源:马文俊,山地城市对外交通通道规划方法,2016。

(2)公路客货运量

参考相关资料及论文数据,成渝通道公路历年客货运量基本情况见表11-8。

成渝通道公路客货运量　　　　　　　　　　　　　表11-8

年份(年)	2010	2011	2012	2013	2014	2015
客运量 (亿人次/年)	1.58	1.70	1.79	1.89	2.00	2.09
货运量 (亿t/年)	0.87	1.04	1.24	1.50	2.25	2.75

数据来源:马文俊,山地城市对外交通通道规划方法,2016。

2015年成渝客运专线运营后,吸引了很大一部分客流,公路客运需求量急剧减少,高速公路大巴被迫降价,票价不断变化。参考相关论文对高速铁路开通影响研究的相关数据,高速铁路开通前后成渝通道公路客运变化情况见表11-9。

高速铁路开通前后成渝通道公路大巴客运变化　　　　表11-9

时间	班次	客运量(人次)	合计收入(万元)	客座率	人均票价(元)
2014—2015	5762	184384	1991	94%	108
2015—2016	3586	111166	767	75%	69

数据来源:罗选东,高铁时代背景下城际公铁客运的博弈与协调发展研究,2017。

在高速铁路和高速公路价格竞争的博弈中,高速铁路客运分担量稳步增加,客运大巴票价也逐渐平稳,参考相关文献运用分担率模型对成渝通道客运市场分析的结果,2017年高速铁路和高速公路在客运市场的分担率见表11-10。

2017年高速铁路和高速公路分担率　　　　　　　表11-10

运输方式	高速铁路	高速公路
客运分担率	75.37%	24.63%

数据来源:姚锦云,城际运输通道客票定价博弈研究,2018。

(3)私家车出行

城市经济圈的扩张发展导致城市居民长距离出行增加,汽车数量也随之大幅度增长。

截至2016年底,以个人名义登记的私家车占小型载客汽车的92.6%,私家车保有量迅速增长。根据《成都市统计年鉴》相关统计数据,得到近年来成都市汽车保有量数据,见表11-11。

成都市汽车保有量　　　　　　　　　　　　　　　　　表11-11

年份(年)	2014	2015	2016	2017	2018	2019
汽车保有量(万辆)	277.7	328.5	369.87	412.24	487.52	520

重庆、成都两地旅游资源丰富,不少旅客会选择小汽车出游。随着成渝城市群高速公路网的建设完善,双城间驾车时间可缩短至3h左右,越来越多旅客愿意选择小汽车出行。高德地图2017年各省(市)长途自驾游出行数据显示,重庆市、成都市自驾旅客占比位列前三,其中重庆市占比达29.5%。私家车出行成为成渝通道内公路运输的重要组成部分。

11.1.3　成渝通道供给能力分析

高速铁路、城际铁路通过能力与线路设计速度、车站分布以及运输组织方式等密切相关,结合铁路通过能力研究等相关参考资料,成渝通道内主要铁路技术参数见表11-12。结合高速公路设计文件等相关参考资料,成渝间主要高速公路技术参数见表11-13。

成渝间主要铁路技术参数　　　　　　　　　　　　　　表11-12

线　路		设计速度	设计通过能力、输送能力
成渝铁路		允许速度 70~90	实际通过能力最高可达37对/d,能力利用率98.92%
成遂渝铁路	成遂铁路	200	设计近期开行客车74对/d
	遂渝铁路	200	单线设计通过能力47对/d,其中客车20对/d;2012年开通复线,双线发车间隔时间缩短,设计设计近期开行客车74对/d
成渝客运专线		350	若列车追踪间隔采用5min,可开行列车对数约100对/d

成渝间主要高速公路技术参数　　　　　　　　　　　　表11-13

线　路		设计速度(km/h)	车道数	日平均交通量(pcu)
成渝高速公路		100	双向四车道	25000~55000
成遂渝高速公路	成南高速公路	120	双向四车道	25000~55000
	遂渝高速公路	120	双向四车道	25000~55000
成安渝高速公路		120	双向六车道	45000~80000

11.1.4　成渝通道配置的必要性

成渝通道各种运输方式的运营模式在不断变化,运营模式的变化对各种交通方式的分担率具有一定影响。目前成渝通道间承担客货运输的主要是铁路和公路,客运部分有高速铁路、普通铁路和高速公路三种运输方式;货运部分有高速公路和普通铁路两种运输方式。

参考相关论文数据,得到预测的 2035 年成渝通道中各运输方式的客货分担率,见表 11-14。

预测的 2035 年各运输方式客货分担率　　　　　表 11-14

类型	高速铁路	普通铁路	高速公路
客运	35.6%	2.8%	61.6%
货运	—	13.21%	86.79%

依据《成渝城市群铁路网规划研究报告》和《四川省高速公路网规划(2019—2035 年)》,预计 2035 年成渝通道双向客运总量为 70.18 万人次/d,2035 年成渝通道货运量为 60408.78 万 t。将通道间出行总量与各分担率相乘,得出各种运输方式承担的运量,见表 11-15。

预测的 2035 年各运输方式客货运量　　　　　表 11-15

运输方式	高速铁路	普通铁路	公路
客运量(万人次/d)	24.98	1.97	43.23
货运量(万 t)	—	7980	52428.78

根据列车运行时刻信息表,目前从重庆开往成都共有 85 趟列车,运营时间从 6 时到 22 时 30 分,其中高速铁路 59 列/d,动车 20 列/d,普通列车 6 列/d。《成渝城市群铁路网规划研究报告》显示,目前成渝两城间的既有铁路客运通道:成渝高速铁路、成遂渝铁路,其能力利用率分别为 75% 和 54%,都未得到最大化利用。假设客运能力进一步释放,客车运营接近理论运行方案,可计算此时成渝通道铁路客运的最大供给能力。

目前,成遂渝铁路设计近期开行列车对数约 74 对/d,其中,高速列车、普速列车比例按 4:1 计;成渝客运专线理论上可以采用公交化运营方案,最小追踪间隔 3min,实际运营条件下京沪高速铁路可达最小追踪间隔 5min,可开行列车对数约 100 对/d。由于车型和编挂方式不同,列车具体的定员人数也不尽相同,因此客运供给能力只作大致估算:普通列车平均定员以 1200 人计,上座率取 90%;高速列车平均定员以 800 人计,上座率取 85%。铁路每年可承担的总客运量估算公式如下:

$$Q_{\text{train}}^k = \sum_{i=1}^{l} n_i \cdot q_i^k \tag{11-1}$$

式中:k——时间序列中第 k 年;

i——通道中第 i 铁路线路;

n_i——第 i 铁路线路客运列车对数;

q_i^k——第 i 铁路线路上每对客运列车平均承担客运人次。

铁路每年可承担的总货运量估算公式如下:

$$Q_{\text{train}}^h = \sum_{i=1}^{l} q_i^h \tag{11-2}$$

式中:i——通道中第 i 铁路线路;

q_i^h——第 i 铁路线路年货物输送能力。

公路每年可承担的总客运量估算公式如下：

$$Q_{\text{road}}^k = \sum_{j=1}^{m}(p_j^k \cdot V_j^k) \tag{11-3}$$

式中：j——通道内公路旅客运输模式的种类，例如小汽车、客运大巴等；

p_j^k——通道内公路运输第 j 类旅客运输模式平均载客人数；

V_j^k——通道内公路运输第 j 类旅客运输模式车辆总数。

公路每年可承担的总货运量估算公式如下：

$$Q_{\text{road}}^h = \sum_{j=1}^{m}(p_j^h \cdot V_j^h) \tag{11-4}$$

式中：j——通道内公路货物运输模式的种类，如大货车等；

p_j^h——通道内公路运输第 j 类货物运输模式平均载货吨数；

V_j^h——通道内公路运输第 j 类货物运输模式车辆总数。

代入相关数据计算，普通铁路客运供给能力估算为：

$$1080 \times 15 \times 2 = 3.24(万人次)$$

高速铁路客运供给能力估算为：

$$680 \times (100 + 60) \times 2 = 21.76(万人次)$$

公路客运供给能力以成渝间主要高速公路计算，其最大日平均交通量为 22 万 pcu/d，其中客车数量可通过灰色预测 GM(1,1) 模型进行估算。根据成渝高速公路主线历年日均客运交通量基础数据，得出初始时间序列：

$$X_i = [x_i(1), x_i(2), \cdots, x_i(n)]$$

对初始时间序列进行 2 阶平均弱化缓冲算子。根据结果得出白化方程 $\dfrac{dx^{(1)}}{dt} + ax^{(1)} = b$ 的时间响应函数（a，b 为待确定参数），还原求出 $X^{(0)}$ 的模拟值：

$$\hat{x}^{(0)}(k+1) = \hat{x}^{(1)}(k+1) - \hat{x}^{(1)}(k) = (1-e^a)\left(x^{(0)}(1) - \frac{b}{a}\right)e^{-ak}, k=1,2,\cdots,n \tag{11-5}$$

采用灰色紧邻均值生成序列算法，如式(11-6)所示：

$$x^*(k) = \alpha x(k) + (1-\alpha)x(k-1) \quad (k=2,3,\cdots,n) \tag{11-6}$$

可计算得出高速公路中客运比例为 65.97%。于是可估算出客车数量为 14.51 万 pcu，小客车平均承担客运人数按 2 人次计，公路客运供给能力估算为：

$$14.51 \times 2 = 29.02(万人次)$$

接着估算铁路和公路货物供给能力，设高速铁路开通运行后普通铁路的货运能力增加 0.5 倍，结合当前成渝之间铁路输送能力，根据式(11-2)可估算铁路承担货运量为：

$$(2000 + 2900) \times 1.5 = 7350(万 t)$$

设高速公路上除小客车外均为货车，根据当前成渝间高速公路日平均交通量可知，当前成渝通道内最大日平均交通量为 19 万 pcu。参考货车载重技术标准，设货车平均载重为

11t，根据式(11-4)可估算公路承担货运量为：

$$(19 - 14.51) \times 11 \times 365 = 18027.35(万 t)$$

综合上述分析的各运输方式客货运需求量以及供给能力，得出预测的 2035 年成渝通道系统的供需匹配情况，见表 11-16。

预测的 2035 年各运输方式供给能力及需求匹配情况　　表 11-16

运输方式	客运量(万人次/d)		货运量(万 t)	
	需求量	供给能力	需求量	供给能力
高速铁路	24.98	21.76	—	—
普通铁路	1.97	3.24	7980	7350
公路	43.23	29.02	52437.80	18027.35

根据表中所示，在不增加新的运输方式的情况下，2035 年通道内客货运量都不能满足需求，因此，需要对成渝通道配置新的运输方式。

11.2　成渝通道旅客运输系统配置

11.2.1　成渝通道运输方式的确定

在成渝居民出行需求结构与各种运输方式不同技术经济特征的基础上确定成渝通道运输方式建设时序。

根据成渝通道需求特征及相关数据，选取考虑需求特征的主要指标及 2035 年指标量化值，见表 11-17。

需求特征指标及量化值　　表 11-17

指标代码	指标名称	指标量化值
x_1	全过程时间	1h
x_2	准点率	100%
x_3	年平均日客运量	70.18 万人次/d
x_4	安全系数	1.0
x_5	票价	50
x_6	平均出行距离	268km
x_7	发班强度	12 班/h

根据成渝经济区经济情况与成渝通道间的工程地质及环境影响，初步选择成渝间运输方式为：高速铁路、城际铁路、普通铁路、高速公路。

参考目前各运输方式的需求特征指标值，以及成渝城市群铁路网规划研究报告、四川省高速公路网规划,四种方式相对于需求特征的指标值见表11-18。

运输方式需求特征指标值　　　　　　　　　　　表 11-18

运输方式	x_1	x_2	x_3	x_4	x_5	x_6	x_7
高速铁路	1.5	98%	11	0.99	140	278km	6 班/h
城际铁路	2.2	92%	6	0.99	120	351km	3 班/h
普通铁路	4	86%	4	0.99	47	351km	0.5 班/h
高速公路	2.5	80%	4.5	0.85	95	164km	3 班/h

将以上数据进行归一化处理,代入隶属度函数中进行计算,得出成渝通道方式 i 隶属度函数值 $\{0.145;0.295;0.309;0.254\}$。

将模式隶属度值从小到大进行排序,从而得出成渝通道间优先选择运输方式的建设时序为:高速铁路、高速公路、城际铁路和普通铁路。

11.2.2　成渝通道配置方式合理性判断

按照建设时序依次增加新的运输方式,在确定通道运输方式结构的基础上,进行成渝通道配置合理性的判断。首先在原有运输方式的基础上配置新的高速铁路。

(1)高速铁路供给能力估算

成渝间高速铁路开行客运专线理论上可以实现最小追踪间隔 3min,实际运营中京沪高速铁路可以达到追踪间隔 5min。假设通道内客运专线的平均发车间隔为 10min,所有的客运列车的开行方案都以成都、重庆为始发终到站,每日运营时间为 6 时到 22 时。则成渝间新客运专线上每日单向开行的列数可由下式计算:

$$T = t \cdot n \tag{11-7}$$

式中:t——城际铁路每日运营时间区段(h);

n——城际铁路每个小时开行的列车数,列(h)。

成渝通道内 2020 年铁路日均客运供给能力的估算公式如下:

$$R = T \cdot P \cdot \gamma \tag{11-8}$$

式中:T——成渝城际客运专线每日单向开行列车数(列/d);

P——城际铁路列车平均定员(人次);

γ——城际铁路列车平均上座率(%)。

高速列车平均定员以 800 人次计,上座率取 85%,则每列动车组载客 680 人次,根据以上公式计算新客运专线供给能力为:

$$680 \times 96 \times 2 = 13.06(万人次)$$

(2)新建高速铁路后通道内供需匹配状态

运营模式的变化对各种交通方式的分担率会产生影响。参考相关文献资料,查得配置新客运专线后各运输方式客运分担率,见表11-19。可以看出,配置新高速铁路线路后,高速铁路分担率理论上会有所增加。

配置高速铁路后 2035 年各运输方式客运分担率　　　　表 11-19

运输方式	高速铁路	普通铁路	公路
分担率	48.2%	1.2%	50.6%

结合 2035 年成渝通道双向客运总量 70.18 万人/d,求出各运输方式客运量,并与其供给能力对比,见表 11-20。

配置高速铁路后 2035 年各运输方式客运量　　　　表 11-20

运输方式	高速铁路	普通铁路	公路
客运量(万人次/d)	33.83	0.84	35.51
供给能力(万人次/d)	34.82	3.24	29.02

2035 年配置新高速铁路后,在 10min 的平均发车间隔下,高速铁路供给能力基本能满足平均日客运量,这说明了配置新高速铁路的必要性,实际运营中可根据需求来调整高速铁路客运列车的发车间隔。普通铁路分担客运量在其供给能力范围内,远低于其最大值,可以看出,普通铁路在往后很长一段时间内,主要释放能力用于货物运输。

高速公路所承担客运量已经远超出所估算的客运供给能力,且调整运营措施并不能解决供需不平衡的问题,因此还需要对成渝通道再进行高速公路的配置。

(1) 高速公路供给能力估算

根据《四川省高速公路网规划(2019—2035 年)》,成资渝高速公路是规划的成都放射线之一,规划里程为 164km。线路起于成都市锦江区三圣街道三环机场立交,沿成都市—简阳市—资阳市—安岳县—潼南区走向,止于重庆市潼南区双江镇双江枢纽。其主要技术参数见表 11-21。

成资渝高速公路技术参数　　　　表 11-21

设计速度(km/h)	车 道 数	日平均交通量(pcu)
100	(起点至成安渝段) 双向六车道	45000 ~ 80000
	(成安渝至终点段) 双向四车道	35000 ~ 50000

新建成资渝高速后重新计算高速公路供给能力,以成渝间主要高速公路通行能力计算,其最大日平均交通量为 27 万 pcu,根据预测的客运比例 65.97%,可估算出小汽车数量为 17.81 万 pcu,按小汽车平均承担客运人数为 2 人计,公路客运供给能力估算为:

$$17.81 \times 2 = 35.62(万人)$$

(2) 新建高速公路后通道内供需匹配状态

考虑新增高速公路后成渝通道内各运输方式分担率的变化,高速公路和高速铁路在客流竞争博弈中分担率会逐渐趋向平稳,参考相关资料,并结合调查数据,得出配置高速公路后各种运输方式的客运分担率,见表11-22。

配置高速公路后2035年各运输方式客运分担率 表11-22

运输方式	高速铁路	普通铁路	公路
分担率	44.3%	1.3%	54.4%

结合2035年成渝通道双向客运总量70.18万人/d,求出各运输方式客运量,并与其供给能力对比,见表11-23。

配置高速公路后2035年各运输方式客运量 表11-23

项目	高速铁路	普通铁路	公路
客运量(万人次/d)	31.09	0.91	38.18
供给能力(万人次/d)	33.29	1.6	35.62

2035年配置高速铁路和高速公路后,高速铁路基本能满足日客运量,且至少可以保证10min的平均发车间隔;普通铁路仍未超出其供给能力范围,高速公路承担客运量超过其供给能力范围,但是这种情况可以通过改善运营措施进行解决,基本能满足其需求。因此,不必再考虑城际铁路和普通铁路运输方式的配置,成渝通道旅客运输系统配置完成。

11.3 成渝通道货物运输系统配置

基于成渝通道旅客运输系统配置结果,对成渝通道货物运输系统进行配置。目前成渝通道内货物运输系统配置主要涉及高速公路和普通铁路两种运输方式,根据成渝经济区经济状况和货运量、货运分担率等交通现状,初步确定通道内最优货物运输方式建设时序为:高速公路和普通铁路。

高速公路为专供汽车分向、分车道行驶并应全部控制出入的多车道公路。根据公路技术等级划分标准:四车道高速公路应能适应将各种汽车折合成小客车的年平均日交通量为25000~55000pcu;六车道高速公路应能适应将各种汽车折合成小客车的年平均日交通量为45000~80000pcu;八车道高速公路应能适应将各种汽车折合成小客车的年平均日交通量为60000~100000pcu。结合建设成本等因素,从运营角度以收益最大化初步确定配置的高速公路为六车道。

成渝两地间现有的三条铁路通道服务类型各有侧重,成渝客运专线主要承担通道内的旅客运输,成渝铁路和成遂渝铁路主要承担通道内的货物运输。假设成渝中线高速铁路开通运行后,成渝铁路和成遂渝铁路的货运能力增加0.5倍,并结合成渝货物运输现状,得出各种运输方式的货运分担率。基于2035年预测的成渝通道货运量,计算得到各种运输方式货运量,见表11-24。

2035 年成渝通道内各运输方式货运分担率和货运量　　　　表 11-24

项目	铁路	高速公路
分担率	13.21%	86.79%
货运量(万 t)	7980	52347.80

根据 11.1 节中式(11-2)的铁路承担货运量的估算公式,结合成渝铁路和成遂渝铁路现有年货物输送能力,求得 2035 年铁路承担货运量为:

$$Q_{\text{train}}^h = \sum_{i=1}^{2} q_i^h = (2000 + 2900) \times 1.5 = 7350 < 7980 (\text{万 t})$$

由计算结果可知,2035 年铁路承担货运量为 7350 万 t,低于当年铁路货运需求量。

成渝通道公路中,以现有成渝高速公路、成遂渝高速公路、成安渝高速公路三条主要高速公路进行计算,其中成渝高速公路与成遂渝高速公路目前为双向四车道,成安渝高速公路为双向六车道,估计最大日平均交通量为 19 万 pcu。结合 2035 年小、大客车日均客运交通量预测值估算年货车最大数量,可得到 2035 年预测年货车最大数量为 19 − 14.51 = 4.49 万 pcu,再根据 11.1 节式(11-4)平均货车载重取 11t,可估算出 2035 年公路承担货运量为:

$$Q_{\text{road}}^h = \sum_{j=1}^{3} (p_j^h \cdot V_j^h) = 4.49 \times 11 \times 365 = 18027.35 < 52437.80 (\text{万 t})$$

由计算结果可知,2035 年公路承担货运量为 18027.35 万 t,低于当年公路货运需求量。综上所述,2035 年铁路和公路两种运输方式承担货运量均不能满足当年货运量的需求,同时高速公路最大日平均交通量取设计交通量的最大值,没有考虑储备能力。因此,有必要考虑配置新的运输方式。

配置普通铁路,可以考虑成渝通道新建一条铁路或在成渝铁路、成遂渝铁路既有线的基础上修建复线或第三线。由于在估算中,铁路供给不足的货运量仅为 630 万 t,若配置新线则会造成线路能力冗余,因此建议在既有线基础上,对成渝铁路与成遂渝铁路进行扩容改造。对于高速公路配置,以货运供给量 38664.45 万 t 为基准,从收益最大化角度建议配置一条双向六车道高速公路。最终,成渝通道货物运输系统配置完成。

通过对成渝通道旅客运输与货物运输的配置,最终,确定 2035 年成渝通道需新配置的运输方式为:一条高速铁路和一条双向六车道高速公路。

11.4　成渝通道系统配置评价

成渝通道内交通运输供给量和需求量较大,出行方式多样,各出行方式竞争激烈,交通运输主管部门若不对其进行合理配置,极易导致需求与供给不平衡现象。造成的后果不仅仅是交通运输系统利用率的降低,更大的是影响了城镇居民的正常出行和货物运输,使得整个区域社会经济系统发展受到影响。

根据建立的成渝通道系统配置评价指标体系(图 11-3),以及成渝通道 2035 年配置一条高速铁路和一条双向六车道高速公路后的相关数据,对各个指标进行量化,见表11-25。

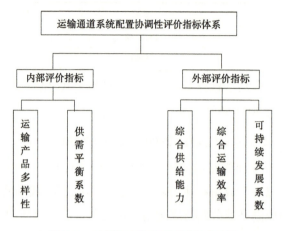

图11-3 成渝通道系统配置评价指标体系

成渝通道系统配置评价指标量化值 表11-25

指标	运输产品的多样性	供需平衡系数	综合供给能力系数	综合运输效率	可持续发展系数
量化值	0.12	0.08	0.98	0.96	0.97

经过综合分析,运输产品的多样性、可持续发展系数、综合供给能力系数和综合运输效率是效益型指标,其指标值越大越好;供需平衡系数为成本型指标,指标值越小越好。选取三角隶属函数进行计算,得出评价准则表,见表11-26。

评价准则 表11-26

评价指标		评价结果				
		合理	较合理	基本合理	不合理	极其不合理
外部评价指标	综合运输效率	0.62	0.38	0	0	0
	综合供给能力	0.59	0.41	0	0	0
	可持续发展系数	0.52	0.48	0	0	0
内部评价指标	供需平衡系数	0.39	0.61	0	0	0
	运输产品多样性	0.47	0.53	0	0	0

各级隶属函数分别确定如下:

(1) I级评语隶属函数

$$\mu_1(x) = \begin{cases} 0 & (x < 0) \\ \dfrac{x_1 - x}{x_1} & (0 \leqslant x < x_1) \\ \dfrac{x - x_1}{x_2 - x_1} & (x_1 \leqslant x < x_2) \\ 0 & (x \geqslant x_2) \end{cases} \quad (11\text{-}9)$$

(2) Ⅱ级评语隶属函数

$$\mu_2(x) = \begin{cases} 0 & (x < x_1) \\ \dfrac{x_2 - x}{x_2 - x_1} & (x_1 \leqslant x < x_2) \\ \dfrac{x - x_2}{x_3 - x_2} & (x_2 \leqslant x < x_3) \\ 0 & (x \geqslant x_3) \end{cases} \qquad (11\text{-}10)$$

(3) Ⅲ级评语隶属函数

$$\mu_3(x) = \begin{cases} 0 & (x < x_2) \\ \dfrac{x_3 - x}{x_3 - x_2} & (x_2 \leqslant x < x_3) \\ \dfrac{x - x_3}{x_4 - x_3} & (x_3 \leqslant x < x_4) \\ 0 & (x \geqslant x_4) \end{cases} \qquad (11\text{-}11)$$

(4) Ⅳ级评语隶属函数

$$\mu_4(x) = \begin{cases} 0 & (x < x_3) \\ \dfrac{x_4 - x}{x_4 - x_3} & (x_3 \leqslant x < x_4) \\ \dfrac{x - x_4}{x_5 - x_4} & (x_4 \leqslant x < x_5) \\ 0 & (x \geqslant x_5) \end{cases} \qquad (11\text{-}12)$$

(5) Ⅴ级评语隶属函数

$$\mu_5(x) = \begin{cases} 0 & (x < x_4) \\ \dfrac{x_5 - x}{x_5 - x_4} & (x_5 \leqslant x < x_4) \\ \dfrac{x - x_5}{x_6 - x_5} & (x_5 \leqslant x < x_6) \\ 0 & (x \geqslant x_6) \end{cases} \qquad (11\text{-}13)$$

各级隶属函数波形如图 11-4 所示。

获得隶属度矩阵如下所示：

$$\begin{bmatrix} 0.62 & 0.38 & 0 & 0 & 0 \\ 0.59 & 0.41 & 0 & 0 & 0 \\ 0.52 & 0.48 & 0 & 0 & 0 \\ 0.39 & 0.61 & 0 & 0 & 0 \\ 0.47 & 0.53 & 0 & 0 & 0 \end{bmatrix}$$

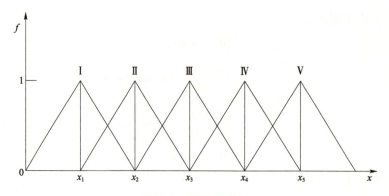

图 11-4　隶属度函数图

将矩阵中每列视为模糊向量,采用扎德算子进行计算,获得评价模糊向量:

$$\tilde{A}_f(x) = (0.62, 0.61, 0, 0, 0) \tag{11-14}$$

根据最大隶属度原则,评价模糊向量中最大值对应的评价等级即为该通道结构的评价结果。因此,2035 年成渝通道新配置一条高速铁路、一条双向六车道高速公路后,其评价结果较为合理。

第12章
总结与展望

本章主要对本书的研究进行总结,并对未来研究方向进行展望。

12.1 本书研究总结

本书在综合分析、归纳总结现有的研究成果基础上,结合编写者的研究成果,从区域发展的视角讨论了区域综合运输通道规划和配置的相关问题。在对国内外区域综合运输通道规划和配置研究现状总结的基础上,分析了我国区域综合运输通道的功能定位,基于节点重要度联合交通区位布局法,提出区域综合运输通道规划方法。以区域综合运输通道需求分析为基础,基于"供需平衡"提出了区域综合运输通道配置方法,以及区域综合运输通道系统配置的评价方法,主要研究结果如下:

①区域综合运输通道的空间范畴属于中观的空间尺度,介于国家或国际"广域"的空间尺度与城市小的空间尺度之间,并且通道的范围会随着经济和交通工具的发展不断动态变化。本书确定所研究的区域综合运输通道属于都市圈外围圈层外与城市群的空间尺度内的 30~400km 的空间范围内,并提出区域综合运输通道的构成要素。

②区域综合运输通道功能分析,既要从整体上宏观把握通道的功能,又要从微观上明确通道内各路径的作用角色。采用自内而外的递推式定位法对区域综合运输通道的功能进行定位,即:综合考虑影响因素,先定位通道的最小地域系统和最低网络层次,再按通道在综合网中的延伸,确定高一级地域系统和网络层次,功能细节由低至高逐层展开。

③本书按运输联系的性质对运输通道的吸引范围进行分类,将运输通道的吸引范围分为直接吸引范围、联合吸引范围和间接吸引范围。详述了经济带平均半径法、节点覆盖度法和最短路径法等运输通道的直接或间接吸引范围确定方法。

④区域综合运输通道规划中,本书提出基于熵权修正的区域综合运输通道节点重要度联合交通区位布局规划方法,充分考虑城镇体系分布及发展规划、国家宏观政策、国家及区域上层交通规划等大背景因素的影响,并结合与广域运输通道的衔接、与城市的衔接等因素的影响,最终确定区域综合运输通道线路布局。

⑤以通道线拥挤度、建设项目在整个通道网中的功能和作用、主客观条件约束、通道网建设项目分布的地区均衡、路线连贯性、行政级别和地理区位为影响因素,对其合理建设时序进行了详细介绍。

⑥本书分别从客、货运输两个角度对运输通道的需求特征及需求分析方法与思路进行了研究,采用熵理论对通道需求与供给关系进行了分析。在此基础上给出了运输通道系统配置的定义,并分别从客、货运输两个方面对运输通道的系统配置展开研究。客运配置中:对区域综合运输通道供需结构进行讨论,确定保证需求表达最优、寻求配置可行的规划思路,提出区域综合运输通道旅客运输系统配置的方法;同时,借助供需特征关系,提出了一套简化的基于需求结构的通道配置模式研究方法。货运配置中:从运输通道能力测度和系统配置流量确定的角度出发,在通道功能定位的基础上,结合区域综合运输通道系统配置的目

标进行系统配置,即通道的选择、通道的系统结构确定、通道内部结构的优化。

⑦本书从通道网规模、通道网面积密度、通道网人口密度、通道网连通性、地域覆盖范围五个方面出发,对各条通道规划方案进行了评价。接着在"供需平衡"理论的基础上,从通道作为独立系统和作为社会经济系统的子系统两个方面出发,建立评价指标体系并进行量化,采用模糊评价方法建立了通道系统配置评价体系,对区域综合运输通道的系统配置进行了评价。

12.2 未来研究展望

我国经济的发展、城市化进程的加快、城市化率的提高,将会逐渐推进我国城市群不断走向成熟和完善,区域经济一体化的趋势不可逆转。区域经济的发展依托于完善的交通条件,交通越发达,区域经济的发展潜力越大。区域综合运输通道是区域综合交通系统的骨干,是区域交通的一部分,其规划建设应该与城市群的发展进行无缝衔接。区域一体化要求城市群在规划和建设当中应该打破行政和地域上的限制,将区域内所有的城市作为一个整体进行规划和建设。交通运输系统作为城市群的一个要素,其规划和建设应该纳入到城市群的总体规划当中。因此,区域综合运输通道规划和配置下一步研究要解决的问题是如何将区域综合运输通道的规划纳入到城市群的总体规划当中。

参 考 文 献

[1] 续宗芳.区域综合运输需求分析及运输需求量预测研究[D].西安:长安大学,2012.
[2] 安文娟.区域运输通道客运需求结构分析及预测研究[D].北京:北京交通大学,2011.
[3] 丁然.综合交通影响因素及需求预测研究[D].北京:北京交通大学,2011.
[4] 冯小虎.基于运输通道的货运交通需求预测理论与方法研究[D].西安:长安大学,2011.
[5] 李红娟.城市货运需求与供给的经济学分析[D].西安:长安大学,2010.
[6] 孙风华.区域货运需求预测方法研究[D].西安:长安大学,2011.
[7] 孟国连.区域运输通道布局规划的方法及应用研究[D].北京:北京交通大学,2010.
[8] 张大坤.城乡一体化背景下的道路网规划研究[D].西安:长安大学,2011.
[9] 荣朝和,吴昊,程楠.关于通道规划及京沪通道资源优化配置的思考[J].交通运输系统工程与信息,2007,7(3).
[10] 廖勇.区域综合运输通道客运系统结构分析[D].成都:西南交通大学,2011.
[11] 陈波苾.区域综合运输通道内出行方式协同研究[D].成都:西南交通大学,2011.
[12] 席方腾.石首市区域交通运输发展战略研究[D].武汉:武汉工程大学,2018.
[13] 张喆.成渝区域综合运输通道规划与配置研究[D].成都:西南交通大学,2013.
[14] 李涵,崔艳萍.基于经济性比较的蒙华通道吸引范围研究[J].中国铁路,2015(08):19-24.
[15] 寇军朝.基于通道的城际铁路的吸引范围研究[D].成都:西南交通大学,2011.
[16] 蒲之艳.区域对外综合运输通道布局规划[J].交通科学与工程,2014,30(02):84-88.
[17] 甘超.成渝城市群城际铁路网布局规划研究[D].四川:西南交通大学,2012.
[18] 董春娇,邵春福,胡超凡,等.城市道路基础设施建设时序规划方法及实践[J].交通信息与安全,2011,29(4):10-14.
[19] 管楚度.交通区位论及其应用[M].北京:人民交通出版社,2000.
[20] 张喜成.区域综合交通发展规划的若干关键问题研究[D].成都:西南交通大学,2012.
[21] 陈福临.基于重要度的公路网规划方案技术评价方法研究[D].南京:东南大学,2019.
[22] 姚鸣,胡骥,唐林.基于重要度的区域综合运输通道方向确定探讨[J].铁道工程学报,2013,30(04):1-5+17.
[23] 李爽.中小城市公路网规划的方法及应用研究[D].北京:北京交通大学,2011.
[24] 谷东升.中小城市市域综合交通网布局规划研究[D].长春:吉林大学,2020.
[25] 李广路.基于修正离差最大化与可拓模型的区域运输通道建设时序决策[J].铁道运输

与经济,2012,3(58).

[26] 陈元朵.基于"重要度-交通区位"的轨道交通建设项目时序确定方法研究[J].交通信息与安全,2010,28(3).

[27] 孙雯.基于运输效率的北京城市轨道交通建设时序研究[D].北京:北京交通大学,2016.

[28] 张起源.基于耦合协调和节点重要度的内蒙古铁路发展与经济关系研究[D].兰州:兰州交通大学,2019.

[29] 黄睿,梁青槐.基于节点重要度理论的轨道交通线路建设时序[J].都市快轨交通,2012,25(3):21-24.

[30] 李广路.城市群城际铁路线网建设时序研究[D].四川:西南交通大学,2015.

[31] 张建旭,李国文,晏克非.运输通道交通规划方案评价体系研究[J].公路交通科技,2011,(10),308-311.

[32] 刘东,金凤君.我国重点区域公路网络发展水平评价研究[J].交通运输系统工程与信息,2013,13(3):189-195.

[33] 重庆市统计局,国家统计局重庆调查总队.2019 重庆统计年鉴[M].北京:中国统计出版社,2019.

[34] 四川省统计局,国家统计局四川调查总队.2018 四川统计年鉴[M].北京:中国统计出版社,2018.

[35] 郑长德.成渝经济区内经济洼地经济发展探析[J].阿坝师范高等专科学校学报,2011,28(2):36-40,44.

[36] 吴殿廷.区域经济学[M].北京:科学出版社,2003.

[37] Hugo Priemus,Wil Zomreveld. What are corridors and what are issues[J]. Journal of Transportort Geography,2003,11(2).

[38] 胡思继.综合运输工程学[M].北京:清华大学出版社,2005.

[39] 李艳红.综合运输通道客运结构优化理论与方法研究[D].北京:北京交通大学,2010.

[40] 雷磊.城市与区域一体化的出行需求分析理论与方法研究[D].成都:西南交通大学,2010.

[41] 刘强,陆化普,王庆云.区域运输通道布局优化三层规划模型[J].清华大学学报(自然科学版),2010,50(6).

[42] 王江涛.运输通道客运分担率预测模型及应用研究[D].成都:西南交通大学,2011.

[43] 邓敏,刘启亮,李光强.基于场论的空间聚类算法[J].遥感学报,2010,14(4).

[44] 王建伟.空间运输联系与运输通道系统合理配置研究[D].西安:长安大学,2004.

[45] 王春芝.国际物流通道优选理论方法与实证研究[D].长春:吉林大学,2004.

[46] 吴明,范东涛,李旭宏.基于虚拟滚动法的苏南地区综合运输结构优化分析[J].交通运

输系统工程与信息,2011,1.
[47] 皮安涛.城市群运输通道配置方法研究[D].长沙:长沙理工大学,2012.
[48] 易骞.运输通道公铁系统路径合理配置研究[D].成都:西南交通大学,2008.
[49] 刘铁鑫.面向复杂货流的综合运输组织方式优化研究[D].武汉:武汉理工大学,2010.
[50] 杨威.基于运到时限的铁路货物列车开行方案优化研究[D].成都:西南交通大学,2017.
[51] 李涵.城市群运输通道综合评价研究[D].长沙:长沙理工大学,2012.
[52] 蔡晨光.城市群运输通道适应性评价与布局优化研究[D].长沙:长沙理工大学,2012.
[53] 吴殿廷,李东方.层次分析法的不足及其改进的途径[J].北京师范大学学报(自然科学版),2004,40(2):264-268.
[54] 赵永刚.成渝通道城际客运运输方式分担率研究[D].成都:西南交通大学,2012.
[55] 姚锦云.城际运输通道客票定价博弈研究[D].重庆:重庆交通大学,2018.
[56] 冯兴元.当前成渝高铁票价竞争力研究[D].重庆:重庆交通大学,2017.
[57] 罗选东.高铁时代背景下城际公铁客运的博弈与协调发展研究[D].重庆:重庆交通大学,2017.
[58] 马文俊.山地城市对外交通通道规划方法[D].重庆:重庆交通大学,2016.
[59] 文豪.成渝地区铁路通道分工研究[D].成都:西南交通大学,2017.
[60] 张喆.成渝区域综合运输通道规划与配置研究[D].成都:西南交通大学,2013.
[61] 钟鹏.城市群运输通道交通资源配置研究[D].重庆:重庆交通大学,2019.
[62] 李江,等.交通工程学[M].北京:人民交通出版社,2002.
[63] 王炜,过秀成,等.交通工程学[M].2版.南京:东南大学出版社,2011.
[64] 王炜,陈学武.交通规划[M].2版.北京:人民交通出版社股份有限公司,2019.
[65] 李德刚,综合运输网中的通道分析与配置研究[D].成都:西南交通大学,2006.
[66] 朱海.运输通道与城市群空间结构发展的适应性分析[J].铁道运输与经济,2011,33(05):69-74.